高职高专物业管理专业系列教材

房地产开发经营

全国房地产行业培训中心组织编写
杨亦乔　主编
曹振良　主审

中国建筑工业出版社

图书在版编目(CIP)数据

房地产开发经营 / 全国房地产行业培训中心编. —北京：中国建筑工业出版社，2004
（高职高专物业管理专业系列教材）
ISBN 978-7-112-06625-4

Ⅰ.房… Ⅱ.全… Ⅲ.①房地产—开发—高等学校：技术学校—教材②房地产—经济管理—高等学校：技术学校—教材 Ⅳ.F293.3

中国版本图书馆 CIP 数据核字（2004）第 071681 号

高职高专物业管理专业系列教材
房地产开发经营
全国房地产行业培训中心组织编写
杨亦乔　主编
曹振良　主审

*

中国建筑工业出版社出版、发行（北京西郊百万庄）
各地新华书店、建筑书店经销
世界知识印刷厂印刷

*

开本：787×1092 毫米　1/16　印张：12　字数：290 千字
2004 年 8 月第一版　2011 年 11 月第十一次印刷
定价：**22.00** 元
ISBN 978-7-112-06625-4
(21050)

版权所有　翻印必究
如有印装质量问题，可寄本社退换
（邮政编码　100037）

本社网址：http：//www.cabp.com.cn
网上书店：http：//www.china-building.com.cn

本书从我国房地产开发经营现行政策和现状出发,结合房地产开发经营发展实际,就目前房地产开发经营所涉及的基本问题、重要问题、前沿问题进行较为系统的总结、提炼和研究。全书共分十章,各章的先后顺序基本上遵循房地产开发经营的内在程序安排,主要内容包括:开发经营企业、项目策划、资金筹集、建设用地的获取、项目规划、建筑施工、开发经营价值的实现等。

本书可作为高职高专物业管理专业的教材,可以用于学历教育,也可作为物业管理行业培训教材。

* * *

责任编辑:王 跃
责任设计:崔兰萍
责任校对:张 虹

《高职高专物业管理专业系列教材》编委会名单

(以姓氏笔画为序)

主　　任：肖　云

副 主 任：王　钊　杨德恩　张弘武　陶建民

委　　员：王　娜　刘　力　刘喜英　杨亦乔　吴锦群
　　　　　佟颖春　汪　军　张莉祥　张秀萍　段莉秋

参编单位：全国房地产行业培训中心
　　　　　天津工商职业技术学院
　　　　　天津市房管局职工大学

前 言

自 20 世纪 80 年代始发的中国物业管理行业,在历经 20 年的探索后,正在步入一个全面发展的新阶段。2003 年出版的《物业管理条例》,标志着物业管理行业正在走向成熟。物业管理行业实现与开发行业的分业经营已成必然。行业的发展伴随着对人才的需要。本书是为了应物业管理专业人才培养的需要而编写的。房地产开发经营是物业管理专业的一门重要专业基础课程。从实际生产活动看,房地产开发经营与物业管理存在着密不可分的交叉关系,因此房地产开发经营课程的内容,成为搞好物业管理工作的必备知识之一。

本书由天津市房管局职工大学杨亦乔主编,南开大学经济学院博士生导师曹振良教授,内蒙古财经学院副教授、南开大学经济学院经济研究所博士生梁荣审阅了全部书稿,并提出了许多建设性意见,在此表示感谢。全书共分十章,第一章、第八章、第九章和第十章由杨亦乔编写;第二章和第六章由秦洪双编写;第三章和第四章由汪军编写;第五章和第七章由王蕾编写。

本书编写过程中,参考了有关专家、学者的论著、文献、教材,借鉴了不少专家、学者的研究成果,在此谨致深深的谢意。

由于水平有限,时间紧迫,书中难免有不足和疏漏之处,希望有关专家、学者和广大读者批评指正。

目 录

第一章 房地产开发经营概述 ················ 1
- 第一节 房地产开发形式与内容 ············· 1
- 第二节 房地产开发企业 ················· 3
- 第三节 房地产中介企业 ················· 9
- 第四节 房地产开发程序 ················· 14
- 第五节 房地产经营的特点与形式 ············ 19
- 复习思考题 ······················ 20

第二章 房地产开发项目策划 ················ 21
- 第一节 房地产市场调查与研究 ············· 22
- 第二节 房地产市场分析 ················· 26
- 第三节 房地产市场细分与目标市场选择 ········· 31
- 第四节 房地产开发项目风险分析 ············ 36
- 第五节 房地产开发方案确定 ·············· 38
- 复习思考题 ······················ 42

第三章 房地产开发项目可行性研究 ············· 43
- 第一节 房地产开发项目可行性研究概述 ········· 43
- 第二节 资金时间价值理论 ··············· 48
- 第三节 房地产开发项目的财务评价 ··········· 56
- 第四节 房地产开发项目的不确定性分析 ········· 65
- 第五节 可行性研究在现实中存在的问题及解决方法 ···· 72
- 复习思考题 ······················ 73

第四章 房地产开发投资的资金融通 ············· 74
- 第一节 房地产开发投资资金融通概述 ·········· 74
- 第二节 房地产开发项目的资金来源 ··········· 77
- 第三节 房地产开发融资决策 ·············· 85
- 复习思考题 ······················ 93

第五章 房地产开发建设用地经营 ·············· 94
- 第一节 开发建设土地征用 ··············· 94
- 第二节 城市土地使用权划拨 ·············· 96
- 第三节 城市土地使用权出让 ·············· 98
- 第四节 城市土地使用权转让 ·············· 101
- 第五节 城市土地储备制度 ··············· 103
- 复习思考题 ······················ 105

第六章　房地产开发项目的规划设计与管理 ……… 106
 第一节　房地产开发项目的规划设计 ……… 106
 第二节　规划与房地产开发的关系 ……… 113
 第三节　房地产开发项目的规划指标 ……… 115
 第四节　规划设计管理 ……… 116
 复习思考题 ……… 118

第七章　房地产开发建设过程 ……… 119
 第一节　房地产开发招标与投标 ……… 119
 第二节　工程项目管理 ……… 122
 第三节　工程竣工验收 ……… 129
 复习思考题 ……… 130

第八章　房地产市场与价格 ……… 131
 第一节　土地价格 ……… 131
 第二节　建筑物价格 ……… 135
 第三节　房地产价格 ……… 138
 第四节　房地产价格体系及特点 ……… 144
 复习思考题 ……… 146

第九章　房地产经营模式Ⅰ ……… 147
 第一节　房地产出售经营 ……… 147
 第二节　房地产委托销售代理 ……… 149
 第三节　房地产市场营销策略 ……… 151
 第四节　房地产定价策略 ……… 155
 第五节　房地产营销渠道策略 ……… 159
 第六节　房地产促销组合策略 ……… 160
 复习思考题 ……… 164

第十章　房地产经营模式Ⅱ ……… 165
 第一节　房地产租赁经营 ……… 165
 第二节　房地产租赁代理概述 ……… 167
 第三节　房地产租赁代理活动 ……… 170
 第四节　房地产租赁代理的财产管理 ……… 174
 第五节　房地产租赁代理与物业管理的关系 ……… 182
 复习思考题 ……… 183

参考文献 ……… 184

第一章 房地产开发经营概述

第一节 房地产开发形式与内容

一、房地产开发的内涵

"开发"一词,最早源于英国,英文单词为"Deueloment"。本意指以荒地、矿山、水力等自然资源为劳动对象,通过人力加以改造,以达到为人类利用的目的的一种生产活动。随着现代文明的发展,开发对象已远远超出自然资源的界限,扩展到人类活动的一切领域。人们把带有开拓性质的活动都称做"开发",如城市开发、人才开发、智力开发等等。人类通过对劳动对象的利用和再利用,达到提高原有使用功能的目的,都属于现代开发的内涵。

城市开发是对城市进行建设的地区,用人类的劳动加以改造,创造建设条件,按照规划设计要求,有计划地、协调地进行各项工程建设的一项综合性生产活动。

城市房地产开发是指城市房屋及其相应基础设施建设和利用的总过程。

房地产开发从广义上讲,包括房屋建筑和土地利用设施的生产和再生产全过程,既包括施工建筑过程,也包括房屋建筑物、土地的流通过程;从狭义上讲,房地产开发指房地产商品进入流通之前的施工生产过程,它是在特定地段上所进行的具体房地产项目的规划、勘察、设计和施工及验收等开发活动。

二、房地产综合开发

1. 房地产综合开发特征

房地产综合开发是指根据城市建设总体规划和经济、社会发展计划的要求,以建筑物为对象,选择一定区域内的建设用地,按照使用性质,实现"统一规划、合理布局,综合开发,配套建设"的方针,有计划有步骤地进行开发建设。房地产综合开发又称城市建设综合开发。房地产综合开发基本特征是"综合"、"配套"。综合是指在进行房屋建设的同时兼顾对地下基础设施,如给水、排水、供电、供热、煤气,通风等设施,进行综合开发;所谓配套是指对住宅、工业用房、商业用房、文教卫生公益设施、园林绿化、道路交通及其他公共设施进行配套建设。

2. 房地产综合开发的形式和内容

(1) 初次开发和再次开发

初次开发指对尚未被利用的土地进行开发和利用的过程,再次开发是指对已开发利用的土地或房地产项目追加投资进行深度开发,或投资进行替代开发、转变土地用途的过程。再次开发是对旧城区或大城市某些区域进行改建、扩建的生产活动,称做旧城改造,再次开发形式一般都具有改变或扩大原有建筑地段的使用性质和功能的特点。城市房地产开发包括城市新区开发和城市旧区的再开发,新区开发是农用土地转化为"城市建设用地"的过程。旧区的开发是对城市原有"建设用地"进行再次开发的过程,在这里按开发层次进行的分类与按开发区域进行的分类恰好对应。

(2) 成片开发和零散开发

从开发的规模和开发的内涵上分为成片开发和零散开发。

成片开发指开发规模大、占地面积大的开发形式。它以占有一定的区域空间为基础，往往提供几条街道范围的地域基础，重新规划布局，开拓道路。在所开发的局部区域内，在进行房屋建设的同时，进行系统的基础设施和各种公共配套服务设施的建设。根据该区域建设的规划要求，提供给排水、热力、煤气、管网、道路交通、景观绿化、还要建设幼儿园、中小学校、商业网点，以及文化、服务设施的开发建设。开发规模可以达到一个居住小区，甚至居住区级的水平。往往是按照城市规划的意图，由政府来组织推动。

零散开发是指开发规模比较小，占地面积小的开发形式。属于小范围的改善工程，如一幢楼或几座楼的规模。开发建设仅仅是就一个独立项目进行。一般都利用原有基础设施和公共配套服务系统。这种分散开发成本相应较低，但有时遗留问题较多。有的项目由于遗留问题处理不到位，造成开发项目的功能不全。有的零散建设项目完工后又逢成片改造的时候，有可能因为影响到总体布局，需要拆毁重建，造成浪费。

(3) 土地开发、房屋开发、房地产开发

从企业经营内容角度又可分为土地开发、房屋开发和房地产开发。

土地开发是指开发企业在获得了土地使用权审批手续后，通过征地或拆迁、补偿、将原有土地使用权人进行妥善安置后，将土地开发成能够进行地上建设的用地，然后将经过开发的土地使用权有偿转让给房屋开发企业的行为。

房屋开发是指房地产开发企业有偿获得熟地使用权后，按城市规划的统一要求进行房屋建设活动，然后将开发后的房地产通过租贷或出售的方式进行经营或管理的生产经营方式。

房地产开发是指开发企业独自完成从获得土地到房屋建设、转让全过程的开发经营活动。我国目前房地产开发项目大都采用这种形式。

三、我国房地产开发的发展过程

解放以来，我国城市房地产建设开发大体上经历了三个阶段。

第一阶段是统建阶段(1953～1978年)

房屋建设采取统一建设形式是伴随着新中国成立而逐步发展起来的。在计划经济体制下，城市建设，包括房屋建设，依赖财政拨款，实行统一建设。这种统建形式自身也经历了产生和发展的过程。

新中国成立后不久，许多大中城市和新建工矿区就根据统一计划原则，统一建设住宅和其他用房。如北京市，在20世纪50年代初就实行统一规划和统一设计，着手成街成片地建设新居民区。1955年开始按照"统一投资、统一计划、统一设计、统一施工、统一管理"的方针，对职工宿舍、外事用房、中小学用房等进行统一建设。从1949～1966年共建各类房屋533万 m^2，平均每年建造31万 m^2。当时之所以采取这种统建方式，一方面受国家财力的限制，需要集中资金建设，另一方面受高度集中的单一计划经济模式的影响。

到20世纪60年代初，"统建"方式得到了进一步发展。1963年10月12日《中共中央、国务院第二次城市工作会议纪要》中明确指出大中城市企业事业单位新建和扩建住宅、校舍以及其他生活服务等设施时，应由所在城市实行统一建设、统一管理，或者在统一规划下分建统管。1978年3月,在国务院召开的第三次城市工作会议上,再次强调了统建,提出了"六统一"方针,"即统一规划、统一投资、统一设计、统一施工,统一分配和统一管理"。并且在该文件中还指出"房屋建设的方法,……各城市可根据情况积极试行和推广"。由此看出国务院肯定了统建的大方向,确立了统建的主导地位。

第二阶段是由"统建"向综合开发转变的过渡阶段(1978～1984年)

这个阶段以1978年12月十一届三中全会为标志,国家经济建设进入了改革开放阶段。由政府出面组织住房建设的指导原则,逐步被以开发公司为骨干的综合开发建设商品住宅的原则所取代。1980年国务院批转的《全国城市规划工作会议纪实》(1980年12月9日,国发[1980]299号文)中明确提出城市建设要实行综合开发,同时还明确了综合开发的适用范围、工作内容及资金来源等问题。适应范围包括新建小城市和卫星城,现有城市新建区、段和旧城成片改造地区。各地都要组建开发公司,实行企业化经营,进行综合开发。综合开发的内容包括开发区的勘测、规划、设计、征地、拆迁、安置、土地平整和所需道路、给水、排水、供电、供气、供热、通讯等工程建设。同时还可以进行住宅、生活服务设施、公共建筑、通用厂房的开发建设。建成后可以成套出售建筑物,并按土地面积和设施水平向使用单位收取开发费。开发公司的周转资金的解决有三条渠道,一是从国家和地方基本建设投资中预拨,二是从银行贷款,三是向购买者预收定金。开发所需材料、设备,属于统配的列入国家和地方物资分配计划,不属于统配物资则通过市场采购,长期以来,上述内容成为指导和推动我国综合开发建设的基本依据。于是,全国各地新型的房地产开发机构迅速掘起,原有的统建机构纷纷被取代。由统建到综合开发,随着机构名称的变化,也标志着经济运行机制的转换,开始了计划经济机制向市场经济机制的转换。一个以企业为主体,市场为导向,社会资金为依托,以配套建设,综合开发为中心的新的城市建设模式开始形成。

第三阶段,综合开发的迅速发展。1984年至今,这个阶段是以建筑业实行体制改革为契机,房地产综合开发公司的法律地位进一步明确。时间以1984年第六届全国人民代表大会第二次会议为标志。在会议上所作的政府工作报告中指出,要着手组建多种形式的工程承包公司和综合开发公司,进行城市住宅区,新建工矿区及其公共设施工程的建设。由开发公司进行统一设计和配套建设。开发公司的企业法人地位也要予以法律保证。从此,综合开发形式,在我国城市建设中处于主导地位,房地产业也进入了复苏和发展阶段。

20世纪80年代末90年代初,房地产综合开发又获得了一个新的发展机遇。土地开始成片开发,并引进了大量外资,房地产开发的规模、速度、水平、质量都有了一个很大的提升。房地产业的发展,已经成为影响带动和促进国民经济发展的重要产业。

第二节 房地产开发企业

一、房地产开发企业的定义

房地产开发企业是通过开发符合市场需求的房地产,如住房、商铺、写字楼等,来获取最大化利润的经济组织。"开发"的内涵十分丰富,远远超出了生产的范围,它不仅仅指在一定的技术条件约束下,人的劳动借助于劳动资料(如施工机械)使劳动对象(如土地)发生预定变化的机械过程,它还包括好些创造性的服务劳动,比如投资决策、规划设计、风险控制,市场营销等。

随着市场竞争的加剧以及需求多样化的加深,生产什么和为谁生产的问题日益突出,这意味着决策、设计、管理、协调、组织工作的重要性在加强,而如何生产的问题反而变得相对不重要了。房地产开发商将大部分精力放在产前和产后的工作上,工程施工交给建筑企业来完成。但是这并不表明开发企业不关心生产问题。虽然开发企业不直接从事工程施工,可是它却会通过参与建筑设计、施工监理、竣工验收等环节对建筑企业施加影响,保证工程建设质量,并如期完工。

二、房地产企业特点分析

根据现代企业理念,不同类型企业的有效边界不同,在此基础上各企业对资金、技术、人力资本和具体组织安排需求的不同,从而导致不同类型企业间的差异。对房地产企业来说,由于房地产产品及其开发经营等的特殊性使房地产企业具有自己的特点,这主要表现在:

1. 单件生产、露天作业是房地产企业开发经营的基本特征。由于房地产企业最终产品的异质性,不存在两宗完全相同的房地产物业,从而使房地产企业不能像一般工业品生产企业一样统一设计标准,在室内成批生产,而是单件设计,单件露天施工。当然在住宅产业化后这种情况可能有所改善,这一方面增加了设计施工的工作量及成本,同时由于露天作业受自然因素的影响较大,不可预见因素增加;加之产品生产周期长,势必增加项目策划和管理的难度,从这个意义来说房地产企业风险大。然而另一方面,单件生产也为房地产企业创品牌、树诚信提供了条件,开发商可以在不断总结单项工程经验的基础上,从房型结构、外部造型、装修装饰等方面设计建造更受居民喜爱的精品房,提高企业的信誉。

2. 产品的区域性和企业"流动"性是房地产企业的另一特点。房地产企业开发经营的最终产品具有区位的不可移动性,使房地产物业可能脱离周围的环境独立存在,使物业的价值与区位特征紧密相关。这一方面决定了房地产企业的"固定"性,开发商只能根据选定的特定地理位置,当地的风土人情和居民收入状况等设计建设适应当地居民喜爱并能接受的房型结构,就地创企业的品牌和诚信,使自己在竞争中处于不败之地。另一方面,又决定了房地产企业的"流动"性,开发商可根据房地产物业的区域性,带着自己的资金、技术、品牌和诚信,除了在同一城市的不同城区选址,还可根据不同城市,包括海外城市的经济状况和居民收入水平,自然生态环境和人文社会环境选址进行投资,把业务做大做好,把企业做强。万科房地产开发集团就是一例,在全国多个城市有它的业务,推动了自己的品牌和诚信。

3. 房地产企业组织制度和管理制度的特点。房地产企业开发经营的产品都是以项目单元来完成的,每个项目开发是一个复杂的过程。一般来说,包括八个方面:投资机会寻找、投资机会筛选、可行性研究、获取土地使用权、规划设计与方案报批、签署有关协议、施工建设与竣工验收、市场营销与物业管理。同时需要各种技术管理支持,如设计方案管理、建筑材料质量管理、物业管理、物业区环境管理。如何使这一复杂过程条理化,重点环节突出,就需要构建一个灵活的、有弹性的、简洁的、网络化的组织制度和管理制度,以保证每个项目开发过程中各环节间信息通畅,全面提高企业的工作效率。

4. 产业内部企业之间的关联度高。这主要是指房地产中介企业和物业管理企业之间的关系。由于房地产物业的房型结构千差万别,交易过程和手续繁杂等,需要各种中介服务。房屋是一种耐用品,使用时间长,其间需要有物业维修管理,保持完好、安全卫生、长年使用。可见开发企业,中介企业和物业管理企业之间有紧密的联系。在此,开发企业是基础,其开发建造好的产品,中介和物业管理业务就好做,反过来中介和物业管理工作做好了,又能推动产品的开发和销售。

5. 房地产企业资金需求大,对金融依赖性强。房地产项目开发属于资金密集型投资,投资额少则几百万元,多则上亿元,所以一般只有资金实力雄厚和融资能力强的企业才能进入这个行业。从金融机构贷款,或者通过发行企业债券进行融资,一般占总投资的70%左右,企业自有资金占30%左右。可见,房地产业是金融机构的业务大户,故有专家说房地产金融是第二金融,这也是房地产企业一大特点。

三、房地产开发企业的组织结构

（一）企业组织的设计原则

企业组织理论认为,企业组织的设计和构建应该遵循以下各项原则:

1. 目标、任务原则。组织设计以企业战略目标、任务为主要依据,因事得职,因职得人。企业组织是为企业生产经营服务的。

2. 分工协作原则,在组织形式上,要使分工和协作结合起来,分工和协作是使组织协调和具有整体效应的保证。

3. 统一领导,分级管理原则。重大经营决策权集中于企业高层领导,日常经营管理权力逐级下放,实行例外管理作法,即上级只负责下级处理不了的问题,凡属下级管辖范围的事情,则应由下级全权处理。

4. 统一指挥原则,避免下级人员同时受到两个或两个以上领导的直接指挥。

5. 权责相等原则,企业组织中的权、责应是对等的,必须保证企业组织中每一职位拥有的权力与其承担的责任相称。

6. 精干原则,组织形成应尽可能简单,管理层次应尽可能减少,人员要少而精。

7. 有效管理幅度,企业领导者或管理者的管理幅度(规模)要受到诸多因素制约,比如精力、知识水平、经验才能、工作特点、职务性质等,他能够有效地领导或指挥下级人员的数量是有一定限度的。另外,管理幅度和管理层次之间还存在着相互制约的关系,即管理幅度越大,管理层次越少,反之,则管理层次越多,所以,在组织设计过程中,要求在有效管理幅度和精简管理层次之间进行权衡。

8. 授权原则,授权指上级对下级部门或人员进行工作指派,并在明确其应担负的责任的同时授予其完成工作所必须拥有的相应权力。授权应具有明确的目的性,授予内容必须清晰确切,明确规定相应责任。

9. 平衡原则,即企业组织内部各部门规模大小的适当平衡,严密的组织管理秩序与企业组织宽松环境的适当平衡,集权与分权的适度平衡。

10. 弹性原则(应变原则)。企业组织应该不断适应外界环境变化,适时进行自身调整改造,以实现企业组织与外部环境之间的动态平衡。

（二）房地产开发企业组织结构

根据企业组织设计原则并结合房地产企业的实际,房地产开发企业适用的组织结构是U型结构,又称为功能垂直型结构。如图1-1所示。

U型结构的特点是,企业的生产经营活动按照功能分成若干垂直管理部门,每个部门直接对企业最高领导者负责,企业决策实行高度集权。

图 1-1 房地产开发企业的 U 型组织结构

U 型结构的优点是集中统一,各部门间协调性好,总部直接控制和调配资源,有利于提高资源的利用效率,决策迅速,且贯彻有力而彻底。缺点是企业领导者缺乏精力考虑企业长远的战略发展规划,陷于日常事务而不能自拔。随着企业规模的扩大,行政机构越来越庞大,导致信息传递效率下降,管理成本上升。

房地产开发企业较常见的另一种组织形式是 M 型结构,它是以企业高层管理者与中层管理者之间的分权为特征的。

在这种结构中,房地产开发企业根据开发项目确定若干个项目经理,企业最高管理层授予项目经理很大经营自主权,全权负责项目开发过程的组织和管理工作,项目经理下设自己的职能部门,如销售、工程技术等。企业最高领导层负责战略决策,不过问日常的经营活动,项目经理直接对公司总经理负责。有时某些公司会设一个决策部门以协助最高领导层的工作,但对较小的企业来说并非必要,M 型组织结构如图 1-2 所示。

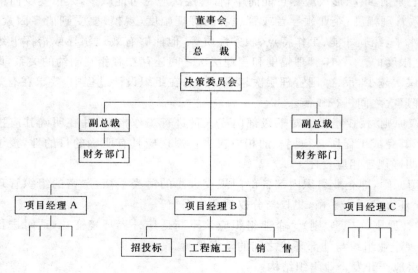

图 1-2 房地产开发企业的 M 型组织结构

M 型结构的优点是:(1)企业领导者从繁重的日常事务中挣脱出来,集中力量策划企业长期发展战略,并监督项目经理的经营业绩,(2)具体的经营决策由相对独立的项目经理做出。

需要指出的是,M型结构适用于规模比较大并且拥有多个开发项目的房产开发企业。规模较小的企业,采用U型结构更合适。

四、房地产开发企业的人员配备

房地产开发活动十分复杂,它涉及多方面的专业技术知识,比如投资决策、城市规划、建筑设计、财务融资、风险控制、项目管理、市场营销等,因此,房地产开发企业需要配备各种专业人员和管理人员,才能保证开发活动的顺利进行。

一个典型的房地产开发企业的员工构成应该包括以下人员:

1. 建筑设计人员,他们一般承担开发用地规划方案设计,建筑设计,建筑施工合同管理,组织定期技术工作会议,提供施工所需图纸资料,帮助解决施工中的技术问题。

2. 工程技术人员,包括结构工程师、建筑设备工程师等。这些不同专业的工程技术人员除进行结构、供暖、给排水、照明、以及空调或高级电气设施的设计外,还参与合同签订,建筑材料采购,建筑设备订购,施工监督等工作。

3. 工程监理人员。他们的任务是通过核实工程量,进行工程进度款签证,控制设计变更,审核工程结算来控制成本,通过运用网络计划手段、监督施工组织设计和进度计划等来控制工期;通过对主要材料、构配件和设备质量的检查,对施工现场工序操作检查,隐蔽工程验收、竣工验收等手段来控制施工质量。

4. 会计师。他提供财务安排或税收方面的建议,包括工程概算、预算、融资计划等,并及时向公司高层管理人员通报财务状况。

5. 经济师与成本控制人员。他们负责开发项目成本费用估算、编制工程概、预算计划、进行成本控制等。

6. 估价师。他的任务是对开发项目在租售之前进行估价,确定市场能接受的租金或价格水平。

7. 市场营销人员。他们的职责是预测市场需求状况,制定与实施租售策略,推销商品房,办理租售手续等。

8. 物业管理人员。他们负责项目租售后的物业管理工作,包括建筑物的保养、维护、清洁、保安等。

9. 公共关系人员。他们的任务是协调企业与外部环境的关系,塑造良好的企业公共形象,提高企业员工的凝聚力,向心力,培养企业文化。

10. 律师。律师负责处理开发过程中出现的各种法律问题,比如,代理签订土地使用权的出让或转让合同、施工承包合同、监理合同、销售或租赁合同、解决法律纠纷等。

11. 秘书和总经理助理。他们一般负责协助总经理处理日常事务,沟通总经理与下属部门的关系,提供决策建议等。

12. 项目经理。严格地讲,项目经理不是公司内部的一个专设职业、当一个开发项目的立项被批准后,经过董事会或业主的授权某个人行使项目经理职权。项目经理可以是总经理,也可以是部门经理,项目经理个人负责制是推行项目管理的一个重要内容。项目经理负责项目开发全过程的计划、组织、协调和控制。项目经理与项目监理不同,项目监理只负责施工过程的控制工作,而项目经理的工作要更全面更复杂。

除了上述专业技术和管理人员外,房地产开发公司还要配备一些初级管理人员、技术工人和行政办公人员。

需要说明的是,并非所有房地产开发公司的人员配备都要如此齐整。有时,也可以通过委托专业公司或中介机构来完成某些技术和管理工作,例如建筑设计、施工监理、销售等。这样做可能会更加节省费用。

五、房地产开发企业素质及其评价标准

(一) 构成房地产开发企业素质的要素

构成房地产开发企业素质的要素,概括起来,主要分为人员素质、资金实力以及经营管理水平。人员素质包括企业家素质、管理人员素质、技术人员素质。企业家是企业资源的组织者、指挥者、协调者,还是企业潜能的发挥者。他必须具备战略眼光和开拓进取的精神。企业家素质取决于他的组织、指挥、协调能力以及是否具备企业家精神,企业家素质的优劣对于企业发展十分关键,管理人员包括他的知识结构、组织、协调能力、合作精神等。管理人员素质的高低会影响到企业决策的贯彻、理解程度,企业日常动作的效率。技术人员素质包括他的技术水平、责任心、团队精神等。企业的存在和发展必须要有一定的物质条件或者资本。企业资本规模较大,抵御风险的能力和竞争的能力都会增强。因此资金实力是评价企业发展潜力的一个重要指标。

经营管理水平取决于企业管理人员的素质。高水平的经营管理表现为组织结构设置合理,规章制度完备,监督激励机制完善,良好的工作环境和人际关系,正确及时的决策以及畅通的信息反馈渠道等。

(二) 素质评价标准

房地产开发企业的素质评价标准大致可分为四种:

1. 盈利能力。获取利润才能保证企业不断的发展壮大,成本(或资本)利润率、销售利润率、资产周转率等会计指标反映了企业的盈利能力。

2. 应变能力。企业所处的经济环境充满了不确定性,企业对经营环境、市场条件的变化必须做出反应。企业的应变能力反映了企业经营管理水平和决策的水平,从财务管理角度等反映应变能力的指标是财务弹性。具体说就是现金满足投资比率和股利保障倍数。

3. 创新能力。彼德(德)·德鲁克认为,创新是那些能改变已有资源的财富创造力的行为(彼得·德克,1989,第30页),创新能力关于企业的可持续发展,是对企业家素质的反映。对于房地产开发企业来讲,创新可以体现在组织结构的改变,施工管理方法的革新,开辟新的销售渠道和方式等方面。

4. 建设和服务能力。包括能够承担的建设工程的规模及其种类,复杂程度,已建工程质量水平等。这是对企业资金和技术实力的考核标准。

上述四个评价指标是相互联系的。从长期来看,不会出现某种能力比较强,而其他能力比较弱的情况,因此,一个素质高的房地产开发企业在这四个方面都会做得比较好,其中,创新能力是最重要的,如果企业的创新能力强,企业就能获得前进的动力,在市场竞争中立于不败之地。

国家建设部门根据流动资金规模,经营管理人员数量,开发建设能力等标准,将房地产开发企业分成若干资质等级,这些等级标准也可以看做是对房地产开发企业素质的一种评价。

六、房地产开发企业的职能和经营目标

(一) 房地产开发企业的职能

房地产开发的职能是计划、组织、指挥、监督和调节。它的职能使其具有了质的规定性,使它与其他的企业区别开来,成为一种独立的经济组织。

1. 计划职能。计划职能包括规划企业的发展方向和经营战略,明确企业经营目标,确定实现经营目标的经营方案,根据经营方案的要求,制定和落实经营计划,监督检查经营计划执行情况。

2. 组织职能。组织职能就是优化企业内部各种生产要素的配置,提高生产效率,减少交易费用。主要包括:根据经营目标的任务调整组织结构,调配人员,确定各级管理机构的职责,明确它们之间的关系,设计激励制度提供良好的工作条件,激发雇员的工作热情和积极性。

3. 指挥职能。指挥职能是指上级管理人员采用行政手段,指令下层机构和人员履行职责,完成指派的任务。

4. 监督职能。监督职能包括两个方面:一个是对开发经营活动的监督,比如,检查经营计划和方案的执行情况以及各项经营措施的落实情况,对经营过程中出现的问题和矛盾进行分析,找出对策加以解决;另一个是对人员的监督,主要是通过制定一些措施,如考勤制度、定期考核制度、考核标准等,来检查和监督雇员履行职责,遵守纪律,完成任务的情况,奖勤罚懒,达到维护企业运转秩序,提高雇员工作效率的目的。

5. 协调职能。协调职能包含两个内容,一个是调节经营目标和方案,使之符合变化后的情况,另一个是协调企业内部各生产要素及管理部门之间的关系,使它们紧密配合,协调一致。

(二)房地产开发企业的经营目标

经营目标是企业经营活动中所要达到的预期效果,追求利润最大化是企业经营活动的终极目标。但是,在日常经营活动中,企业还有一些具体的目标。对房地产开发企业而言其经营目标大体上可以分解为以下若干分目标。

1. 生产目标。它确定在一定时期内企业生产任务,例如,每年开工、竣工面积及其比例,完成投资情况等。

2. 设计目标。比如房屋的结构层高、层数的规定,附属工程及配套工程的数量和比例,新技术、新结构、新材料、新设施的采用情况等。

3. 质量目标。包括工程合格率,工程优良率等指标。

4. 利润目标。包括投资节约率、费用节约率、工程造价、投资利润率等指标。

5. 工期目标。包括开发周期、竣工交用率等。

6. 信誉目标。如合同履约率等。

7. 发展目标。如开发规模增长,销售和盈利增加,企业竞争力增强,智力开发与提高雇员素质等。

第三节 房地产中介企业

一、房地产中介企业的作用

房地产中介企业是一种为市场交易活动提供便利并增进交易福利的盈利性经济组织。它的根本作用在于节约市场交易费用,提高市场运行效率。

房地产市场的交易费用产生有3个原因：

1. 房地产市场信息不对称。房地产市场是一个不完全竞争市场，异质性强，结构复杂，普通消费者难以准确评价房地产价格和质量。

2. 房地产市场交易对象和交易次数较少。房地产供给弹性小，短期内不能根据市场需求的变化来灵活调整产出，因而，可供交易的房地产的数量和结构不足。另外，房地产的区域性、异质性、价值大、使用期长等特点，使得进出市场者相对较少，交易频率低。这样，消费者若要找到自己想要而又支付得起的房地产，就需要花费较多时间和精力。

3. 房地产权属关系复杂。由于房地产是不动产，因此，房地产的交易就是房地产权利的交易，而附着于房地产上的权利多达数十种。权利交易的多样性与权利载体的惟一性，权利的使用与物质的归属之间必然会产生矛盾，损害交易双方的利益。

房地产市场交易费用可分为三类：

1. 信息费用，即咨询房地产价格，寻找交易对象，辨别房地产质量等费用支出；

2. 谈判费用，即收集和传递有关房地产交易条款、起草合同、确定成交价格的费用支出；

3. 履约费用，即执行交易、监督违约行为并对之制裁的费用支出。

房地产中介企业相对于个人来说，具有专业技术熟练、信息丰富、交易网络和手段发达等优势，它能在较短时间内完成顾客的委托降低交易难度，促成交易。同时，依赖其熟练的专业技术和中立地位，它能降低交易中的不确定性。例如，它为交易双方提供了共同认可的价格作为交易价格，就避免了因交易双方价格评价不一致而产生的纠纷。交易难度和不确定性的降低，节约了交易费用。

房地产中介企业的作用可用图1-3予以说明。

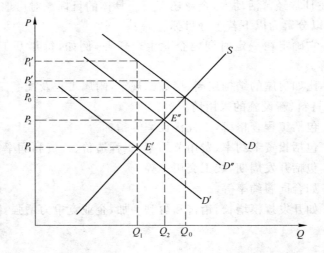

图1-3 中介企业的作用

当房地产市场不存在交易费用时，(P_0, Q_0)为竞争均衡点。当存在交易费用时，比如说由于信息不对称导致消费者发生房屋质量鉴别成本，这相当于购买价格上升。因此，消费者需求下降，需求曲线从D移至D'，D'是含有交易费用的需求曲线，均衡点为(P_1, Q_1)。当不存在交易费用时，Q_1 的价格是 P'_1，$P'_1 > P_1$。这意味着，当消费者考虑到交易成本时，只愿意支付较低的价格。竞争价格与支付价格的差，即 $(p'_1 - p_1)$ 是对交易费用的衡量。

引入中介企业后，交易费用下降了，例如，消费者可以委托中介企业评估房屋质量，为此支付的费用要小于亲自鉴别房屋质量而发生的费用。这样，消费者就愿意购买更多房屋。需求从 D' 增加至 D''。均衡点是 (P_2, Q_2)。与没有中介企业的状况相比，交易规模扩大了，价格上升。

但是，房地产中介企业只能降低交易费用，却无法消除交易费用。因为房地产中介企业收取的佣金就是一种交易费用。只不过它所节约的交易费用大于它所创造的交易费用罢了。在图1-3中，在引入中介企业后，仍然存在交易费用$(P'_2 - P_2)$，但是 $P'_2 - P_2 < P'_1 - P_1$。

二、房地产中介企业服务内容

房地产中介企业的服务主要有信息咨询、价格评估、经纪代理。

（一）信息咨询

信息咨询可分为两种，一种是决策咨询，一种是信息查询。

1. 决策咨询。一般可将其分为政策咨询、经营咨询、工程咨询、交易咨询。政策咨询主要是为政府部门制定有关房地产业政策提供建议。经营咨询以房地产开发企业的经营管理为对象，涉及房地产投资、出租、购买、抵押、保险、公证等方面问题。工程咨询主要是指房地产开发项目的可行性研究。交易咨询以消费者个人的投资、置业为对象，对投资的时间、地段、物业类型等提出建议。

2. 信息查询。是指向委托人提供具有特定内容的信息资料。从信息来源划分，房地产信息可分为固定信息、流动信息、偶然信息。固定信息相对稳定，在一定时间内可重复使用，如土地使用状况、房屋开发建设情况、城市规划、经济发展水平等历史资料。这类信息可供长期查询，查询费用较低。流动信息反映房地产市场即时变化，它处于不断更新之中，时间性强，如房地产交易价格，房地产新开工面积、竣工面积等。这类信息需及时更换，剔除过时的信息，补充新信息，故其查询费用相对高一些。

（二）价格评估

价格评估是指依据有关政策、法规，运用科学的估价方法，合理判定评估对象价格的行为。

国家的政策、法规对房地产价格的形成有重大影响。例如，对房屋折旧和残值计算的规定，对商品房开发成本因素的规定，土地利用计划和规划，地区和产业发展政策等。另外，国家政策、法规还规定了价格评估的操作规范。只有了解相关政策法规，才能做到依法估价。

估价方法，主要有市场比较法、成本法、收益还原法、剩余法、路线价法等。这几种方法各有不同的适用范围。要根据估价对象的特点、状态及估价的目的，来选择合适的估价方法。有时，需要同时用几种方法进行估价，然后取平均值作为评估价格。

判断评估价格是否合理比较困难，因为土地作为一种稀缺资源，其价格的形成主要受市场供求关系的影响，与开发成本的关系不是很密切。房地产价格是一种主观评价。所以，只要评估价格能被有关各方所接受（排除非市场力量的干扰），并且补足开发成本，评估价格就是合理的。

（三）经纪代理

房地产经纪代理是一种以房地产经营活动为对象的居间服务。它主要包括以下几项

内容:

1. 商品房销售代理,即为房地产开发企业代销商品房。
2. 专项开发业务代理,包括房地产投资项目策划;提供可行性报告;代理项目开发的前期工作(如办理各种审批手续);房地产销售策划(如制定销售方案、选择促销媒介)等。

除上述大宗的经纪业务外,日常的经纪业务主要是在存量房屋的买卖、交换、租赁、抵押、典当等交易活动中,这种业务量比较大,但单项业务标的较小。

三、房地产中介企业服务的特点

(一) 库存和运输的不可能性

尽管中介服务的生产需要借助某些物质条件,但是中介服务却不是以物化的形式存在的,它是有用效果,表现为活劳动按马克思的话说,这种使用价值是作为使用价值来消费的,没有从运动形式转变为实物形式。例如,估价师在对某处房地产的价格进行评估时,他的劳动并未创造出有形的物质产品,而是一个合理的、能被顾客所接受的价格。房地产信息咨询服务表现在信息的收集、整理、加工。服务的结果是特定的,有用的信息和知识。信息和知识并不是由物质构成,它们是智慧和思维的结晶。

所以,房地产中介服务是无形的,不具有物质存在形态。由于这个原因,房地产中介服务既不能存放,也不能运输。从这个特点,又可得到两个推论:第一,预先生产或者服务积压都是不可能的;第二,中介服务企业要尽可能靠近需求者。尽管中介服务不像日常生活服务那样需求非常普遍,从而对选址要求不是那么高,但是出于竞争和生存的需要,仍然要尽量接近市场,或者选择交通便利地区,这样可以节约需求者的交易成本,达到吸引需求的目的。这即是所谓的近距离原则。

(二) 需求决定供给

由于中介服务不可库存和运输,所以,房地产中介企业只能在需求产生后提供服务。❶
需求对供给的决定作用表现在三个方面:

1. 需求规模决定供给规模。只有在消费者产生了实际的需求后,估价师才能提供相应数量的服务。

2. 需求结构决定供给结构。需求结构指的是在一定时期内信息咨询服务、估价服务、经纪代理服务需求的相对比重。哪种服务需求多一些,哪种服务的供给就会多一些,从而形成与需求结构完全一致的供给结构。❷ 但是,供给结构的调整需要时间,因为某些中介服务的供给受到技术的限制,短期内不能大幅度增加。例如,营销策划服务的生产需要市场营销学、消费心理学等方面的专业知识,而这种专业知识或者人才的获取非短时间内能够做到。所以,这意味着,在短期内市场中会出现需求过剩或供给不足的现象。

3. 需求的时间型式决定供给的时间型式。这是说,供给的时间要受到很大限制。营业时间中任何一点上需求产生,供给就要立即开始。如果在很长一段时间内没有需求,那么在这段时间内也就没有供给。

(三) 生产与消费一致

中介服务的生产和消费同步发生。生产过程就是消费过程。这里的消费不是对物品的

---

❶ 房地产中介企业当然可以采取促销手段,如广告来创造和吸引需求。这里是强调服务不能提前生产的情况。
❷ 这里的供给结构既可以是某个企业的,也可以是一个地区的。

使用,而是对活劳动的使用。在对活劳动的消费中,消费者获得效用。以市场调查服务为例,顾客提出委托后,中介服务人员开始工作。在这期间,服务劳动是属于顾客的。劳动的耗费使顾客获得一种有用效果,即了解房地产市场的供求状况。

虽然有用效果(在这个例子中是市场供求状况)可以加以描述并记载下来,在一个相当长的时间内继续发挥作用,但是对有用效果的利用并不是服务消费的内容,服务消费是一个获得有用效果的过程。

四、房地产中介服务企业的成本与收益

(一)房地产中介服务生产投入

1. 劳动。既然中介服务表现为活劳动,那么劳动投入就是一项主要投入。一个具有相同含义的说法是,中介服务企业是劳动密集型的,撇开劳动质量不谈,一般地,劳动投入越多,提供的服务就越多。

2. 固定投入。仅有劳动投入,服务生产还不能进行。中介服务活动需要场所和设备,比如办公用房和家具、电脑、电话等设备。所以,办公用房和办公设备构成了中介服务生产的固定投入,称之为固定投入是因为它们的数量不随服务生产的增减而变动。

(二)房地产中介服务生产效率

影响服务生产效率的因素有两个,一是劳动质量,二是机械化程度。劳动质量是由劳动者的知识、技能、体力等构成,劳动质量不仅决定了服务质量,而且还使服务生产时间缩短。因为中介服务劳动是一种专业性、技术性比较强的劳动,对劳动者的个人素质要求比较高。如果服务人员缺乏专业技能,就会使服务生产时间延长,或者降低服务质量。比如,销售人员不懂市场营销学,就会降低房屋销售速度,就需要花费更长时间才能完成房屋销售服务。

中介服务生产主要依靠劳动投入,也利用某些设备,如电脑。电脑的广泛采用会在一定程度上提高生产效率,比如,电脑可以加快数据的处理规模和速度,可以节约信息搜集成本,扩大信息来源。

要提高中介服务的生产效率,就要尽可能提高劳动质量和机械化程度。但这两点都不易做到。在社会技术、知识水平一定条件下,提高劳动质量有一个"度",不能无限增长,而且获取知识、技术,提高技能也需要时间,并非短期之功。因此,劳动质量在达到一个层次后,便处于相对稳定状态。中介服务的生产特点决定了机械设备的使用范围受到限制,要大规模提高设备的使用范围是不可能的。所以,中介服务生产效率是相对稳定的,短期内不易提高。这意味着,要想扩大供给,只能增加劳动投入。

(三)中介服务生产成本和收益

房地产中介服务企业的生产成本大致包括以下几项内容:(1)工资性支出,如薪金、奖励、提成、补贴等。这项成本在总成本中所占比重最大。(2)租金和折旧,即办公场所的租金以及电脑、电话等办公设备的折旧。(3)管理费用,如企业管理人员的工资、差旅费、市内交通费等。(4)低值易耗品损耗,如纸、墨、笔等的消耗。

中介服务企业的收益来自服务销售收入,即佣金。收益水平受佣金率和业务量的影响。房地产中介企业不能完全控制服务供给量,但它可以控制佣金率。通过调整佣金率,中介服务企业可以获得较高的收入。

设 $R=$ 收益,$b=$ 佣金率,$Q(b)=$ 某个佣金率下的服务量,那么,下面等式成立:

$$R(b)=b\cdot Q(b)$$

对等式两边求关于 b 的导数,得到:

$$\frac{dR}{db}=Q(b)+b\cdot\frac{dQ}{db}$$

整理得:

$$\frac{dR}{db}=Q(b)[1+\varepsilon(b)],\varepsilon(b)=\frac{dQ/Q}{db/b}$$

式中 ε——中介服务需求价格弹性。因为 ε 是负数,所以,

$$\frac{dR}{db}=Q(b)[1-|\varepsilon|]$$

上式说明,当中介服务企业变动佣金率时,收益的变动由服务需求量和价格弹性决定,提高佣金率而收益增加的条件是 $|\varepsilon|<1$,即服务需求对佣金率的反应比较不敏感。当 $|\varepsilon|>1$ 时,提高佣金率只会降低收益,这时,适当调低佣金率可以增加收益。

因此,当中介服务企业试图以变动佣金率的方式增加收益时,必须认真研究自己所面对的服务需求价格弹性。根据价格弹性的不同,对不同时间、不同顾客群、不同服务种类的需求,制定不同的佣金率策略,来达到增加收益的目的。

第四节 房地产开发程序

房屋是人们从事生活、学习、社交乃至工作的小环境,兼有生存资料,发展资料和享受资料的各种功能。因而,房产的开发建设不仅是满足人们生活需要的必须条件,也是维持社会劳动力再生产和整个社会正常运转的重要条件,在房地产业的运行,发展和实施中占有极为重要的地位。

城市房地产开发建设程序,即指住宅从策划到可行性研究再到动工建设的全过程,涵盖住宅开发建设的各项实际操作细节。在我国现阶段,一般需经过以下四个阶段八个步骤。

一、决策阶段

即通过选址区域的分析研究,决定是否进行住宅开发建设,并向政府主管部门申请建设用地。具体分为两步:

第一步,进行开发区可行性研究,即立项,选定开发区的具体地点。

住宅开发投资项目可行性研究,主要是对项目进行经济分析,评估其社会经济效益,即看其经济上是否划算。为此要对影响投资项目经济效益的各个因素逐一分析,综合判断,考虑项目是否可行。这些影响因素主要有:(1)土地供给状况和质量。住宅开发项目的用地来源有两项:一是征用农用集体所有土地;二是旧区拆迁改造土地。土地位置的优劣直接影响开发项目的投资收益,是影响决策的首要因素。(2)建筑材料供给状况及价格水平。建筑材料的供给价格,数量及质量,无论是国家计划供应还是直接购于市场。都对成品房的价格有很大影响,直接制约其经济效益。(3)施工队伍的数量与素质。我国劳动力市场人员充足拥有一支数量庞大的农村建筑队伍,但素质普遍较低,因而从特殊技术要求来看,施工力量反而欠缺,影响住宅建筑质量和经济效果。(4)资金与利息率。房地产开发需占用巨额资金,资金主要来源于开发公司自有资金、银行贷款和预售房款。银行贷款受国家信贷计划限制,预售房款受销售市场购买力限制,因而资金不足的问题对住宅开发影响很大,直接关系到项

目能否顺利实施。而利息更是直接影响到项目投资成本和公司的经济效益。(5)住宅市场需求状况。住宅市场需求量增加,则住宅价格上涨,有利于立项投资,反之则住宅价格下降,不利于立项。除以上影响因素外,住宅商品建设周期,住宅开发商品房出房率,政府政策等因素也影响着投资项目的最终收益,对项目进行分析评定时都要考虑在内。

通过对不同项目各影响因素的具体研究,最终判定可以投资的项目,从技术与经济两个方面进行全面系统分析,结果写成可行性研究报告,为做出正确投资决策和实现决策科学化提供理论依据。

可行性研究报告应包括以下10个方面的内容:

1. 工程概况。包括工程名称,地理位置,工程所在地周围环境条件,工程的主要特点和开发建设该工程的社会经济意义。

2. 基本数据。包括工程总面积规划要点,建设项目所占土地的原来使用状况,占地面积,需拆除的房屋面积、产权、间数、建筑物性质、需要安置的原住户人数和人口状况,拟建工程建筑物主要参数指标,投资总额及其他材料等。

3. 成本估算。预算住宅项目所需的各项费用,这些费用主要有:土地征用费、拆迁安置费(包括拆迁费用、赔偿费用、安置费用等)、前期工程费(包括详细规划费、房屋鉴定费、钻探费、购图晒图费、设计费、临时水电费、场地平整费、建筑安装费、室内外热网设计安装费、小区配套费、管理费等)。

4. 项目开工、竣工日期和进度的初步安排。

5. 资源供应。包括资金筹集和投资使用计划;主要建筑材料的采购方式和供应计划;施工力量的组织计划。

6. 市场分析。包括市场需求预测、销售价格分析、销售方式、渠道、对象及计划等。

7. 财务评价。财务评价即效益分析,包括销售收入、税金、利润预测、还贷能力及平衡预算、现金流量分析、财务平衡分析及投资规模、规划设计修改及原材料价格变化因素的影响。

8. 施工手段和工程周期。

9. 风险分析。即对社会、经济、政策等方面可能出现的影响,资源供给可能出现的不协调,以及成本、市场可能出现的变化做出分析。

10. 国民经济评价。

11. 结论。即对开发项目做出充分评价后,提出明确意见,确定方案是否可行。

第二步:向政府土地管理部门申请建设用地。

对拟投资的住宅项目进行立项,并做出可行性分析研究之后,开发单位应立即向城建土地管理部门提出申请,要求审批通过项目开发所占用土地的规划使用权。

二、前期阶段

住宅开发建设的前期阶段,即对项目所在地进行建设规划及为动工建造进行施工场地平整工作的阶段,这一阶段主要包含以下几个步骤:

第三步:征用土地,拆迁安置。

政府土地主管部门批准开发单位的用地申请之后,下面要做的便是对项目所在的土地实施征用,并对原地上建筑物进行拆迁和安置原住户。

我国土地有两种所有权性质:农村集体所有制土地和城市全民所有制土地,在我国当前体制下,城镇全民所有制土地征用大体经历如下过程。
1. 开发公司提出开发项目立项报告,经市计委,建委批准立项后列入计划。
2. 开发公司出具批准立项文件,向市规划局申请开发选址。
3. 市规划局初步划定用地范围、面积、并向与原用地有关部门发出建设用地征询意见表。
4. 市土地管理部门根据规划初步定点,拟办补偿安置方案。
5. 开发公司陪同规划、市场、土地等有关部门勘察地形,了解地貌,最后确定征用范围。
6. 开发公司与原用地单位,当地政府商谈征地补偿安置方案书。
7. 开发公司与区政府商谈劳动力安置办法。
8. 区政府有关部门根据被征地单位有关情况,设置征地补偿安置方案书。
9. 开发公司与被征地单位签订土地征用初步协议。
10. 市土地管理部门在补偿安置书上签署意见。
11. 市规划局审核征地文件,协议,筹拟征地批复文件。
12. 市规划局审批确定开发区详细规划。
13. 市规划局,土地管理部门将征用土地问题提交市政府讨论后颁发正式文件。
14. 市规划局根据政府批文核发处理用地有关文件。
15. 区政府组织有关部门具体办理征地事项。
16. 开发公司缴纳征地占用税、新菜地开发基金。
17. 在土地管理部门的主持下,被征地单位向开发公司正式移交土地。

农地征用则与城镇土地征用不同,因为农村土地属于农村集体生产队所有,非全民性质,征用农村土地时城镇土地管理部门直接出面,在当地政府主管部门的配合下,与原用地单位洽谈按"土地管理法"条例代表国家实施征用,并由开发单位付给被征用单位足够的土地补偿费和安置补助费。

城镇全民所有土地实施征用后,要对地上建筑物进行拆迁,并补偿安置原住户,拆迁与安置工作是旧区住宅开发的主要环节,一般遵循如下程序。
1. 调查核实。即通过派出所,房管站核实拆迁区域内的常住人口及住房情况,主要包括人口结构、年龄结构、职业、工作单位、住房建筑面积、住房使用面积等。
2. 确定拆迁方案。落实搬迁原住户,拆除旧房方案。
3. 确定安置方案。将拆除片内住户户型、户室面积进行分类排队,将新建房按套型、建筑面积顺序排队,对照考察安置房供给情况。
4. 拟定所需要费用计划。拆迁安置费用包括摸底费、搬迁补偿费、投亲靠友补偿费、提前搬迁奖励费、私房补偿费、租赁周转费、拆迁安置承包劳务费等。
5. 申请拆迁。开发公司将有关文件报请政府有关部门批准,领取拆迁许可证后,由政府主管部门拟定动迁公告并与开发公司签订承包合同。
6. 签定拆迁安置协议。开发公司与拆迁人签订安置补偿协议书,报送拆迁主管机关备案或公证部门公证。
7. 实施居民搬迁。逐户落实居民的迁移活动和特殊问题的处理。
8. 房屋设施拆除实施。开发公司在指定期限及范围内,将原有建筑设施拆除。
9. 拆迁安置中的纠纷处理。

第四步,对住宅开发区进行规划设计,判定最优建设方案。

开发区拆除安置工作完成后,要对住宅进行系统规划和综合设计。居住区规划涉及面较广,一般应在符合总体规划要求下,按照城市局部地区详细规划设计进行,并尽量满足住宅区建设的多方面要求,包括:使用要求,即应为居民创造一个生活方便的居住环境;卫生要求,保证住宅区内的卫生与安宁;安全要求,尽量减少或避免各项事故的发生隐患;经济要求,即居住区规划建设应与国民经济发展水平和居民生活水平相适应;施工要求,要有利于施工的组织与经营。

根据住宅区的开发建设,确定具体建设实施方案。建设方案的制定要根据开发工程施工的内在法律,注意使各建设项目的布置适应施工要求和建设程序。建设项目包括住宅区基础设施、住宅楼实体、住宅区各项配套设施等。通过分析科学制订施工计划,选择最优施工方案,尽量做到周期短,质量高,效益好。

第五步:施工现场"三通一平"或"七通一平"。

对住宅开发区进行详细规划并选择确定最优建设方案后,便要开始动工建造。开发区工程施工一般从基础工程入手,而基础工程建设应以土地开发为先导。

土地是房屋的载体,土地开发是房屋开发的前提,房地产工程施工开工以前的准备工作一般被称为"三通一平"或"七通一平"。三通一平是指对开发区进行通水,通路,通电和场地平整,如果开发区规划面积较大,对基础设施要求较高,则应做到"七通一平",即通路,通电、通气、通暖、通信、通供水,通排水和场地平整。

1. 通路:修筑好通往开发区域的专用铁路公路和码头,及开发区内的各项主干道路,保证工地内道路通畅,运输方便。

2. 通电:修好通往开发场地的输电、配电设施,按施工组织设计要求,架好连接电力干线的供电线路及开发区域内的用电线路和电讯电路。输电管网采取树枝状或环状布置。

3. 通气:铺设煤气、液化石油气管道,煤气管网多采用地下铺设。

4. 通暖:采取热电厂供热和区域锅炉房供热,管网一般采取地下铺设。

5. 通信:修好开发区内的电话线路,保证住宅区与外界的信息通畅。

6. 通排水:排水系统有分流制与合流制两种形状,视规划和原有排放形式而定,新的排水系统多采用分流制树枝状管网,管线保持一定坡度,靠重力自流。

7. 通供水:给水管网按树枝状或环状方式布置,管网大小根据对水的需要决定,埋设深度则根据管径大小,管材强度,外部负载,本地气候等因素确定。

8. 场地平整:根据计算标高和土方调配方案进行现场土地平整,以便于土方的机械化施工和水、电、路的修筑与敷设。

三、建设阶段

前期工程准备完成以后,由住宅开发单位选择建筑承包单位,依住宅区详细规划,对小区内的住宅进行施工建造的阶段。这一阶段实际包含以下步骤:

第六步:通过招投标发包工程,进行施工建设。

建设项目招投标是工程管理体制的一项重大改革,实践证明它是进行工程管理的一种好的方法。

招投标包含招标发包和投标承包两个方面。投资公司或项目主管部门为工程项目发包者,以公开形式按自己的需求选择开发公司,工程承包公司作为建设工程发包者,以公开形式择优选择投标承包者。建设工程招标发包可以是工程全过程,也可以是工程个别阶段,如勘察设计招投标,材料设备招投标,工程施工招投标等,通过招标确定施工企业后,即开始对小区住宅的建设工程。小区住宅的施工建造由工程承包单位负责,开发公司主要是以组织、协调者的身份介入建筑工程施工管理,施工管理应完成的主要任务为:

1. 项目组织与协调工作

(1) 选择施工供应等参建单位,制订各参建单位往来应遵循的原则。

(2) 落实项目施工阶段的各项准备工作,如落实设计意图,选定施工方案,审定材料与设备供应品种及供应方式。

2. 费用控制

主要包括编制费用计划,审核费用支出,研究节支途径。

3. 进行控制

全面进行进度分析,适时调整计划,协调各参建单位进度。

4. 质量控制

按质量标准进行质量控制,处理质量问题,组织工程验收等。

施工过程中还要有各专业性工程监理机构或开发公司自身的监督部门对开发项目实行监督和管理,被监管对象为建筑商在工程中的技术经济活动,要求以上活动必须符合有关的技术标准、部门规定和法律规章等。

工程监理的内容包括以下几个方面。

(1) 审查工程计划施工方案。

(2) 监督施工全过程。

(3) 整理合同文件及技术档案资料。

(4) 提出竣工报告和处理质量事故。

四、竣工阶段

住宅小区内全部基础设施、住宅实体及公用配套建设完工后,即进入竣工阶段。在这一阶段内,主要完成对住宅小区的竣工验收,付诸使用工作;并要对售后住宅实施管理,主要包含两个步骤:

第七步:竣工验收的主要内容为:

1. 建筑施工完成以后,施工单位和开发公司递交竣工报告,设计单位提交工程有关图纸文件。

2. 开发公司根据图纸,隐蔽工程验收报告,关键部位施工纪录检验工程施工质量。

3. 以开发公司为主,并同使用单位、施工单位、监理单位、设计单位等共同检查项目完工情况及图纸资料。

以上验收全部通过后,即由验收单位填具验收证书,质量监督管理部门发给工程质量等级证书,住宅项目即可交付购房者使用。

第八步:居住区使用管理。经营房屋的出租与管理。

至此,住宅开发建设的四个阶段八个步骤全部完成,实际开发时不一定完全遵循以上步骤,但它基本反映了我国目前住宅开发的模式和过程。开发单位进行住宅开发项目时,应基本依照以上步骤,因势利导、循序渐进,保证施工项目的合理组织和适当安排则必能较好依照小区详细设计规划,完成预定任务。

第五节 房地产经营的特点与形式

房地产经营是房地产行业的流通环节。它是连接房地产的生产和消费的桥梁。它关系到房地产的价值能否顺利实现,保证房地产再生产,实现良性循环。

一、房地产经营的涵义

经营,即筹划、谋划的意思。指经济活动中的统筹规划经营决策,包括确定经济活动的目标,计划方针和实现目标的战略、策略、经营时机等方面的内容。

房地产经营就是要确定房地产经济活动的目标和实现目标的战略、策略,以最小的投入获取最佳的效益。广义的房地产经营指房地产开发活动的全过程,包括房地产生产过程的开发环节,流通环节的营销活动和中介服务活动,和消费环节的物业管理服务活动。狭义的房地产经营指流通环节的营销活动,包括土地的出让、转让和房屋的出售、出租。

二、房地产经营的特点

房地产经营与其他商品相比,具有许多不同点,认识这些不同点,有助于提高房地产经营的效果。

(一)房地产经营的一般特点

(1)房地产经营对象具有空间的不可移动性。其他商品在市场上进行交易,一般随着交易的结束,商品发生位移。而房地产在成交后,其地理位置不发生变动,即不发生物流。

(2)房地产成交金额巨大

一般来讲房地产价值大,而成交金额巨大。

(3)房地产交易个性差异大

普通产品一般都按一定的设计标准,从工厂成批生产出来。而房地产产品是包含土地,周围环境在内的整体概念,个性差异大。

(二)房地产经营呈现垄断竞争性

房地产经营的性质由房地产市场的性质决定的,房地产市场属于垄断竞争市场。

(三)房地产经营具有区域性

其他商品经营,同类产品具有可比性,在市场机制作用下,通过流动形成互补,因此形成一个统一市场。房地产市场具有区域性,其交易一般都是在本地区范围。不同区域产品价格差距虽然很大,但又不可能形成互补。所以房地产经营只能在一定地域内开展。

(四)房地产经营具有消费和投资的双重性

一般商品的消费,其价值形态和实物形态随时间的延续而逐渐损耗。而房地产的消费有时反而会增值,具有投资效应。同时,房地产的投资和消费与一般商品的供求规律也不同。有时候表现为投资和消费价格同时上涨。这种现象,西方称之为"雷却得效应"(Ratchet effect)不考虑投机因素,房地产消费者一般同时具有投资与消费二种心理。

(五)房地产经营具有反经济循环特点

在一般情况下,当经济不景气时,市场不稳定,大量资金涌向房地产行业,以求保值,房地产市场转向繁荣;当整个经济处于繁荣状况时,大量资金被其他部门吸收,房地产市场转向平稳。房地产经营状况与经济循环成相反方向变动。

(六)房地产经营价格具有较大刚性

我国房地产市场的形成,是一个渐进的过程。房地产价格短期内在供求关系的影响下升降变动比较大,而供求关系往往受政策影响,从长期趋势看,由于土地的非再生性,稀缺性,房地产经营价格表现为上升的趋势。

三、房地产经营的形式

按经营的对象划分,可以分为房产经营和地产经营。

（一）房产经营和地产经营

1. 地产经营

地产经营是土地使用权的出让、转让、出租、抵押的流转过程。地产经营的层次从行政主体上的差别分为二个层次：出让经营和转让、出租、抵押经营。前者是地产权的纵向流动,属于一级土地市场,由国家垄断。后者是土地使用者之间的再转移行为。转让包括出售、交换、赠与等。转让、租赁、抵押属于土地使用权横向流通,属于二级土地市场内容。是垄断竞争型市场。

2. 房产经营

房产经营是相对于地产经营而言,本来房产、地产是不可分离的,二者是一个统一体。但二者又有各自的特点,从理论分析的角度,可以进行单独研究。

房产经营的主要形式有出售、出租及抵押。房屋作为商品出售是其基本的价值实现形式。房屋租赁是指房屋所有者将商品房屋使用权出租给承租者使用,承租者定期向出租者交纳租金的行为。房屋抵押是指房屋所有人将其房产所有权向资金持有人抵押,以取得贷款的行为。

（二）按经营规模和经营方式划分,可以分为专项经营、综合经营、集团经营和跨国经营等

1. 专项经营。指专门从事某一方面、某一环节的业务内容的经营形式。
2. 综合经营。指同时以多项房地产业务为工作内容的经营形式。
3. 集团经营。指从事土地以及基础设施、房屋开发、工程管理、销售、出租、修缮管理等全面服务的企业集团的经营形式。
4. 跨国经营。指通过国与国之间合资、合作、到国外投资等形式开展的业务活动。

（三）按活动发生的不同过程划分,分为房地产开发经营、房地产流通经营和房地产消费及使用经营

1. 房地产开发经营。发生在房地产开发过程的所有经济活动的总称。包括土地、房屋和配套的开发、再开发。
2. 房地产流通经营。主要指土地使用权出让、转让、租赁、抵押及房屋的买卖、租赁、抵押等经济活动。
3. 房地产消费及使用经营。主要指物业管理服务,包括经租管理和使用管理。

复习思考题

1. 房地产综合开发的形式和内容是什么？
2. 简述房地产开发企业的组织结构及特点。

第二章 房地产开发项目策划

房地产开发是通过多种资源的组合使用为人类提供入住空间、改变人类生存的物质环境的一种活动。在房地产行业中它属于生产环节，是房地产业的龙头。房地产开发是以项目为单位来组织生产的，不论建设规模大小、开发周期长短、投资多少，只要是作为管理和控制的对象需按限定的时间、预算和质量标准完成的一次性开发工作或建设任务就是一个开发项目。对于开发商而言，每个开发项目都是资金从投入到收回的一个完整的过程，但由于地理位置不同和环境、规划等方面的差异，每个项目都有不同的特性，都需要进行专门的策划。

所谓房地产开发项目策划，是在充分进行市场调研的基础上，确定开发项目的类型和规模，并对开发建设的所有过程做出安排和计划的活动。由于房地产开发属于固定资产投资类型，往往占用资金较多，且项目周期较长，决策后调整方案的弹性也较小，是一项高风险的投资活动，加之受影响的因素多，稍有不慎就可能给投资人带来巨大损失，因此必须事先做好周密的策划。

开发项目策划和可行性研究是房地产开发经营活动中最重要的环节。这主要体现在以下几个方面：

第一，项目策划是开发企业总体经营方针在每个项目上的具体体现，是将企业经营理念贯彻到实际工作中的结合点，确定开发项目的基调和行动纲领。

第二，房地产开发是一项复杂的系统工程，环节繁杂，各个环节又有着不同的制约关系，因此整体策划有助于各项工作的衔接。策划内容也就涉及到项目的总体目标和进度计划、建设用地取得方案、规划设计方案、建设方案、租售方案、筹资方案和管理模式等几乎所有方面。

第三，项目策划也是最能体现开发商综合实力和创造性的过程。通过策划人员的"大胆假设、小心求证"，提出一系列个性鲜明、创意独特的方案，无疑会加大开发经营项目的成功概率。

随着房地产市场的发展和完善，"以销定产"成了符合市场经济客观规律的一条重要法则，越来越多的开发商开始把现代市场营销学的理念引入到房地产开发项目的策划过程中，所以也有人将房地产开发项目策划直接叫做"营销策划"。市场营销最核心的观念是"了解需求、满足需求"，即企业通过市场调研了解潜在市场的需求动向，选择目标市场，并运用企业可以控制的营销组合手段——产品策略、定价策略、分销策略和促销策略（简称4P组合）去充分满足目标市场的需求，以达到供需双方的价值最大化。可见市场营销几乎涵盖了企业的全部生产经营活动，所以房地产开发项目的策划也应始终在市场营销理论的指导下进行，从市场调研和分析入手，充分了解目标市场需求的特性，寻找投资机会，并对比可能存在的风险，筛选投资机会，提出完整的开发方案。

第一节 房地产市场调查与研究

在市场营销过程中总会遇到各种各样的问题,涉及市场环境、消费者、产品、企业经营状况、广告和销售等诸多方面。发现并解决这些问题有助于提高企业的营销水平,这就要依靠市场调研。

所谓市场调研就是针对市场营销中的问题进行信息收集、分析和研究,然后向企业提出解决问题的策略和方法。可以说,市场调研是一切市场决策的基础。

由于房地产项目具有生产一次性、位置固定性和投资大、变现能力差等特点,使房地产成为风险较大的一种投资。再加上影响房地产市场营销的因素复杂多变,因此,不仅在项目可行性研究阶段要做充分的市场调研,而且在实施营销计划过程中也要有针对性地进行市场研究,及时解决存在的问题,保证经营目标的实现。

一、房地产市场调研的作用

(一)房地产市场调研的意义

一般而言,市场调研是由企业完成或由企业聘请的专业咨询公司、研究机构或大专院校等专业人员来完成,而市场调研的受益者包括企业和消费者两方面。因为市场调研通过收集和传递信息,把消费者、产品和企业联系起来,使企业得以尽快把消费者的需求体现到产品的设计、生产和销售之中。在为消费者提供称心如意的产品的同时,企业也因产品适销对路而获得满意的经营效果。单从企业角度讲,市场调研有以下作用:

第一,可以帮助企业开发新市场。一个外地开发商要进入某市开展业务,除了要了解当地消费者需求外,竞争对手情况、当地经济水平、政策导向、人文环境等都是必须要考虑的,即所谓"知己知彼、百战不殆"。而这些信息的获取都需要做市场调研,即使是已经在市场运作多年的行家里手,要想把握新的营销机会,也必须不断分析、研究市场的变化。毕竟人非生而知之,正确的决策来自于掌握信息的准确性与及时性。越是投资大的项目,市场调研工作就越重要,当然用于市场调研的支出也就越大。

第二,市场调研可以加强企业对营销工作的控制。如何做好市场营销的控制不在本书的讨论之列,但不代表其不重要。恰恰相反,一个好的营销方案如不付诸实施也只能算是"纸上谈兵",白白浪费商机。有效的营销控制也需要市场调研,因为房地产市场是一个变化较大的动态市场,某个因素的微小变动都可能给企业带来重大影响。关注各类变化,估计这种影响,才能审时度势,随机应变,这无疑会对市场调研提出较高的要求。

第三,市场调研可以帮助企业发现经营中的问题,并找出合适的解决方法。当某项营销活动达不到预期效果时,肯定有问题存在。这些问题可能由某一因素影响,也可能是多种因素交叉作用影响。通过市场调研发现问题存在的原因,并找到解决办法,本身就是一个提高企业营销水平的过程。

第四,市场调研还可以平衡企业与消费者的联系。在市场上,买卖双方是一对既对立又统一的矛盾体。企业关注成本与效益,消费者则追求最大的功能价格比,这中间会有一定的利益冲突,但追求交易成功无疑是双方的共同愿望,对双方都有利。市场调研在调节产需矛盾方面具有重要意义。从前一阶段的房地产市场上的供需矛盾看,总量不平衡的矛盾并不突出,倒是结构性失衡问题值得关注。这种"想买的房子买不到、空置的房子无人要"的怪现象,多与项目盲目上马、缺少市场调研有关。

(二)房地产市场调研的种类

1. 按调研目标分类

市场调研是为了解决各类问题而进行的,通常带有阶段性,有始有终,目的明确。根据不同的市场调研目标,可将其分为四类:

(1)产品调研。产品是连接企业与消费者的纽带。企业在设计产品时,要根据消费者的需求来确定,既要把消费者的内在物质需求反映到产品的使用功能上来,又要注意用包装和品牌形象来满足消费者的心理需要。应该看到,在房屋的工程造价没有太大的变化的情况下,精心设计的房型布局可以给消费者带来更大的效用,因而创造更大的价值。这不仅是设计人员的责任,也是营销人员的工作范畴。

(2)广告研究。由于房地产属于不动产,难以将产品实体带到集中设置的市场展示或沿街兜售,广告就起着极其重要的促销作用。广告研究包括三部分:一是消费者行为的研究,因为消费者是广告的接受者,分析其行为可以提出更有感染力的广告创意;二是广告制作方面的研究,这不仅涉及到制作技术,又要考虑制作成本;三是广告媒体的研究,媒体的研究可以使企业选择更有效的通向目标顾客群体的传播途径,并对其效果进行测定,减少浪费。

(3)销售研究。销售研究以提高销售效率为目的,企业应对销售记录进行分析研究。其课题包括市场份额、市场销售特点、分销渠道及各自销售业绩对比、市场容量等,这是市场调研中最常见的部分。通过销售分析与控制研究,可以建立有效的销售方案和销售组织,降低销售成本,增加利润。

(4)市场环境的研究。上一节的市场营销环境分析只提供了一个需要考虑的因素体系,而对于各因素的即时状态的把握则需要通过市场调研来完成。当然,这并不是要求对每个影响因素都面面俱到地进行研究,一般只对其中影响较大且发生变化的因素做出分析评价即可。

2. 按研究方法分类

每一个市场调研项目因目的不同,所采取的研究方法也有所不同。按照不同的研究方法,可将市场调研分为三类,即探索性研究、比较性研究和因果研究。三者既有区别,又有联系,现分别介绍如下:

(1)探索性研究。这类研究强调开创性的思想与意念,用全新的思路或创意解决错综复杂的问题。主要内容包括背景调查、经验调查和案例分析等。它采用"具体—抽象—具体"的思维方法,以加深对问题的认识,提出的解决方法也更具有超前性和创造性。可以说,这一过程主要是大胆提出各种假设的过程。

(2)比较性研究。有比较才能有鉴别,因为市场中各要素之间不会像数学中的函数那样具有一一对应的关系,所以只有通过比较才能发现其中的规律。如想了解通过电台做广告会对房地产销售量有何影响,就可以将广告试验前后的参数(如售房面积)进行对比,找出与广告费支出之间的关系。当然,比较的内容涉及诸多方面,关键是要控制实验条件,使之不受其他因素干扰,具有可比性。这一研究可以说是验证各种假设的过程。

(3)因果研究。因果研究有时与比较性研究很相似,也是比较市场营销中不同策略的因果关系,但它更侧重于定量分析,因而也更具有实用性和可操作性。如要研究居民年收入与房价之间的关系通过比较性研究可以获知二者之间呈正相关关系,即居民的收入越高,所能接受的房屋价格也越高。但这还不够,进一步研究可通过做实验或收集以往的统计数据进行回归分析,找出二者的定量关系,从而为企业定价提供参考,这种分析方法就属于因果研究。也可以说,因果研究才是真正利用已经过验证的假设来解决问题的过程。

(三)市场调查的途径和方法

市场调研实际上是收集有用信息进行分析研究,并用来解决所面对问题的过程。它包括市场调查和市场研究两个部分,其中市场调查是基础,为市场研究提供素材;市场研究则是对调查资料进行分析、归纳,发现规律并解决问题的过程。二者相辅相成,不能截然分开。前面已对市场研究进行了介绍,这里再着重介绍一下市场调查的有关内容。

1. 市场调查的途径

一般可供市场研究的资料分为两大类,即原始资料和现有资料。前者是专门为某项调查而收集或实验得到的资料,针对性强,但收集起来比较费时费力;后者是经过加工整理而可供使用的资料。对后者应采用拿来主义,但要注意其适用性。在资讯发达的今天,市场信息无处不在,调查的途径众多,主要有以下几个方面:

(1) 政府部门。从官方得到的资料一般具有统计效果,政策性强,要注意分析使用。

(2) 本企业内部。这是一个重要的信息来源,既有供产销和财务等业务部门的统计资料,也包括来自售房现场的信息。企业应特别关注售房人员提供的信息,因为他们是企业与顾客直接接触的"界面",掌握的情况最真实,也最及时,是一笔宝贵的财富。当然,企业内各类专家的意见也应加以重视,特别是在做一些前瞻性的预测时,其经验和专业知识发挥着重要作用。

(3) 社会信息咨询机构。较成熟的房地产市场上一般都有一些专业的中介机构为企业提供咨询,因其专业水平高,组织机构完善,而且长年连续地从事调研,故可以为企业解决一些最头疼的问题,当然,企业为此要支付一些咨询费用。

(4) 各类媒体的公共信息。平时应注意分类积累此类信息,最好能建立一个信息库,需要时就可以得心应手了。

(5) 公共场所普查、抽查和对消费者、竞争者的个案调查等。通过这种途径获取信息时,为了兼顾结果的代表性和过程的经济性,一般应采用多种抽样方法确定调查对象。

2. 市场调查的方法

市场调查工作要求全面、准确、及时,这都要靠科学的调查方法来实现。常用的房地产市场调查方法有:

(1) 询问调查法。对所拟调查的事项采取面对面、电话或书面的形式,向被调查者提出询问并获取所需资料的过程,这是一个最普遍采用的方法,操作简单,效率也较高,但是应注意问题的提出方式要恰当,避免调查人加入主观意见而使结果失真。

(2) 观察调查法。由调查者直接到售房现场进行观察,作出记录、录音或录像,以获取市场信息的一种方法。由于实施调查时,被调查者没有意识到自己正在接受调查,能自然、客观地表达,因此资料较准确。其缺点是只能观察表面现象,无法了解内在动机,而且对调查人员的业务素质要求较高。

(3) 实验调查法。通过小规模的实验来了解情况,取得资料,以分析总结市场情况的一种方法。具体操作又可分为展销调查、试销调查和对比调查等,应该说这是一个比较科学的调查方法,但在执行时技术难度较大,特别是难以选择市场条件相同的对比案例,因此无法推广使用。

二、市场调研的步骤

市场调研的目的是发现问题、解决问题,它属于"企业诊断"的范畴,为了便于理解,我们可以比照医生诊病的程序介绍市场调研的过程。

一般医生接待病人后先要了解症状,然后分析病因,提出几种假设,逐项检查、化验,确诊后提出治疗方案,选择最有效的方案实施,一个疗程后再复诊,根据病情的进展调整方案,直至完全康复。

同样,市场调研的过程也可分为六个步骤,如图2-1所示。

图2-1　市场调研过程

(一)确定市场研究的目标

一般要根据市场营销工作中的存在问题确定市场研究的目标,只有把问题找准,才能有的放矢,对症下药。企业市场营销中存在的问题往往不像人的病症那么直观,它需要市场调查人员认真检查生产经营活动的每个环节,发现主要问题并将它列为调研目标。当然,这要根据企业的总体思路来定,在确定研究范围时应考虑时间、资金、技术等限制条件,准确地选择评价指标。

(二)分析影响问题的因素

市场营销中的某一个方面或某一个环节发生问题,其影响因素一般会有多个,其中有些是外部因素,企业无法控制,但也应对他们有充分的认识,以便调整,使企业可以控制的内部因素与之相适应。这一阶段要求市场调查人员大胆提出各种假设,对所有可能发生作用的影响因素逐一进行分析,必要时甚至可以做一些预备调查,征求有关专家和消费者的意见,为后面的正式调查把握好方向。

(三)收集信息、数据并确定样本

收集与研究目标有关的信息、数据并确定样本是整个市场调研活动的关键,决定着调查结果的真实与否。无论准备采取哪一种调查方法,都应事先设计好一个周密、严谨的调查表。当然,不同的调查方式,内容设计上也不同。目前常采用的问题类型有选择式问题、自由回答题、态度评定题等。由于被调查对象范围太大,受资金、时间和精力的限制,一般只能在全部消费者中选择一部分具有代表性的样本进行调查,这就是抽样过程。现行的抽样方法有随机抽样、分层抽样等,应按统计学原理来选择。

(四)加工处理数据并确定解决问题的方案

把一组抽样的数据转变成有实际意义的结论,要借助于统计方法进行分析。目前市场研究中的数据分析主要有两类:一是差异分析,二是变量间的关系分析。随着计算机技术的广泛应用,各种统计软件的出现使数据处理更为便捷。"确诊"后就要提出解决问题的方案,并估计每种方案可能带来的后果,以便从中选择最佳的解决方案。

（五）制定和实施营销计划

根据最佳方案制定对应的市场营销计划并加以实施。一个最佳方案制定出来后，还要把设想落实为具体的营销工作。一般可以对调研过程中发现的轻微过失及时更正，对于重大的问题和变化才单独制定计划并组织实施。

（六）对实施方案的评价、调整和改进

通过市场调研解决问题的过程就是一个探索和创新的过程，为了少走弯路，降低风险，一般应在实施方案一段时间后进行跟踪评价，分析销售记录，发现问题及时调整和改进方案，使企业的整体水平不断提高，实现既定的调研目标。

至此，一项市场调研活动基本完成，但由于市场调研工作一般由企业市场营销人员或专业的市场调研机构承担，为了给企业的决策者提供参考和依据，一般还应撰写市场调研报告。市场调研报告是整个调研工作的成果，应包括市场调研要解决的问题、调研方法、收集到的数据和最终结论等。报告应完整、准确、可行。

第二节 房地产市场分析

开发项目的策划应从调查和分析需求入手，并通过把信息传递给设计和生产部门，形成完善的产品或服务推向市场。只有在充分进行市场调研和分析的基础上，才能形成有效的策划方案。

与其他市场不同的是，房地产市场是权益交易市场，同时也是地区性市场，受到土地供应和政策影响，易于出现垄断和不均衡。这些特性也决定了房地产市场分析应先从内外环境入手，充分考虑消费者的购买行为，从中发现市场规律。

一、房地产市场营销环境分析

在企业的市场营销运行过程中，必然会遇到各种因素的影响，一般把这些影响因素中难以控制的部分称为市场营销环境。企业营销人员应密切注视其所处环境的变化，及时改变营销策略与之相适应。根据对企业营销活动发生作用的直接性与具体性又可将市场营销环境分为微观环境和宏观环境。

（一）市场营销的微观环境分析

市场营销的微观环境是指企业的自身环境及与企业经营有直接联系的单位或个人所形成的环境，它们对企业的市场营销工作的影响最直接，也最具体。主要包括以下几个方面：

1. 企业内部环境

企业无论大小，都要有一个完整的管理系统来执行各项管理职能，市场营销部门只是企业几个核心部门中的一个，它在接受高层管理者领导的同时，还要协调好与企业其他部门的关系。如开发公司的售房部门，既要同前期开发部门发生联系，把市场需求信息传递给他们，由他们负责开发出适销对路的房地产产品，又要同工程部门经常联系以掌握工程进度，确认入住时间和质量保证，还要与财务部门协商成本与定价事宜，以及不同付款方式的可行性等。所以，只有企业内部各部门协调一致，才能取得良好的经营效果。

2. 各类资源的供应商

企业选择交货及时、质量可靠、价格合理的供应商是至关重要的，对房地产开发项目的质量、成本、工期都有直接的影响。这些供应商既包括提供建筑材料、各类设备和施工队伍

等一般性质的供应商,还包括提供土地使用权的政府和提供资金支持的信贷部门等。其中,后两者对企业经营的影响更大。

3. 房地产中介机构

房地产中介机构可以协助公司促销、销售或配销其产品给最终购买者,从而实现"产销分工"中介机构的数量和素质是房地产市场发育成熟与否的重要标志,企业应注意使用这些社会力量提高销售效率。房地产市场上的中介机构既有一般经销商,又有代理商,经纪人和广告、估价、咨询、信托、保险等机构。

4. 购买者

购买者是市场营销的微观环境里最复杂、最重要的因素。购买者主要来自三类市场:消费者市场、集团购买市场和国际市场。其中,集团购买市场又可分为生产者市场、中间商市场与政府购买市场。当前房地产市场主要是指消费者市场,本节后面会专门对消费者行为进行分析,但其他市场类型也不容忽视,而且比消费者市场更为复杂,必须认真分析。

5. 公众

这又是一类较为复杂的影响因素,它们容易被企业忽视,但又确确实实发挥作用。具体包括新闻媒体(如报纸、电台、杂志、电视台等)、政府部门(如行政、司法、税务等)、群众团体组织(如消费者协会、环境保护组织等),以及企业内部工作人员和外部的一般公众等。内部工作人员对企业的好评不仅关系到企业凝聚力和工作效率,更对企业的声誉有着直接的影响;外部的一般公众虽然力量不及上述各类组织,但由于他们也可能是潜在顾客或对潜在顾客施加影响,所以其作用也不容忽视。企业应注意协调与各类公众的关系,根据其反应采取相应的措施,树立良好的企业形象。

(二)市场营销的宏观环境分析

无论企业本身,还是上述与企业市场营销有关的各类微观环境影响因素,都是在更大的宏观环境中存在的。宏观环境中的大趋势变动能提供很多新的机会和挑战,通过各种微观因素影响企业的营销活动。市场营销的宏观环境影响因素共包括五个方面:

1. 社会环境

影响企业市场营销的社会因素有人口及文化两个方面,其中人口因素是最主要的,有了人才会有各种需求。房地产企业是为城市居民提供入住和使用空间的,在进行环境人口分析时,除了要分析本地区的总人口数,还要研究人口的年龄结构、家庭结构、受教育程度、地理分布和流动趋势等,做出预测和估计。以家庭结构为例,传统的"几代同堂"式大家庭逐渐解体以后,"三口之家"的核心家庭成为主要形式。而随着市场经济的建立,家庭结构还有进一步小型化趋势,单身家庭、单亲家庭、两人家庭等大量出现,肯定对以家庭为使用对象的住宅的户型选择有较大影响。家庭生活社会化,也对物业管理提出了更高要求。

另一因素则是特定区域或消费群众的文化因素。文化决定着人们的价值观、思维方式及对产品的看法,同时也蕴含着风俗习惯、伦理道德等。文化差异肯定对人们的居住生活和工作学习等活动方式有着很大影响。因此,营销人员应注意把握不同顾客群的文化特征,并在房地产产品营销中加以考虑。提供物业管理服务时,也应把社区文化建设作为日常工作的重点。

2. 经济环境

经济环境对房地产营销的影响主要表现在两个方面:一是宏观层次上国家或地区的经

济状况对房地产市场营销的影响；二是微观层次上居民收入水平与储蓄状况对房地产市场营销的影响。房地产业是国民经济的支柱产业，也是先导产业，宏观经济发展的周期性波动首先会在房地产业体现出来。如在繁荣期，经济活跃，必然对经营用房需求上升，萧条时期则会有大量房屋闲置。此外，宏观经济中利率、物价指数等因素变动也不同程度的对房地产市场营销产生影响。另一方面，消费者的收入和储蓄状况则是形成购买力的必要保证。从国外住宅市场经验来看，一套住宅的价格在居民家庭年收入的3～6倍时，才能形成有效需求。而我国城市居民收入水平较低，房价较高，特别是对于低收入家庭，商品房价格甚至是其年收入的20倍以上，因此，造成"有人缺房住"、"有房没人住"等现象也就不足为奇了。

3. 技术环境

科学技术的发展速度之快已经超出了人们的想象，它对房地产企业市场营销的影响大致包括以下几个方面：一是科学技术的发展使房地产行业的设计、施工水平有了很大进步，且新型设备、材料的出现是房型设计更趋多样化，各类设施的功能也更加完善，如出现智能化大厦、小区等；二是交通、通讯设施的进步使传统的项目选址有了较大改变，如北京某开发公司的一个项目距市区几十公里，仍能热销，这在过去是难以想象的；三是科技进步对营销手段本身也产生了影响，从市场调研到市场营销管理等都更依赖高新技术，也大大提高了市场营销的效率。当然，智能化趋势也对物业管理企业的服务技术要求更高，有利于物业管理企业向专业化方向发展。

4. 法律环境

这里的法律环境不仅包括国家或地区颁布的正式法律条文，如《城市房地产管理法》、《城市规划法》、《土地法》、《价格法》、《合同法》、《反不正当竞争法》等，还包括各类行政主管部门颁布的一些政策性规定，而且这些政策性规定有时比法令规定更详细、更具操作性，必须充分掌握并加以利用。这些政策法规主要包括以下几个方面：一是关于产品本身，如房屋的设计标准、质量、安全要求等的规定。二是关于价格的政策性规定，特别是住宅和土地使用权的价格，一定时期还难以完全放开。物业管理收费标准也处于严格控制之列。三是关于市场交易的规定。因房地产交易的形式均为实体不动，产权转移，必须在法律的确认和保护下才能完成，所以必须制定相应的市场交易法规。四是有关竞争保护、公平竞争的政策性规定，旨在提倡公平竞争，限制垄断。五是保护消费者权益等的相关规定。随着市场机制的进一步完善，各种立法会越来越多，越来越细，可以保证房地产市场健康有序地发展。

5. 竞争环境

在市场上处于相同的位置其他企业的行为都构成了对本企业的竞争。因为它们也能提供同类产品给本企业的目标顾客。企业市场营销的竞争环境是以其所处市场结构为基础的，通常人们按照参加竞争的企业的数量及产品特性将市场划分为四种结构：完全竞争市场、垄断竞争市场、寡头垄断市场及完全垄断市场。房地产产品具有质量差异大、空间区位固定等特点，不会形成统一的完全竞争市场；另一方面，房地产投资金额巨大，一个项目少则上千万元，多则几亿、几十亿元，故在某一特定市场范围内难以形成一家公司独霸天下的完全垄断市场。所以，房地产市场基本上属于寡头垄断市场类型，置身其间的企业在制定营销策略时，必须密切关注竞争对手的动向，及时调整策略。一般而言，早期的竞争以价格为主要手段，而高水平的竞争应是非价格竞争，而是以质量、品牌、售后服务等多种促销手段来争取顾客，扩大市场份额。

二、消费者购买行为分析

广义上的市场概念为"一切交换关系的总和",即市场代表一种相互关系,从企业角度而言,企业的市场就是要购买其产品的消费者。分析消费者购买行为,有助于发现新的市场机会,合理的细分市场,制定行之有效的营销策略。

(一)消费者的行为模式

虽然消费者所处的环境各不相同,自身情况也是千差万别,但其心理变化和行为方式还是有一个基本模式的,特别是购买商品这个具体的活动,是在人的心理活动支配下的有意识的行为。心理学认为,人的行为是大脑对刺激物的反应,体现为"刺激物→人的大脑思维活动→人的行为"这一"刺激→反应"基本过程。如某人购房过程中,刺激物可能是广告的提示、亲友的怂恿或资深认识的转变等,而大脑思维活动的主要过程是在选房过程中,比较区位、房型、价格等诸多因素后做出决策,最后采取购买行动。当然,这期间也会受到其他刺激物的影响,不同的刺激会引起不同的行为。由于企业市场营销的核心是了解并充分满足消费者需求,故把上述基本行为模式做进一步分解,可得出消费者需求满足的过程,即:刺激→产生需求→产生购买动机→购买目标确认→采取购买行动→需求的满足。从这个过程中可以看出,消费者需求的满足同时也标志着企业市场营销工作的最终完成。但就某一个企业而言,更关心的直接目标是消费者在采取购买行动阶段能选择本企业的产品(如果消费者通过购买别人的产品而满足需求对本企业并无益处)。为了达到这一目标,就需要企业不断开发潜在需求,精心设计,合理定价,强化促销,使消费者形成购买动机,并在顾客确认购买目标采取行动时,快捷可靠地提供给他们产品,这实际上就是后面我们将要讲到的营销组合策略。

(二)影响消费者购买行为的因素

消费者的购买行为总是处于一个特定的环境之中,会受许多因素影响。除本企业营销组合策略在积极的发挥作用外,影响因素主要还有四大类:文化因素、社会因素、个人因素和心理因素。此外,偶然因素(如购买目的、临时限制)也会影响消费者的购买行为,但因其具有不可预测性,暂不考虑。

1. 文化因素

广义的文化是指人类社会历史事件过程中所创造的物质财富和精神财富的总和。狭义的文化则是指社会的意识形态及相应的制度和组织机构,是由知识、信仰、艺术、法律、伦理道德和风俗习惯等方面组成的一个复杂的整体。文化因素是与消费者购买行为关系最大的因素,因为它同时又影响着社会因素、个人特性和心理因素,是影响最广泛的一个背景因素。而且,一个文化群体中又会包括多个亚文化群体,它们除了具有总文化群体的基本特征外,还有各自特定的习惯和爱好,对商品的需求也各不相同,企业应注意加以识别,依照不同的文化背景设计产品和制定营销策略,使企业发展有的放矢。

2. 社会因素

影响消费者购买行为的社会因素主要有:

(1)相关群体。消费者的购买行为经常受到其他人的观点、主张、态度和行为的影响,这些人被称为消费者的相关群体。他们在消费者的眼里是衡量购买目标时的一种依靠力量,从相关群体那里传来的信息,对消费者来说相当重要,甚至能从根本上改变一个消费者的购买行为,特别是对于一些高档的名牌商品,用名人做广告效果较好就反映了这一现象。

(2) 家庭。家庭是房地产产品的最基本的消费单位,其影响主要体现在两个方面:一是在家庭生活周期中所处阶段不同,购买行为有很大差异,如无子女的年轻夫妇和与子女同住的中年夫妇在房型的选择上肯定有区别;二是在家庭购买决策中,不同成员所扮演的角色(如发起者、影响者、决定者等)各自发挥作用。

(3) 社会阶层。这里区分社会阶层不带有政治色彩,其标准是人们的职业、收入、价值观、兴趣等。由于住宅是人们财富的重要组成部分,社会阶层可以按经济水平分为高收入阶层、中等收入阶层和低收入阶层,确定房地产产品所适宜的社会阶层群体,对于房地产产品的准确定位是很有益处的。

3. 个人因素

个人因素主要包括年龄、职业、个人经济状况及生活方式等几个方面,这些个人外在特征直接影响消费者的需求,进而导致其购买行为的差异,如多层住宅的顶层和底层较为便宜,但年龄差异使老年人倾向于购买底层住宅,而年轻人较多选择顶层住宅。

4. 心理因素

行为是外在表现,心理因素则是决定着行为的内在本质,前文提到的消费者行为模式也说明了这一点。研究心理因素中的激励、感觉、学习、态度、个性等方面的问题,对掌握人的购买行为是十分重要的。一定程度上甚至可以说,市场营销工作就是一场"攻心战",目的是说服消费者心甘情愿地购买本企业的产品,因此必须熟悉其心理活动过程。

(三) 消费者的购买决策过程

前面介绍消费者行为模式时已经提到,企业最感兴趣的是顾客在购买行动中是否选择本企业的产品。购买行动是消费者外在表现出来的现象,要受到前述各因素的影响,实际上它本身也是一个决策过程,即消费者在"一手交钱、一手交货"地实施现场购买之前,会有一系列的思维活动或行为,以保证将购买的商品符合自己的意愿。购买后,消费者进一步研究所购买的商品,验证其功能。所以说,一个人的购买行为不会突然发生,而是一个前后关联的、完整的购买决策过程。这个决策过程可以明显地分为五个阶段,如图2-2所示:

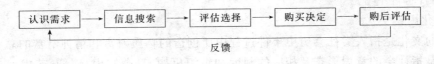

图2-2 购买决策过程

1. 认识需求

消费者首先要认识到自己需要某种商品的功能后,才会去选择和购买它。由于消费者认识到了自身的现实状态与理想状态的差距,而商品功能恰恰能消除这一差距,于是需求就产生了。当然,一定时期内消费者会有各种各样的需求,既有生理的,也有心理的。只有当某种需求的强度足够大时,才能产生购买动机。总之,需求是购买的前提,企业应注意引导和激发消费者的需求,尤其是对本企业独有的特色产品的需求,以形成本企业忠实的顾客群。

2. 信息搜索

消费者认识到自己的需求以后,便会自动进入第二阶段信息搜索。越是贵重的商品对信息搜索的要求越高。根据信息来源可将信息搜索分为内部信息搜索和外部信息搜索。内部信息搜索主要从消费者自身记忆中的经验和知识里搜索。但因房地产这类大商品对于绝大多数消费者而言购买经验极少,所需知识欠缺,所以顾客购买房地产产品时的信息搜索一般以外部信息搜索为主,主要信息来源有:①个人来源,即在与亲朋好友交谈中获取相关信息,尽管由此获得的信息未必准确,但有信任感;②公共来源,如各类评奖和媒体介绍;③商业来源,包括广告宣传、推销员介绍、现场售楼说明书等。企业可针对消费者的这些信息来源来制定相应的促销组合策略。

3. 评估选择

根据搜集到的信息,"货比三家",就是评估选择过程。一般的消费者会大致限定一个品牌选择范围,如某工薪家庭想购买某一区域内的经济适用房,只在此范围内选择,其他的高档公寓、别墅等就不会再考虑。消费者首先要确定评价与选择的标准,如房型、结构类型、层次、价格等,标准的确定因人而异。然后要从这一系列标准中找出一项对自己而言最为重要并促成其决策的主要因素,即决定性因素(在南方一些城市称之为"卖点")。对于企业而言,使自己的产品有特色还不够,更重要的是要使这些特色与消费者购买决策中的决定性因素相一致,才能吸引消费者并满足其需要。

4. 购买决定

一般经过上述三个阶段,消费者就会做出购买决定了。当然,消费者也可能因为评价与选择过程中出现的问题而做出推迟或取消购买的决定。在这一阶段企业几乎是无能为力的,决定权完全在消费者手中,企业只需为顾客准备好采购行动实施时所需条件即可,如简化手续、交接入住等。

5. 购后评估

消费者购买商品后的评价通常会成为下一次购买的依据,即使像房地产这类很少重复购买的商品,顾客评价如何,也会影响到其亲朋好友的看法。国外有统计资料表明,一个人购买了满意的商品,会告诉17个人,而当其购买了不满意的商品后,会向22个人诉说。这一反一正的差别,足以引起企业重视了。实际上,引起顾客不满意的因素主要有两方面:一是双向差异,即消费者的期望与所购产品之间的差异。买方期望过高,卖方产品不可能量身定做,就必然会产生差异,这种差异是很自然的,也是较难改变的。而有些双向差异却是企业可以通过努力消除的,如顾客所期望的售后服务与企业实际提供的售后服务之间的差异。这就要求企业的售后服务要及时到位,包括对用户的培训和使用指导等,同时要检查广告内容有无夸大、质量是否稳定等。二是认知差异,即购买后又重新与其他商品比较,产生"这山望着那山高"的后悔心理。消除这种差异需要企业不断解释疑点,增强顾客的信心。如在开发项目后期,突出宣传该房地产的增值特性,甚至可适当提价,给先期入住者吃一颗"定心丸"。

第三节 房地产市场细分与目标市场选择

如前所述,企业的市场就是需要、愿意并且有能力购买某种产品或劳务的顾客群体,即具有购买能力和购买欲望的消费者。但是,由于消费人数太多,分布太广,一方面企业的能力有限,无法满足所有人的需要;另一方面,消费者对同一类商品的需求很大差异,企业确实有"众口难调"之感,所以企业所能服务的顾客只能是众多消费者中的一小部分,所能产生的也只是一定数量和品种的产品。要找到所能服务的这部分顾客,就需要对市场进行细分。房地产产品的投资大,生产周期长,产品标准化程度低,更需有效地进行市场细分,以便企业选择理想的目标市场,进行有针对性的营销。

一、房地产市场细分

(一)市场细分的含义

市场细分又叫市场细分化,是由美国市场营销学家温德尔·斯密于1956年提出的。市场细分的基本概念是:市场是由消费者组成的,而消费者在需求上也是存在差异的,企业以影响消费者需求的一些因素为依据,把一个产品的整体市场划分为若干个消费者群,每个消费者群具有需求特点的相似性,这样的消费者群就构成了一个细分市场(又叫子市场或亚市场)。属于不同细分市场的消费者对同一产品的需求存在显著差异,而属于同一细分市场的消费者对同一产品则具有极为相似的需求。

市场细分还有另一种叫法为"市场组合"。虽然"分"和"合"含义相反,但这里市场细分与市场组合却是同一意思,区别在于对市场的解释不同:前者把消费者作为一个整体来看,把这一整体按某一特征划分开就是市场细分;后者则是把消费者作为较详细的个体来看待,当把一个个特征相同的消费者放在一起考虑时就是市场组合。当然,两种叫法也反映出市场细分方法的差异:前者是"同中求异",在所有消费者中关注其需求上的差异所在;后者则是"异中求同",找出一个个消费者在某方面需求的共同点,把他们作为一个特殊的顾客群体。

(二)房地产市场细分的作用与要求

市场细分是市场营销策略的关键环节,当前房地产市场上常见的结构性失衡多与忽视市场细分有关,企业应引以为戒。

1. 市场细分的作用

进行市场细分有助于企业开展以下工作:

(1)发现市场机会。市场细分过程本身就是深入了解各子市场顾客需求的过程。凡是没有得到满足的需求,就是企业的营销机会,所以说实行市场细分有利于企业开拓新的市场。

(2)规划营销方案。通过市场细分,不仅能认识和掌握顾客的需求,而且能了解消费者对不同的营销措施的反应,从而针对不同市场的特点制定不同的策略。

(3)选定目标市场。市场细分后,企业可根据主客观条件选定目标市场,将力量集中用于该市场,这样做有助于企业获得理想的市场份额,在市场竞争中占据有利的地位。

(4)满足顾客的潜在需求。市场很可以使企业增强市场调研的针对性,分析潜在需求,发展新产品,开拓新市场。在赚取利润的同时,还引导了消费,提高了顾客的消费质量。

2. 市场细分的要求

在进行市场细分时,企业应注意以下问题:

(1)细分标准应选择正确。虽然影响消费者购买行为的因素很多,但在细分时一般只选择较明显的、易于识别的标准,既实用又经济。

(2)细分后的市场规模应适度。市场细分并非越细越好,因为分得太细会影响企业的生产规模和效益,甚至必要时需要进行反细分化。如按房型细分时,房型太多会给设计、施工带来不便,有些企业干脆在每户内的框架结构中不做分隔,由顾客入住后自由组合。

(3) 动态地细分市场。由于市场特性是不断变化的,所以细分市场的标准也不能一成不变,企业应根据市场变化进行有创意的市场细分,准确把握市场变化,开发适销对路的产品。

(三) 市场细分的依据和过程

要细分市场,首先要有相应的细分标准,如最基本的分类方法是:按购买者的购买用途不同,可以将房地产市场分成居住物业市场和收益性物业市场。前者的购买目的是居住生活,属消费品范畴,如住宅等;后者的购买目的是从事生产经营活动,属于投资品,它们又可细分为写字楼物业、商业物业、工业物业、宾馆和景区等几大类。但这样的细分仍过于粗略,不足以指导企业从事市场营销活动,还需对每一类物业市场进一步予以细分。

1. 市场细分的依据

市场细分是将企业面对的消费者进行分类,而消费者的购买行为又是受到多方面因素影响的,其中的任何一种因素都可以用作市场细分的标志,只是侧重点有所不同。下面就分别对居住物业市场和收益性物业市场的细分进行论述。

(1) 居住物业市场细分的依据。相对而言,居住物业的市场较为广阔,购买人数多且较为分散,但每次购买的数量较少,而且大部分缺乏专门的知识,其细分方式有地理细分、人口细分、心理细分和行为细分等。

按消费者所处的地理位置细分,是居住物业市场上最常见的细分方法,因为房地产产品位置固定,在空间上不能转移,而住宅是消费者安身立命之所,某一区域的消费者甚至世代在此居住,生活、学习、工作和社会关系等环境因素的影响根深蒂固,一般不肯轻易迁移,由此便在该区域形成一个稳定的顾客群。

人口细分实际上是一个很综合、很笼统的叫法,具体操作上是按人口统计因素,如年龄、性别、家庭结构、收入、职业、教育、宗教、民族等因素进行细分。当前较常见的有按收入分为一般商品房市场、经济适用房市场、带有解困性质的廉价房市场等;按家庭结构可分为单身公寓市场、小户型市场、大户型市场等。人口细分是居住物业市场的又一重要细分方式,因为住宅主要以家庭为使用对象,故人口因素中的家庭情况较个人情况而言有更重要的影响作用。

(2) 收益性物业市场细分的依据。对于收益性物业因其购买者是以赚取投资收益为目的,所以具有市场集中、购买人数少、数量多、技术性强等特点,一般属于理智型专家购买和集团决策,通常被称为"组织市场"。细分这类市场的主要依据是客户所在行业、规模、地理位置和客户的购买行为等。如按客户所处行业划分,收益水平从高到低可依次细分为金融与商业用房市场、办公用房市场、工业厂房市场和仓储用房市场等。不同细分市场对于所处环境(如位置、繁荣程度或交通条件)都有不同要求。当然,一个理想的细分市场通常又由一系列因素组合来确定的。

2. 房地产市场细分的过程

企业进行市场细分的过程一般包括四个步骤:

(1) 初步选定产品的市场范围。一个企业自成立之初即有自己的经营方向,但还需根据内外环境选定产品的市场范围,如某开发商在分析某市房地产环境时发现普通住宅有潜力,而自身在这方面也有专长,即成本控制较好,价格竞争有优势,因此可初步选定普通住宅市场。

(2) 估计潜在消费者的基本需求。要从地理因素、人口因素、心理因素和行为因素等方面大致估计出潜在消费者对产品的特殊需求,这种分析要结合自身产品的特点来进行。

(3) 分析消费者的不同需求。通过进行抽样调查,了解哪些需求对潜在的消费者来说更为重要,如消费者在选择商品房时,特别关注的方面:地点、房型、结构等,可据此把消费者市场初步划分为几个消费需求相近的子市场,剔除几个子市场之间的共同需求,而把他们之间的需求差异作为进一步市场细分的依据。

(4) 进一步分析各细分市场的特点,做进一步的细分或合并。有些需求上的差异可由产品功能的改进来满足,即所谓"兼容",这时不同的细分市场就可以合并。另外,有些已按某种标准细分过的子市场又可以进一步的细分,具体细分到什么程度就要以企业的经营策略而定。

二、目标市场的选择

(一) 细分市场评估

细分市场是为了选择目标市场。市场细分后,企业接下来要对这些子市场进行评估,以辨别那些细分市场可以进入。对各细分市场进行评估时,一般应考虑以下几个方面:

1. 适度的规模和发展潜力

规模适度是个相对概念,一般要根据企业自身的规模大小而定。如大公司通常选择容量较大的细分市场,规模太小就不值得为之苦心经营;而小企业则不宜进入大的细分市场,以避免与大企业进行竞争。此外,除了应有足够的现实需求外,企业要选择的细分市场还应有足够的发展潜力,为扩大规模、永续经营留下空间,以便能给企业带来预期的利润,如旧城改造项目,若能分期开发、滚动经营,对开发商而言最好不过了。

2. 细分市场的吸引力

这是对细分市场进行评估时最重要的一个方面,即从盈利角度看,该细分市场是否具有长期的吸引力。有五种力量会对企业的盈利产生影响,即同行业竞争者、潜在的新的竞争者、替代产品、购买者和供应商。企业应选择竞争不激烈、新的竞争者不易进入或本企业具有竞争优势的细分市场,还要注意消费者觉醒后的议价能力加强、土地及资金的供应量不足等困难对日后的经营带来的影响,正确估计盈利水平。

3. 企业的目标和资源

即使某些市场具有适当的规模和吸引力,但如不符合企业的长远发展目标,为了不分散精力,也应主动放弃。即使细分市场符合企业发展目标,还要考虑企业是否有足够的资源保证在该细分市场上取得竞争优势。无论在哪个细分市场上取得成功都应具备相当的条件,应反复比较本企业的优势和不足,做到不打无把握之仗。这实际上是考虑进入该细分市场的可能性问题。

(二) 目标市场策略

通过对不同的细分市场进行评估,企业有时会发现一个或几个值得进入的细分市场。到底应进入哪几个细分市场就涉及到目标市场策略问题。一般企业的目标市场策略有三种基本类型。

1. 无差异性市场营销策略

无差异性市场营销策略是指企业不进行市场细分,把整个市场作为自己的目标市场,只考虑消费者在需求方面的共同点,而不管其差异如何,以单一标准化的产品来满足大多数消费者的需求的策略。这种策略的优点是可以批量生产，降低成本，但同时因忽略顾客感受而面临相当大的风险。一般用于产品供不应求时，如房地产市场刚刚放开时，建造的商品住宅多为"统建"年代的标准通用房型。

2. 差异性市场营销策略

这是最常用的一种类型，即把整个市场细分为若干个子市场，从中选择两个或两个以上的子市场作为自己的目标市场，有针对性地为目标市场提供适当的产品，以满足目标市场的需求。这种策略的优点是适应顾客需要，有竞争力，易于形成消费者对本企业产品的依赖性，甚至可以起到"东方不亮西方亮"的作用。但这样做会分散企业的资源，而且成本可能较高。具体操作时又可以有下列几种形式：

（1）完全差异化。又叫完全市场覆盖或完全进入，指企业把细分后的每一个子市场都作为自己的目标市场，完全进入各个细分市场，为所有的消费者群体提供不同的产品。因为投资太大，这种形式在房地产业中较少采用。

（2）产品专业化。指向各类消费者提供同类产品，如从传统的房管行业起家的开发公司多倾向于住宅建设。

（3）市场专业化。指企业专注于一个目标市场，为该市场的消费者提供各种产品。由于城市建设引入了综合开发模式，住宅和公建等配套设施均由开发商一次性完成，可以认为这是市场专业化的一种形式。

（4）选择性专业化。指在细分市场的基础上，企业选择若干子市场，为不同的子市场提供不同的产品。这种形式往往是大型开发企业分散投资风险的一种手段。

3. 集中性市场营销策略

集中性市场营销策略也称为密集型市场营销策略或产品-市场专业化策略。这种策略无论从产品角度还是从顾客角度来说，都是集中于一个细分市场，在细分后的全部子市场中，企业只选择一个细分市场进行集中营销。由于企业只生产一种标准化的产品来供应某一顾客群，通常可在一个较小的细分市场上取得垄断地位，即有较高的市场占有率，但在整个市场上占有份额并不大，所以一般适用于实力较弱、规模较小的开发企业在夹缝中求生存。这种策略风险较大，一旦目标市场发生变化或出现新的竞争者，企业就会陷入困境。

企业在选择上述各种策略时，一般要综合考虑自身资源、市场供求状况、产品特点、生命周期和竞争对手情况等因素，以使企业确定适宜的目标市场。

（三）进入目标市场后的市场定位

一旦企业决定进入某一目标市场，又将面临着市场定位的问题。广义的市场定位包括目标市场选择，是指根据市场需求的特性和企业自身经营能力，在市场细分和研究的基础上确定企业的服务方向、目标市场及在目标市场上的地位。通俗地讲，选择目标市场是企业在挑选顾客，而市场定位则是已确定作为目标市场的顾客在反过来挑选企业和产品时，企业期望自己处于什么位置。

市场定位可具体分为产品定位、价格定位、营销渠道定位和广告促销定位等四种。市场定位是企业营销过程中的一个非常重要的战略性决策，它直接决定着营销组合策略的制定。如某一开发商在"低价定位"、"优质定位"和"优质服务定位"等策略中，选择了"优质定位"，即强调自己的房屋在市场上是质量最好的，那么它就应该在精心设计、建造优质房地产产品的同时以高价出售，通过高级代理商配销，并选用最富有说服力的媒体加以宣传，以树立持久的优质形象。

由于市场定位是相对于目标市场上的其他竞争者而言的,故定位方法实际上也反映了竞争方式的不同。总体而言,有两种选择:一是靠近竞争者,短兵相接;二是避开竞争者,不直接作正面抗衡。因为房地产产品位置固定,以现场销售为主,所以企业的选择余地比较小。具体操作时,要注意扬长避短,突出自身的竞争优势,选好"卖点",准确定位,为占领市场打下基础。

第四节　房地产开发项目风险分析

在房地产市场上,机会与风险同在,就如同一枚硬币的正反面出现一样。项目预期的收益越高,它所面临的风险也越大。因此在项目策划时,要对风险因素有足够的认识,并利用有效的措施尽可能规避风险。

一、基本概念

从房地产投资的角度来说,风险可以定义为获取预期投资收益的可能性大小。当实际收益超出预期收益时,我们就称投资有增加收益的潜力,增加部分可称为"风险补偿金";而当实际收益低于预期收益时,我们就称投资面临着风险损失,有时甚至可能连投入的资本金都难以收回,这是我们必须重视的。但由于风险分析使用的数学方法较为复杂,将在后面的可行性研究中适当介绍,这里仅对房地产投资过程中所遇到的风险种类及其对投资的影响进行简单介绍。

房地产投资的风险主要体现在投入资金的安全性、期望收益的可靠性、投资项目的变现性和资产管理的复杂性等四个方面。通常情况下,人们把风险划分为对市场内所有项目均产生影响的、投资者无法控制的系统风险和仅对个别项目产生影响、可以由投资者控制的个别风险。

二、系统风险

房地产投资项目首先面临的是系统风险,投资者对这些风险不易判断和控制,如通货膨胀风险、市场供求风险、周期风险、变现风险、利率风险、政策性风险、政治风险、或然损失风险等。

(一) 通货膨胀风险

通货膨胀风险也称为购买力风险,是指投资完成后所收回的资金与投入的资金相比,购买力降低给投资者带来的风险。由于房地产开发项目投入资金在先,回收资金在后,投资周期较长,因此只要通货膨胀的因素存在,投资者就会面临此风险,特别是当收益是通过顾客分期付款方式取得时(如以固定不变的租金长期出租物业),承担的购买力风险会更大。

(二) 市场供求风险

市场供求风险是指项目所在地区房地产市场供求关系的变化给投资者带来的风险。这时不以人的意志为转移的,供求关系的变化必然影响租金和价格,导致开发商的实际收益偏离预期收益,更为严重的情况是,当市场内某种房地产供过于求时,将会出现房屋积压、资金呆滞、还贷压力日增,最终导致开发商破产。

(三) 周期风险

周期风险是指房地产业的周期波动给投资者带来的风险。作为国民经济的基础产业,同经济周期一样,房地产业发展也有周期性的循环。房地产业的周期也分为复苏与发展、繁荣、危机与衰退、萧条四个阶段。如果一个项目面市时,正赶上衰退或萧条期,房地产价格持续下降、交易量锐减,会给投资人带来损失。

(四) 变现风险

变现风险是指急于将商品兑换为现金时由于折价而导致的资金损失的风险。房地产的销售过程复杂,属于非货币性资产,流动性差,其拥有者很难在短时间内将房地产兑换成现金。因此,当投资者为偿债或其他原因急于将房地产兑现时,常常蒙受折价损失。

(五) 利率风险

调整利率是国家对经济进行宏观调控的主要手段之一。国家通过调整利率可以引导资金的投向,从而起到宏观调控的作用。利率的升高会对房地产投资产生两个方面的影响:一是对房地产实际价值的折减,利用高利率对现金流折现时,会使项目的财务净现值减小;二是利率升高会加大投资者的债务负担,导致还贷困难。另外,利率提高还会抑制市场上的房地产需求数量,导致价格下降,市场萧条。

(六) 政策性风险

在房地产开发过程中,政府的土地供给政策、地价政策、税费政策、住房政策、价格政策、金融政策、环境保护政策等,均对房地产投资者的收益目标实现产生巨大的影响。避免这种风险的最有效方法是选择政府鼓励的有收益保证的或有税收优惠政策的项目进行投资。

(七) 政治风险

房地产的不可移动性,使房地产投资者要承担相当程度的政治风险。政治风险主要有政变、战争、经济制裁、外来侵略、罢工、骚乱等因素造成。它不仅会直接给建筑物造成损坏,而且会引起一系列其他风险的发生,是房地产投资中危害最大的一种风险。

(八) 或然损失风险

或然损失风险是指由非人为因素导致的投资损失风险。在整个项目的开发经营期内,因火灾、风灾、洪水、地震等自然灾害都会给项目的经济效益带来损失。当然,投资者可以利用投保的方式将一部分损失转移给保险公司,但并不能完全避免这类损失。

三、个别风险

(一) 收益现金流风险

对于房地产开发商来说,市场行情的变化最终会对项目的收益能力产生影响,这是所有的开发项目都必须面对的问题,只不过影响大小因项目而异。在市场经济条件下,除了政府发行的债券以外,几乎所有的投资都不能肯定未来的收益。

(二) 未来经营费用的风险

这类风险主要是针对置业投资者而言,但对于以出租经营方式为主的开发商也将面临着未来的维修管理费用、更新改造费用、重新装修费用和保险费、法律服务费、税费等非预期上升而引起的经济损失。

(三) 资本价值风险

即使未来收益和费用都不发生变化,项目的资本价值也会随着收益率的变化而变化。虽然房地产业的收益率不像证券市场那样变化频繁,但在一个项目的经营期内,也可能出现较为明显的变化。即使是一些微小的变化,也会使项目的实际资本价值与预期资本价值之间出现很大的差异。

（四）比较风险

也叫机会成本风险。在资源有限的前提下，开发商将资金投入于一个项目，就会失去其他投资机会，因而也就失去了其他投资机会可能带来的收益，这个收益就是机会成本。即使本项目可以实现预期收益，也可能因为其他投资机会的收益更好而使得机会成本上升，相比较而言本项目失去了投资意义。

（五）时间风险

房地产投资强调在适当的时间、选择合适的地点和物业类型进行投资，这样才能使其在获得最大投资收益的同时使风险降到最低限度。时间风险的含义不仅表现为物业持有过程中，要选择合适的对物业重新装修甚至更新改造，还包括物业转售过程所需要的时间长短，更重要的是要选择合适的入市时机。

（六）持有期风险

持有期风险也与时间有关，一般来说，项目的寿命周期越长，可能遇到的不确定因素越多，预测的准确度越差，因此实际收益与预期收益之间的差异会因为持有期的延长而加大。

以上所有风险因素都应引起重视，而且开发商对这些因素的影响估计得越准，所作出的投资决策就越合理。

四、风险对项目决策的影响

风险是开发商选择开发项目时的一个重要的参考内容，这就是他要根据不同类型的房地产投资风险的大小，确定其合理的预期收益水平。在风险型决策方法中，各种变动的可能性（概率）是可以预知的，那么投资与否的决定性因素就是对未来收益的期望值，无论投资风险的高低，只要同样的投资产生的收益期望值相同，任何投资途径都是合理的。当然，不同的开发商对于风险的态度不同，选择的投资策略也不同：稳健型的开发商选择低风险、低收益的项目（如普通住宅）；冒险型的开发商则倾向于选择高风险、高收益的项目（如土地开发）。

风险的存在还要求开发商尽可能在策划项目时运用风险管理的知识，辨识、评估、规避、控制和转移风险，通过投资组合等方法，降低投资风险，获取较好的经济效益。

第五节　房地产开发方案确定

对于一个持有资金准备投资的开发商而言，通过市场分析、目标市场选择和初步的风险分析，一般可以发现若干个投资机会——尚未满足的有效需求，但如何把握住这些机会、实现预期的经济效益呢？要靠开发建设适宜的项目来满足市场需求。按照市场营销学的理论，开发商提供适宜的项目过程应该融合了产品、定价、分销和促销（4P组合）等多方面内容，是一个极其复杂、专业性很强的活动。要圆满地完成一个项目，就必须充分发挥项目管理的基本职能——计划、组织、协调和控制等，其中首要的职能是计划，因为它能把项目的全过程、全部目标和全部活动统统纳入计划轨道，用一个动态的计划系统来协调控制整个项目，充分估计到可能出现的问题并制定相应的对策，使项目协调有序地达到预期目标。计划职能在开发项目决策和实施前的具体体现就是拟定开发方案，也可以说开发方案是开发项目策划全部活动的最终落脚点和工作成果。

一般而言，完整的方案应包括两大部分：预期达到的目标和实现该目标所必需的途径方法。实现同一目标可能有多种途径和方法,由于在开发项目策划阶段存在着很多不确定因素,为了避免遗漏最佳方案,给项目的评估和决策(下一章介绍)打好基础,应该尽可能多地提出备选方案,这就需要项目策划人员富有开拓精神,集思广益,不放过任何一种可能性,并大胆假设、小心求证,力争使方案更科学、更严谨。

一、房地产开发方案的主要内容

作为房地产开发项目,"房"和"地"仍是最重要的两个方面,所以房地产开发方案大多是围绕《规划设计方案》和《取得用地方案》这两项核心内容展开的。当然,这两项内容谁先谁后、谁主谁次并没有多大关系:有的大型房地产开发企业事先储备了一些土地资源,或者在市场上发现了有待开发、正在招商的地块,就可以针对现有地块策划后进行规划设计,即所谓"为地找项目";也有的开发商是通过调研先大致规划设计出一个项目雏形,或者是先形成了初步的项目"概念",然后再按照该项目对用地的要求去寻找适合开发的地块(如大型的商业、写字楼项目等常用这种方法),这就是所谓的"为项目找地"。总之,先把这两项内容确定以后,其他问题再——解决也就不难了。一个完整的房地产开发方案至少应包括以下主要内容:

(一)项目总体目标和进度计划

通过运作该项目,企业将力争达到什么目的、投资什么物业类型、投资规模有多大、预期取得多少收益等,这是开发商首先要确定并为之努力的目标。确定项目的总体目标时要与企业的经营战略密切相关,如一些规模较小的开发企业或者是项目公司,一般是以利润最大化为原则的,因其日常开销较少,有能力承受"三年不开张、开张吃三年"的不均衡经营方式;而大型的综合性开发企业,在确定某一项目开发目标时除了考虑利润因素以外,可能还有其他的诸如平衡产品结构、分散投资风险、扩大市场占有率或创造品牌效应等多方面因素,甚至有时宁肯承担亏损也要为地方政府解决一些难啃的"骨头"项目,目的是换取立足该地区市场或为日后争取"肥肉"项目的机会。无论如何,目标决定方案,确定目标并围绕着如何实现这一目标所制定的各种工作方案就是项目策划的内容。

从减少投资风险和提高资金利用效率的角度讲,当然是项目进度越快越好,但是基本建设过程中的客观规律不能违背,分阶段按顺序进行工作的原则必须遵守,如坚持先可行性研究而后立项确定建设任务;先规划设计后施工;先市政公用工程施工而后房屋建筑施工;先地下后地上;主体工程、附属工程和配套工程同时建设、同步交付使用的原则等。即使是安排分期滚动开发,也要做到开发建设一批、完成一批、交用一批,提高城市建设的综合效益。所以制定进度计划时要合理安排、科学组织,既要提高效率又适当留有余地。

(二)建设用地取得方案

房地产的价值就在于位置,因为房地产不可能脱离周围的环境而单独存在,所以开发项目策划阶段的选址至关重要。这需要通过对地块的现状调查、规划条件研究、环境分析等工作多方搜索备用地块,再结合规划建设方案进行选择。现在关键的问题是:一旦我们选中了某一地块,怎样取得目标地块的土地使用权呢?按照现行的城市土地管理制度,不仅一级市场要逐渐由行政划拨向有偿出让转化(协议、招标、拍卖等),而且土地二手交易也将逐渐集中到土地管理部门去公开挂牌交易,开发商利用购买土地使用权这一环节获得较大增值的"暴利时代"已经过去,要想在众多开发商追逐少量可开发地块的残酷竞争中取得优势,就必须精心策划,研究用足政策,制定合理的动迁计划,或者考虑与原有的土地使用者合作开发的可能性。

（三）规划设计方案

规划设计方案是房地产开发方案中最活跃、最有创造性的部分。一个项目要形成独特的"卖点"，才能在市场竞争中占据有利位置，甚至处于垄断地位，这就必须依靠高水平的规划设计方案。当然，这不单纯是技术问题，因为规划设计要依据房地产项目定位，充分贴近市场，在研究市场、技术和资金等前提条件下，运用科学方法，构思出房地产项目的产品方案，从而在产品市场和目标顾客中确立其与众不同的价值和地位。实际上这个过程就是将目标顾客的需求转化为房地产产品特性的过程，是一种真正意义的高附加值活动，而市场则是检验这一活动成果的惟一标准。从当前房地产市场的分析表明：适销对路的畅销楼盘不仅价格高，而且销售速度快；而一些积压空置的房屋尽管从建造成本上与之相差无几，但收益却有天壤之别。所以需要组织市场人员和设计人员反复研究讨论，提出有创意的规划设计方案来。

（四）开发建设方案

如果好的创意和规划设计方案仅仅是停留在纸面上，最终还是无法满足市场需求而错失良机，因此必须制定操作层面的开发建设方案，落实具体的各项工作计划。市场营销组合中的产品组合实际上不仅包括如何把产品设计出来，还包括如何多、快、好、省地将其生产出来。当然从房地产开发行业的运作惯例来讲，开发建设方案中的前期工作应是重点，事无巨细地都要一一解决好，所以房地产开发企业应属于"管理型"公司；至于工程建设过程一般都要通过招投标方式承包给建筑施工单位完成，但各单项工程的开、竣工时间、进度安排、场地布置和市政工程的配套建设等内容还是需要由开发商组织安排的，制定一个完善合理的开发建设方案无疑会给项目的成功打下坚实的基础。

（五）产品租售方案

在经过最初的几年房地产开发热潮后，各地的房地产市场都会逐渐由短缺转向饱和甚至过剩，大量的新增空置商品房不仅严重地影响了开发商的经济效益，还极大地浪费了社会资源，是令各级政府十分头疼的事情。本着"不找市长找市场"的原则，开发商应认真做好项目的租售方案，它是直接影响开发项目收益水平的关键。由于房地产在市场上存在着出租和出售两种经营方式，所以对于一个项目而言，产品销售方案中应包括确定租售的面积比例和位置、确定租售的组织方式和进度计划、确定租金和售价水平以及回收资金计划等内容。

（六）、资金运作方案

房地产开发是非常典型的投资行为，一般需要垫支大量的资金用于项目的开发建设，等项目开发完成后再从项目的租售活动中收回投资，在这个过程中因投入回收的时间差会使开发商的资金流动存在缺口，再加上分散投资风险、利用财务杠杆赚取更大收益等目的，筹集建设资金也就成了资源准备的一个重要内容，因此，成功的开发商也应该是资金运作的高手。资金运作方案包括选择适宜的筹资渠道、确定各类资金来源的比例、合理利用有限资金等内容。当然，价值运动依附于物质运动，开发商毕竟还是应以开发项目为主要工作，所以，资金运作要根据本项目实际需要而定，而且要综合考虑融资成本和融资风险等因素，既保证充分利用，又适度留有余地，以备不可预见之需。

（七）开发项目管理模式

为了成功地完成开发任务，应本着效率优先的原则实施项目管理，以应对项目实施过程中可能出现的各种问题,提高适应能力和决策效率。一般地,当项目规模不大且开发商实力较小、近期只有一个开发项目时,可由公司直接负责项目的具体实施;而对于复杂的大型房地产开发项目,则应该实行以"项目经理负责制"为核心的"项目法人制",给项目经理充分的授权保证,甚至有时可以专门注册成立一个项目公司,由项目经理吸收精干的专业人员,分工协作,并借助外部专业顾问的力量,确保高效率地实现既定的项目盈利目标。

二、制定房地产开发方案应注意的问题

从上述开发方案包括的主要内容可以发现,它基本上涵盖了一个完整的开发项目的各方面工作,方案中各个部分的具体制定方法将在本书以后的各个章节中详细介绍。考虑到开发方案对于一个项目的重要性,这里再强调一下制定开发方案时应注意的问题。

(一)创新问题

创新在策划活动中应是一个永恒的主题。由于房地产开发具有单件性特点,加之价值量大、很少有重复购买现象,所以市场营销学中的产品生命周期理论在某个开发企业的某个项目中并不适用,也就是说开发商自己的某一开发项目(产品)不会经历新产品上市过程的"新生期"、"成长期"、"成熟期"和"衰退期"等阶段。但产品生命周期理论在某一种开发产品类别中还是适用的,比如前一时期出现过的"soho"系列项目等,可能最早由某一开发商在自己的一个项目中提出并得到市场的响应,那么该项目就进入了这类产品的"新生期";很快其他开发商纷纷效仿,类似的项目大量面世,相当于进入了产品的"成长期";以此类推,这类产品的"成熟期"和"衰退期"也都能在不同的项目中体现出来。由于处于"新生期"的产品(开发项目)缺少竞争对手,开发企业可以采用"撇脂定价法"来制定高价,获取巨额利润,因此开发企业都应注重创新,没有创新能力的企业终将被市场淘汰。当然,创新有大有小,都需要策划人员具备敏锐的市场洞察力和创造性地思维能力,而且这些创新应能给目标顾客确实带来使用价值的增加,切忌只做形式上的标新立异、哗众取宠、片面炒作所谓的"概念"等。

(二)协调一致问题

这是一个与创新相对立又统一的问题,创新是强调变化、突破传统和引领时尚,而协调一致则是要求跟随时尚,与同期项目保持一致,这也是有些项目策划时必须注意的问题。随着市场的日益成熟,创新的难度也在加大,那么既然不能做市场的领先者,做跟随者也是个不错的选择。毕竟房地产是为城市居民服务的,而在一定时期内人们的生活方式是有着共性的一面的,所以要适应人们的生活习惯,这一时期的房地产项目应大同小异,带有统一的、鲜明的时代特色,特别是当某一项目与其他项目毗邻时,更应按城市规划的要求与周边项目相协调,服从片区的整体发展方向。至于要包装"卖点"、创造特色,也只能在统一中求变化,而不能破坏片区的整体定位。

(三)品牌形象问题

对于消费者而言,通过品牌的作用和各种促销活动的影响,对于特定的产品会产生刺激反映,从而使之具有与众不同的知觉和特殊意义,即树立了品牌形象。由于品牌形象可以帮助企业及其产品在消费者心中确立特殊的地位,大大加强购买倾向,所以众多开发企业都争相制定自己的品牌策略。值得注意的是:在房地产行业里,项目(产品)品牌与企业品牌是联动的,互相促进、共生共荣,所以,越是知名的大房地产开发商,越是需要不断地打造名牌楼盘来巩固自身的企业形象,延续其在市场上的优势地位。因为毕竟一个项目的开发周期不过是几年,为了配合销售而采取的宣传攻势也不可能持续的太久,也许很快就会被其他新项

目的宣传所掩盖。所以,为了唤起人们对这一品牌的记忆,必须强化刺激,有时开发商可以在后续的开发项目中继续使用这一品牌(或者其"变种"),从而形成一个品牌项目系列。

复 习 思 考 题

1. 房地产开发项目策划的内容包括哪些?
2. 房地产市场调查的方法有哪些?
3. 如何进行房地产市场细分?
4. 制定房地产开发方案应注意哪些问题?

第三章 房地产开发项目可行性研究

房地产开发是一项综合性经济活动,虽然房地产投资利润率很高,但是风险也是很大的。要使房地产开发项目达到预期的经济效果,就必须做好可行性研究工作。

第一节 房地产开发项目可行性研究概述

一、可行性研究的概念、目的和特点

（一）可行性研究的含义

可行性研究最初是在20世纪30年代美国为开发田纳西河流域所采用的一种技术经济研究方法,它在田纳西河流域的经济开发和资源的综合利用上起到了重要的作用。从此,可行性研究逐步推广开来,它的应用涉及到企业投资、工程项目、经营决策、课题研究、产品开发、技术开发、技术引进与改造等广泛的领域,并不断在实践中得到充实和完善。目前它已成为房地产开发项目前期准备工作中不可缺少的重要一环。

可行性研究又称可行性分析,它是指在投资决策前,对项目进行全面、综合的技术经济分析和论证,从而为项目投资决策提供可靠依据的一种科学方法。它是一种科学性、技术性很强的工作,同时也是决定投资项目开发成败的关键。可行性研究的分析和论证主要是从与投资项目有关的社会、经济和技术等方面进行深入研究;对各种可能的方案进行深入的分析、比较和论证;对投资项目的经济效益、社会效益和环境效益等方面进行预测和评价,从而将投资项目涉及到的各个方面以最佳的方式统一起来,并得到结论性的意见,为决策部门进行决策提供科学、可靠的依据,使投资项目取得最优的经济效果。

可行性并非最优而只是可行,只有在可行的基础上才能进一步做出最优决策。可行性研究工作不仅要重视微观的可行性研究,而且更要重视宏观的可行性研究。

（二）可行性研究的目的

我国在20世纪80年代以前,投资项目的可行性研究没有得到重视,使得项目建成后经济效益低下,造成社会资源的极大浪费。1981年3月在国务院《关于加强基本建设体制管理、控制基本建设规模的若干规定》中明确提出,所有新建、扩建大中型项目以及利用外资进行基本建设的项目都必须有可行性研究报告。1983年2月,国家计委颁发了《关于颁发建设项目进行可行性研究的试行管理办法的通知》,对我国进行可行性研究的原则、编制程序、编制内容、审查办法等作了详细规定。这样不仅保证了投资项目决策更客观、更科学、更可靠,而且保证了项目发挥最大的投资效益。房地产开发的投资数额大,建设周期长,涉及面广,在投资决策前必须首先做好可行性研究。其目的是要把投资项目决策建立在科学、可靠的基础之上,减少或避免投资决策的失误,提高投资项目的经济、社会和环境效益。

（三）可行性研究的特点

1. 先行性

可行性研究是在投资项目建设前所做的研究、分析和论证工作,而在进行该项工作时投资项目尚未确定、尚未实施,只有在进行了可行性研究并得到结论之后,才能确定是否要投资建设。

2. 预测性

可行性研究是在投资项目尚未确定、尚未实施时进行的,此时的研究工作只能针对未来事物做出分析论证,而分析论证所用资料数据通常采用预测的方式得到,所以应尽可能地减少预测误差,提高预测的准确程度,并对预测的结果要客观地对待。

3. 不定性

可行性研究的结论会出现可行或不可行的两种可能性的结果。如果得到可行的结论,就为投资项目的决策提供了依据;如果得到不可行的结论,就可避免投资决策失误和不必要的浪费。所以,无论得到可行还是不可行的结论,都是有意义的。

4. 决策性

未来事物尚未发生,本身就存在不确定性,所以在投资之前必须严肃认真谨慎进行可行性研究,才能为投资决策提供科学可靠的依据。

二、可行性研究的作用

房地产开发项目可行性研究的主要作用如下:

1. 可行性研究是确定房地产开发项目投资与否的依据

通过可行性研究,可以预见拟建开发项目在技术经济上是否可行、有无销路和竞争力、有多大的利润空间及投资效果如何,从而得出是否应该投资建设的结论。

2. 可行性研究是申请建设执照的依据

可行性研究报告经有关部门评估和批准后,投资项目即已确立,投资建设单位据此便可向当地政府或城市规划管理部门申请办理建设执照。

3. 可行性研究是筹集开发建设资金的依据

房地产开发建设项目需要大量的资金,仅仅依靠开发企业有限的自有资金是不够的,只有通过资金融通,广泛筹集资金才能解决资金不足的问题。开发企业在向银行等金融机构申请贷款时,银行等金融机构根据建设单位提供的可行性研究报告,进行全面细致的评估后,才能确定是否同意贷款及贷款方案。

4. 可行性研究是与有关部门签订协议、合同的依据

房地产开发涉及面广,需众多部门的协助与配合。依据可行性研究报告所提供的资料,建设单位可与有关部门、单位进行商谈,签订协议或合同。

5. 可行性研究是项目投资建设的基础资料及进行项目建设施工准备工作的依据

在可行性研究报告中对拟建项目进行了全面地分析和论证,并确定或推荐了建设方案,而建设施工中的每一环节的资料,均可取之于可行性研究报告。因而可作为项目建设施工准备工作的依据。

三、可行性研究的程序及房地产开发项目可行性研究步骤

(一)可行性研究的程序

可行性研究的全过程,一般可分为四个阶段,即机会研究阶段、初步可行性研究阶段、详细可行性研究阶段和评价与决策阶段,每一阶段的研究内容都是在前一阶段的基础上进行的。在研究过程中遵循这样一条规律:即分阶段、有步骤、由浅入深进行研究。

1. 投资机会研究阶段

依据对市场需求的调查、预测及各方面条件的初步分析，寻找投资机会，提出投资项目或投资方向的建议。该阶段的工作相当粗略，主要依靠笼统的估计，而不是详细的分析。因而其所需的时间和费用也比较少。投资估算误差程度在±30%，研究费用一般占投资的0.2%~0.8%。

2. 初步可行性研究阶段

初步可行性研究是介于机会研究和详细可行性研究之间的一个研究阶段。它是以机会研究为前提并在机会研究的基础上，通过初步的定性、定量分析，判明项目是否有投资价值，是否可进行详细可行性研究。该阶段的研究和详细可行性研究的内容相似，只是在深度和广度上有差异。初步可行性研究投资估算误差一般为±20%，研究费用一般占投资的0.25%~1.5%。

3. 详细可行性研究阶段

详细可行性研究也称可行性研究，它是在占有大量的原始资料的基础上进行的。在这一阶段的研究中对项目的所有方面进行较为准确的系统分析、计算和论证，提出可行或不可行的明确结论和完备方案。其目的是为投资决策提供技术上、经济上和财务上的依据，选择项目实施的最佳方案并论证其生命力。因而其研究成果对投资项目建设的成败关系极大。所以该阶段的研究一般都占用大量的时间和费用。其投资估算误差±10%，研究费用小型项目约占投资的1%~3%，大型项目为0.2%~1%。

4. 评价与决策阶段

该阶段是可行性研究程序的最后阶段。在这一阶段中对可行性研究项目的主要优缺点、各个方案执行或实施的可行性提出全面的评价，以供投资者决策。在该阶段中要审核可行性研究报告所反映的内容是否属实，计算的结果是否正确，并从经济效益、社会效益和环境效益等方面对投资项目进行全面的评价。

（二）房地产开发项目可行性研究步骤

房地产开发项目可行性研究步骤大体上按如下顺序进行：

1. 策划

策划是在可行性研究开始前所进行的准备工作。其主要的工作是组建研究队伍或选择房地产评估、研究机构。策划工作质量的高与低是决定可行性研究成果水平高低的关键。

2. 明确研究的界限

通过讨论，确定研究目标及研究范围。

3. 实地调查

通过实地调查，收集有关资料及信息。

4. 市场预测分析

在实地调查，收集有关资料及信息的基础上进行预测分析。

5. 技术研究

主要包括开发项目实施全过程的所有运转环节的衔接处理以及工程施工工艺、地质处理、物料投入等。

6. 经济研究

主要包括开发项目的资金筹措、成本控制、效益预测、投资风险、国民经济评价以及社会效益评价等。

7. 方案设计与选择

根据研究内容设计可供选择的开发项目实施方案,并通过比较分析在可供选择的方案中选出最佳方案或集中不同方案优点重新设计出最佳方案。

8. 制定实施计划

制定实施计划是对所选取的方案制定详细的实施计划书。包括所有具体的技术指标范围、投资的成本支出和收益的财务状况、开发项目工程进度情况以及当发生变化时的应变能力、对开发项目可能造成的影响等。

9. 编制可行性研究报告

在对开发项目进行了全面、细致的分析研究之后,便可编制可行性研究报告书。

10. 专家论证

房地产开发项目具有投资量大、建设周期长、投资风险高的特点,且涉及的因素多而复杂。因此,可行性研究报告需要经过专家进行论证。在进行论证时可邀请城市规划、环境保护、技术经济及财务分析等方面的专家对可行性研究报告进行详细的分析和论证。

四、可行性研究的内容

房地产开发项目可行性研究的内容不同于一般工业项目的可行性研究的内容。由于房地产开发项目在规模上、性质上及复杂程度上差异较大,且侧重点不同,因而在可行性研究内容上也存在着差异,一般情况下的研究内容如下:

(一)项目的基本概况

包括项目的名称、开发建设单位、项目的地理位置及周围环境状况、项目的特点、开发建设的社会经济意义及可行性研究的依据与范围等。

(二)项目用地状况和拆迁安置

包括开发项目用地范围内的各种类型的土地面积、家庭户数及人口数量、需安置的家庭户数及人口数量、生产经营单位的状况(包括占地面积、建筑面积、营业面积、职工人数、年营业额与年利润额)、建筑物的状况(包括各类建筑物的数量、面积及需拆迁的各类建筑物的数量、面积)、地下地上物的状况及各种管线、补偿安置费用估算等。

(三)市场状况和项目建设规模

包括市场供给与需求的现状及预测分析、销售对象状况分析、营销方案的制定及拟建开发项目建设规模的确定等。

(四)开发项目方案设计与选择

包括各种市政设施的布置及走向、建筑设计方案(包括占地面积、建筑面积、层高、层数、房间数量及布置等)及平面布置等。

(五)资源供给状况

包括施工建设所需建筑材料的数量、动力及水的供应、施工力量的组织以及开发项目建成并投入使用后水、电、燃气、热力等的供应。

(六)开发项目的组织机构

包括开发项目的机构设置、人员配备等。

(七)开发项目建设实施计划

包括开发前期工作计划、建设施工工作计划、环境保护工作计划及选择施工队伍等。

（八）项目投入费用、收入估算及资金筹措状况

包括项目总投资、开发成本、销售与经营成本的估算、项目销售收入、租金收入及其他营业收入的估算等。

（九）开发项目效益评价

包括国民经济评价、财务评价、风险分析等。通常国民经济评价是在财务评价之后进行的。但是由于财务上的最优方案不一定在国民经济上也是最优的，因此对大型房地产开发项目应先做国民经济评价，从中选出最优方案后再进行财务评价。而风险分析既要进行定性分析，也要进行定量分析。

（十）研究结论与建议

通过从技术、经济、财务等方面进行分析论证和评价，对开发项目方案进行总结，得到是否可行的结论。如果可行，要推荐最佳方案，并提出存在的问题及建议。

五、可行性研究报告的构成

可行性研究报告是房地产开发投资项目可行性研究结果的体现。在正式撰写前，应首先对可行性研究报告的内容进行筹划。可行性研究报告的构成一般包括下例项目：

（一）封面

主要反映出评估项目的名称、评估机构的名称及可行性研究报告的撰写时间等。

（二）摘要

主要是介绍被评估项目的情况、特点、项目所在地的市场状况以及评估的结论等。该部分的内容应简短，且言必达意。

（三）目录

可行性研究报告往往内容较多，篇幅较长。目录能起到方便了解可行性研究报告内容以及把握前后之间关系的作用。

（四）正文

正文是可行性研究报告的主体和核心部分，要按照逻辑顺序从总体到细节循序渐进的撰写。通常情况下前面所提到的可行性研究的内容就是该部分中包括的内容。但不同的被评估项目之间可能会有一些差异，因此，正文的具体内容要视被评估项目的评估目的及可行性研究报告使用者所关心的问题来具体确定。

（五）附表

一般包括开发项目工程进度计划表、投资估算表、投资计划表、资金筹措表、销售计划表、销售收入测算表、营业成本及营业利润测算表、财务现金流量表（包括自有资金及全部资金）、资金来源与运用表、贷款偿还估算表和敏感性分析表等。这些表格通常不便于插入正文中，将其按一定的顺序编号并附于正文之后。

（六）附图

一般包括开发项目位置示意图、规划项目用地红线图、建筑设计方案平面图等，有时还会包括一些数据分析图。这些附图可以起到辅助文字说明的作用。

（七）附件

作为可行性研究报告的附件一般包括公司的营业执照、经营许可证、土地使用证、建设用地规划许可证、施工许可证、销售许可证等。

第二节 资金时间价值理论

一、资金时间价值的概念

所谓资金时间价值是指资金持有者放弃资金的即时使用机会,而将资金转化为资本随时间推移所产生的真实报酬。通常资金时间价值的表现有利润和利息两种形式。由于资金时间价值的客观存在使不同时点上的货币不能直接相加减。在现实生活中,资金时间价值是客观存在的,并不会由于人们不承认它就从社会经济生活中消失,无视其存在所造成的损失与教训已被历史所证实。

资金时间价值的产生是有条件的,首先是资金的所有权或持有权与其使用权能够分离;其次是资金转化为资本所带来利润的一部分。因此,资金时间价值的真正来源是劳动者创造的新价值中的一部分,是劳动者创造的新价值在分配方面的特殊形式。

资金时间价值取决于没有通货膨胀和风险条件下的社会平均利润率。资金时间价值理论正确揭示了资金在不同时点上价值量的大小,能够被用来评价投资项目的可行性,因而成为投资项目决策分析中时间价值计算的主要内容。

二、现金流量及其图形

(一) 现金流量的概念

对任何建设项目而言,都可以将其抽象为一个现金流量系统。在房地产开发项目中,所谓现金流量就是以开发项目为系统,反映开发项目在整个投资过程中流入和流出系统的现金流动。凡是在某一时点上流出项目的货币称为现金流出量,用 CO 表示;流入项目的货币称为现金流入量,用 CI 表示;而现金流入量与现金流出量的代数和称为净现金流量,用 NCF 表示,净现金流量(NCF)在计算中,通常以年为时间单位。

(二) 现金流量图及表示

表达现金流量的有效工具是现金流量图(图 3-1),在图中横轴(水平轴)代表开发建设项目,箭头方向向右延伸代表项目的时间延续,水平轴上标注的相等的间隔代表相等的时间长度(通常是年,也可是季或月等任意时间间隔),水平线上方的垂线表示现金流入量,水平线下方的垂线表示现金流出量,垂线长短表示现金流量绝对值的大小。

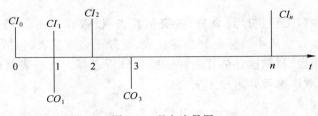

图 3-1 现金流量图

在图 3-1 中,0 代表开发项目的初始点,t 代表开发项目的寿命期,1,2,3,……,n 分别代表第一期末,第二期末,第三期末,……,第 n 期末,前一期末与紧随其后的期初相重合,即处于同一时点上。

例如某房地产开发项目在寿命期内各年现金流量如表 3-1 所示:

某项目现金流量　　　　　　单位：万元　　表 3-1

项　目	时　间		
	1	2	3
现金流入量			
1. 销售收入		6141.35	9353.40
2. 筹措资金			
（1）贷款	4000.00	2000.00	
（2）自有资金	594.22		
现金流入量合计	4594.22	8141.35	9353.40
现金流出量			
1. 投资	4594.22	2000.00	
2. 销售成本		2782.50	4472.82
3. 偿还贷款本息		2300.00	4210.00
4. 销售税金等		193.38	211.20
现金流出量合计	4594.22	7275.88	8894.02
净现金流量	0	865.47	459.38

根据表 3-1 绘制的现金流量图见图 3-2。

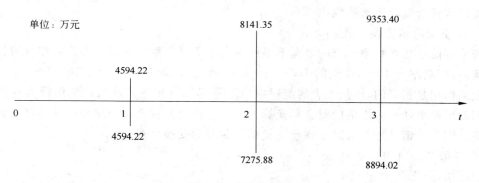

图 3-2　现金流量图

三、资金时间价值的计算

由于资金时间价值的存在，不同时点上的资金不能直接进行比较（或加减），必须与时间结合，才能表示出其真正的价值。这就需要对资金进行等值变换，即将不同时点上的资金价值转换为相同时点上的价值，使之具有可比性。

（一）利息的计算

利息是资金时间价值的表现形式之一，是指占用资金所支付的代价或放弃资金的使用所得到的补偿。通常用利息作为衡量资金时间价值的绝对尺度，用利率作为衡量资金时间价值的相对尺度。利息与利率的计算公式如下：

$$利息 = 目前资金的总金额 - 原来资金的总金额$$

$$利率 = \frac{每单位时间增加的利息}{原金额（本金）}$$

表示利率的时间单位称为利息周期（计息期），计息期通常为年，也可以是季或月等时间单位。当包括一个以上计息期时，在计算中，则要考虑"单利"与"复利"的问题。

1. 单利计息法

单利计息法也称单利法，是指仅对本金计算利息，利息不再产生利息的方法。

单利法计算本利和的公式为：

$$F = P(1+in)$$

式中　F——本利和（终值，元）；

　　　P——本金（现值，元）；

　　　i——利率；

　　　n——计息期。

2. 复利计息法

复利计息法也称复利法，是指不仅本金要计算利息，前期产生的利息在后期的计息期中也要计算利息的方法。

复利法本利和计算公式为：

$$F = P(1+i)^n$$

式中　各符号意义同单利法。

在投资项目的经济评价中均采用复利法进行资金时间价值的计算。因为，从资金运动的实际过程看，资金总是在不断地周转与循环，并在周转与循环中得到增值，采用复利法进行计算比较符合资金运动的规律。

（二）资金等值变换公式

资金等值是指在利率一定的情况下不同时点上绝对数额不等而经济价值相等的若干资金。例如，年利率为10%，今天的1000元与一年后的1100（1000×（1+10%）=1100）元在经济上的作用是相等的，虽然二者的绝对数额不等但具有相等的价值。利用资金等值的概念我们就可以把任一时点上的资金额换算为另一时点上的资金额。这种换算称之为资金等值计算。资金等值计算要借助于现金流量图和相应的变换公式。

1. 现值与终值相互变换

如图所示（图3-3）：

(1) 现值变换为终值（$P \to F$）

按图3-3所示，按照复利计算，显然有

$$F_1 = P + P \cdot i = P(1+i)$$
$$F_2 = F_1 + F_1 \cdot i = P(1+i)^2$$
$$F_3 = F_2 + F_2 \cdot i = P(1+i)^3$$
$$\cdots$$
$$F_n = F_{n-1} + F_{n-1} \cdot i = P(1+i)^n$$

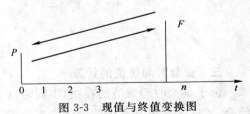

图3-3　现值与终值变换图

所以与图3-3所示的现值变换为终值的公式为：

$$F = P(1+i)^n$$

式中　$(1+i)^n$——终值系数，记作$(F/P, i, n)$。

例题 3-1：某房地产开发企业借入款项100万元，年利率为10%，借款期为三年，到期应偿还的本息是多少?

解: $F=P(1+i)^n$

$\qquad =100\times(1+10\%)^3=133.1$ (万元)

到期应偿还的本息是 133.1 万元。

(2) 终值变换为现值 ($F \rightarrow P$)

将公式 $F=P(1+i)^n$ 两边同乘以 $(1+i)^{-n}$,即可得到公式:

$$P=F\frac{1}{(1+i)^n}$$

式中 $\dfrac{1}{(1+i)^n}$——称为现值系数,记作 $(P/F,i,n)$。

例题 3-2:某房地产开发企业三年后需要款项 1000 万元,如果年利率为 10%,现在应准备多少款项?

解: $P=F\dfrac{1}{(1+i)^n}$

$\qquad =1000/(1+10\%)^3=751.3148$ (万元)

现在应准备 751.3148 万元。

2. 年金与终值和现值相互变换

所谓年金就是每隔相等的时间收到或付出相等金额的款项,即每期发生的现金流量数额相等,用 A 表示。在现实生活中,年金大量存在,如工资、租金、保险金等通常都采取年金的形式。年金按其收付方式的不同,可以分为先付年金、后付年金、递延年金和永续年金四种。

先付年金是指在一定时期每期期初等额系列收付的款项。后付年金是指在一定时期每期期末等额系列收付的款项。在现实生活中因其最为常见,故又称为普通年金。递延年金是指最初若干期没有收付款项而随后若干期等额系列收付的款项。永续年金是指有开始而没有最后到期日的等额系列收付的款项,如优先股的股利。

在计算年金问题时,如果没有特殊说明通常按后付年金计算,其他几种形式的年金,可在后付年金的基础上,根据其特点进行变化来计算。

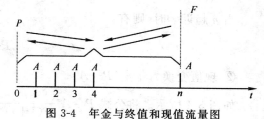

图 3-4 年金与终值和现值流量图

(1) 年金与终值的相互变换

① 年金变换为终值 ($A \rightarrow F$)

如图 3-4 所示,年金与终值的关系如下:

$$F=A(1+i)^{n-1}+A(1+i)^{n-2}+\cdots+A(1+i)+A$$

上式经推导得到公式: $\qquad F=A\dfrac{(1+i)^n-1}{i}$

式中 A——年金;

$\dfrac{(1+i)^n-1}{i}$——年金终值系数,记作 $(F/A,i,n)$。

② 终值变换为年金 ($F \rightarrow A$)

如图 3-4 所示。将公式 $F=A\dfrac{(1+i)^n-1}{i}$ 两边同乘 $\dfrac{i}{(1+i)^n-1}$，即可得到公式：

$$A=F\dfrac{i}{(1+i)^n-1}$$

式中 $\dfrac{i}{(1+i)^n-1}$ ——偿债基金系数，记作 $(A/F,i,n)$。

例题 3-3：某房地产开发企业 8 年后需要投资 5000 万元，年利率为 8%，在 8 年中以等额的方式把款项存入银行，每年年末应存入银行多少款项？如果每年年末存入 500 万元，8 年后款项是多少？

解：每年年末应存入银行的款项为：

$$A=F\dfrac{i}{(1+i)^n-1}$$

$$=5000\times 8\%/[(1+8\%)^8-1]=470.0738 \quad (万元)$$

如果每年年末存入 500 万元，8 年后款项为：

$$F=A\dfrac{(1+i)^n-1}{i}$$

$$=500\times[(1+8\%)^8-1]/8\%=5318.3138 \quad (万元)$$

(2) 年金与现值相互变换

① 年金变换为现值 $(A\rightarrow P)$

如图 3-4 所示。根据公式 $F=A\dfrac{(1+i)^n-1}{i}$ 和公式 $F=P(1+i)^n$，则可推导出公式：

$$P=A\dfrac{(1+i)^n-1}{i(1+i)^n}$$

式中 $\dfrac{(1+i)^n-1}{i(1+i)^n}$ ——年金现值系数，记作 $(P/A,i,n)$。

当 n 趋近 ∞ 时，则有：

$$P=\dfrac{A}{i}$$

② 现值变换为年金 $(P\rightarrow A)$

如图 3-4 所示。将公式 $P=A\dfrac{(1+i)^n-1}{i(1+i)^n}$ 两边同乘 $\dfrac{i(1+i)^n}{(1+i)^n-1}$，即可得到公式：

$$A=P\dfrac{i(1+i)^n}{(1+i)^n-1}$$

式中 $\dfrac{i(1+i)^n}{(1+i)^n-1}$ ——资金回收系数，记作 $(A/P,i,n)$。

当 n 趋近 ∞ 时，则有：

$$A=Pi$$

例题 3-4：某人购房贷款 50 万元，贷款期限为 10 年，年利率为 5%，如果采用等额偿还的方式，每年年末应偿还多少？如果每年年末偿还数额为 6 万元，现在能贷款多少？

解：每年年末应偿还款项：

$$A = P\frac{i(1+i)^n}{(1+i)^n-1}$$
$$= 50 \times 5\% \times (1+5\%)^{10}/[(1+5\%)^{10}-1] = 6.4752 \quad (万元)$$

现在能贷款为：
$$P = A\frac{(1+i)^n-1}{i(1+i)^n}$$
$$= 6 \times [(1+5\%)^{10}-1]/5\% \times (1+5\%)^{10} = 46.3304 \quad (万元)$$

3. 等差序列现金流量变换为终值、现值和年金

等差序列现金流量是每隔相等的时间以等额递增（或递减）的数量发生变化的现金流量序列。等差递增（或递减）的数值用 G 表示。

现金流量如下：

(1) 等差序列现金流量变换为终值（$G \rightarrow F$）

当现金流量为递增（或递减）的等差数列时，如图所示（图3-5），则：

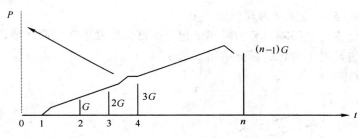

图 3-5 等差序列现金流量图

$$F = G[(F/A, i, n-1) + (F/A, i, n-2) + \cdots + (F/A, i, 1)]$$

整理上式得到

$$F = \frac{G}{i}\left[\frac{(1+i)^n-1}{i} - n\right]$$

式中 $\frac{1}{i}\left[\frac{(1+i)^n-1}{i} - n\right]$——等差序列终值系数，记作 $(F/G, i, n)$。

(2) 等差序列现金流量变换为现值（$G \rightarrow P$）

$$P = F(P/F, i, n) = \frac{G}{i}\left[\frac{(1+i)^n-1}{i} - n\right]/(1+i)^n = G\frac{1}{i}\left[\frac{(1+i)^n-1}{i(1+i)^n} - \frac{n}{(1+i)^n}\right]$$

所以得到公式：
$$P = G\frac{1}{i}\left[\frac{(1+i)^n-1}{i(1+i)^n} - \frac{n}{(1+i)^n}\right]$$

式中 $\frac{1}{i}\left[\frac{(1+i)^n-1}{i(1+i)^n} - \frac{n}{(1+i)^n}\right]$——等差序列现值系数，记作 $(P/G, i, n)$。

(3) 等差序列现金流量变换为年金（$G \rightarrow A$）

根据公式 $P = G\frac{1}{i}\left[\frac{(1+i)^n-1}{i(1+i)^n} - \frac{n}{(1+i)^n}\right]$ 和公式 $A = P\frac{i(1+i)^n}{(1+i)^n-1}$，

得到公式：
$$A = G\frac{1}{i}\left[1 - \frac{ni}{(1+i)^n-1}\right]$$

式中 $\frac{1}{i}\left[1 - \frac{ni}{(1+i)^n-1}\right]$——等差序列年金系数，记作 $(A/G, i, n)$。

例题 3-5:某房地产开发企业采用出租方式把一栋建筑物出租,租期为 10 年,第一年末收租金 10 万元,以后每年租金增加 2 万元,当租期期满后,每年等额收取的租金是多少?所收租金的现值是多少?假定年利率为 10%。

解:每年等额收取的租金为:

$$A = G\frac{1}{i}\left[1 - \frac{ni}{(1+i)^n - 1}\right] + 10$$

$$= 2 \times [1 - 10 \times 10\%/(1.1^{10} - 1)]/10\% + 10 = 17.4509 \quad (万元)$$

所收租金的现值为:

$$P = G\frac{1}{i}\left[\frac{(1+i)^n - 1}{i(1+i)^n} - \frac{n}{(1+i)^n}\right] + A\frac{(1+i)^n - 1}{i(1+i)^n}$$

$$= 2 \times [(1.1^{10} - 1)/1.1^{10} \times 10\% - 10/1.1^{10}] + 10 \times (1.1^{10} - 1)/1.1^{10} \times 10\%$$

$$= 107.2284 \quad (万元)$$

4. 等比序列现金流量变换为现值或年金

等比序列现金流量是每隔相等的时间以相等的百分比发生变化而递增(或递减)的现金流量序列。现金流量发生变化的百分率用 S 表示。

现金流量图(图 3-6)所示。

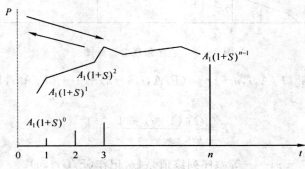

图 3-6 等比序列现金流量图

(1) 等比序列现金流量变换为现值

如若第一年的现金流量用 A_1 表示,则第 n 年年末的现金流量为 $A_1(1+S)^{n-1}$。

当利率 $i \neq s$ 时

$$P = A_1(1+S)^0/(1+i)^1 + A_1(1+S)^1/(1+i)^2 + A_1(1+S)^2/(1+i)^3 + \cdots$$

$$+ A_1(1+S)^{n-1}/(1+i)$$

$$= \frac{A_1}{i-s}\left[1 - \left(\frac{1+s}{1+i}\right)^n\right]$$

所以得到公式: $P = \dfrac{A_1}{i-s}\left[1 - \left(\dfrac{1+s}{1+i}\right)^n\right]$ $(i \neq s)$

式中 $\dfrac{1}{i-s}\left[1 - \left(\dfrac{1+s}{1+i}\right)^n\right]$ ——等比序列现值系数,记作 $(P/S, i, n)$。

当利率 $i = s$ 时

$$P = A_1(1+S)^0/(1+i)^1 + A_1(1+S)^1/(1+i)^2 + A_1(1+S)^2/(1+i)^3 + \cdots$$
$$+ A_1(1+S)^{n-1}/(1+i)^n A_1/(1+i)^1 + A_1/(1+i)^1 + \cdots + A_1/(1+i)^1$$
$$= \frac{nA_1}{(1+i)}$$

所以得到公式:
$$P = \frac{nA_1}{(1+i)} \quad (i=s)$$

(2) 等比序列现金流量变换为年金

等比序列现金流量变换为年金,其现金流量图的变化如下(图3-7变化为图3-8):

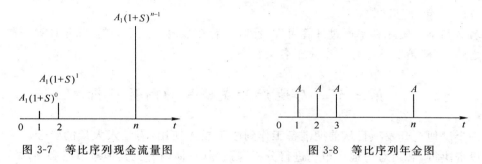

图3-7 等比序列现金流量图　　　　图3-8 等比序列年金图

根据公式 $P = \frac{A_1}{i-s}\left[1-\left(\frac{1+s}{1+i}\right)^n\right]$ 和公式 $P = A\frac{(1+i)^n-1}{i(1+i)^n}$

可得到公式:
$$A = A_1 \frac{i}{i-s}\left[1-\frac{(1+s)^n-1}{(1+i)^n-1}\right]$$

式中 $\frac{i}{i-s}\left[1-\frac{(1+s)^n-1}{(1+i)^n-1}\right]$ ——等比序列年费用系数,记作 $(A/S,i,n)$。

例题3-6：某开发商所建商品房的售价为3500元/平方米,在未来的一年中房价在每月月末上调2%,假如每月可销售商品房1000平方米(看作月末销售),月利率为5%,则在该年所得销售款的现值是多少？年金是多少？

解：该年所得销售款的现值为:
$$P = \frac{A_1}{i-s}\left[1-\left(\frac{1+s}{1+i}\right)^n\right]$$
$$= 3500 \times 1000 \times [1-(1.02/1.05)^{12}]/(5\%-2\%) = 34276143.24 \quad (万元)$$

年金为:
$$A = A_1 \frac{i}{i-s}\left[1-\frac{(1+s)^n-1}{(1+i)^n-1}\right]$$
$$= 3500 \times 1000 \times 5\% \times [1-(1.02^{12}-1)/(1.05^{12}-1)]/(5\%-2\%) = 3867219.92 \quad (万元)$$

四、名义利率与实际利率

在资金时间价值的计算中,通常采用年利率,且每年计息一次。但在实际问题中,往往有按半年、季、月或日计算利息的情况。在这种情况下,计息周期短于一年,当利率标明的时间单位与计息周期不一致时,于是就出现了名义利率与实际利率的区别,就需要对不同计息周期的利率进行换算。

通常年利率为名义利率,名义利率除以年计息次数得到计息周期利率。名义利率相同,而计息周期不同时,年末的本利和是不同的。如年初存款100元,年利率为12%,若每年计息一次,年末的本利和是 100×(1+12%)=112 元。若每月计息一次,年末的本利和是 100×(1+12%/12)¹²=112.68 元。它相当于按年利率 12.68% 计息一次。这个利率才是真正的计息利率,称为实际利率。

名义利率与实际利率的关系:

$$i=\left(1+\frac{r}{m}\right)^m-1$$

式中　　i——实际利率;
　　　　r——名义利率;
　　　　m——年计息次数。

名义利率与实际利率通过计算可以看到,二者在数值上是不等的,除年计息一次时二者相等之外,一般情况下实际利率大于名义利率。

第三节　房地产开发项目的财务评价

一个房地产开发项目从前期准备工作到竣工投入使用,需投入大量的资金。为做出科学的投资决策,必须对房地产市场进行分析与预测(具体内容见其他章节);必须对开发项目投资进行估算;必须对项目租售收入进行测算。在此基础之上,才能做好房地产开发项目的财务评价工作。

一、房地产开发项目的投资估算

投资估算是房地产开发项目前期工作的重要环节,也是制定融资方案、进行财务评价的主要依据之一。要准确估算房地产开发项目的投资,必须首先明确开发项目的成本费用构成,并在对开发项目的全部成本费用进行估算的基础上,估算出房地产开发项目的投资。

房地产开发项目的成本费用及投资估算应做到方法科学、依据充分。估算的主要依据有:专门机构发布的建设工程造价费用构成、估算指标、计算方法以及其他有关计算工程造价的文件;专门机构发布的工程建设其他费用计算办法和费用标准以及政府部门发布的物价指数;拟建开发项目各单项工程的建设内容及其工程量。

(一)房地产开发项目的成本费用构成及估算

开发项目的成本费用包括开发直接费用和开发间接费用两部分。

1. 开发直接费用的构成及估算

开发直接费用包括土地费用、前期工程费用和房屋开发费用三个部分。

(1)土地费用

土地费用是为取得开发项目用地使用权而发生的费用,由土地出让金(或征地费)、城市建设配套费和拆迁安置补偿费构成。土地出让金是指土地使用者为得到一定时期的国有土地使用权而向国家支付的土地使用权的价格。土地出让金的估算可参照当地近期出让的类似地块的出让金数额,并进行相关因素的修正后得到,也可以按城市基准地价,并进行相关因素的修正后得到。征地费是因国家建设需要而征用农村土地所发生的费用,主要由土地补偿费用、土地投资补偿费用、人员安置补助费用、新菜地开发基金、土地管理费用、耕地占用税和拆迁费用等构成。征地费的估算可按国家和各个地方的有关规定及标准执行。城市建设配套费是因政府投资进行城市基础设施建设并由受益者分摊的费用。城市建设配套费的估算可按各个地方的有关规定及标准执行。拆迁安置补偿费由拆迁安置费和拆迁补偿费两部分构成。拆迁安置费是对被拆除房屋的使用人按照有关规定及被拆除房屋的建筑面积进行安置所需费用,通常付给搬迁补助费或临时搬迁安置费,而拆迁补偿费是对被拆除房屋的所有权人按照有关规定给与补偿所需费用,其形式包括产权调换、作价补偿或将二者相结合的形式,产权调换按照被拆除房屋的建筑面积进行计算,作价补偿按照被拆除房屋的区位、用途、建筑面积以及成新度进行计算。在拆迁非住宅房屋时所造成的停产、停业的补偿费,按照当地有关规定给与补偿,被拆迁房屋室内自行装修装饰的补偿费,可由拆迁双方协商确定或经评估确定。

(2) 前期工程费用

前期工程费用主要由项目前期规划、设计、可行性研究、地质水文勘测以及三通一平等土地开发费用构成。一般情况下,项目前期规划、设计所需费用可按建筑安装工程费的3%进行估算,可行性研究所需费用可按总投资的1%~3%进行估算,地质水文勘测所需费用可根据所需工作量及有关收费标准进行估算,三通一平等土地开发费用可根据实际工作量及参照有关计费标准进行估算。

(3) 房屋开发费用

房屋开发费用由建筑安装工程费、附属工程费和室外工程费构成。建筑安装工程费是直接用于工程建设的总成本费用,主要由建筑工程费、设备及安装工程费和室内装饰家具费构成。附属工程费是附属于主体工程的变电室、锅炉房等的建设费用。室外工程费主要是室外照明、道路、绿化、环卫等的建设费用。房屋开发费用可采用单元估算法、单位指标估算法、工程量近似匡算法、概算指标估算法等方法进行估算。

2. 开发间接费用构成及估算

开发间接费用包括管理费用、销售费用、财务费用、其他费用、不可预见费用和税费六个部分。

(1) 管理费用

管理费用是开发项目从立项至竣工验收交付使用全过程管理所需的各种费用。管理费用包括的项目很多,主要有开办费、管理工作人员的工资、奖金及福利费、劳动保护费、办公费、差旅费、工会经费、职工教育培训费、工程招标费、咨询费、审计费、法律咨询费、排污费、房地产税、业务招待费、坏账损失、报废损失、竣工验收费等费用。在估算时可按项目投资或开发直接费的一定比率进行计算。

(2) 销售费用

销售费用是在销售产品中所发生的费用以及专设销售机构或委托销售代理的各项费用。包括销售人员的工资、奖金、福利费、差旅费、销售机构的折旧费和修理费、销售许可证申领费、广告费、代理费等。可根据开发项目的营销设想进行估算。

(3) 财务费用

财务费用是企业为筹集资金所发生的各项费用,主要表现为借款的利息、手续费、融资代理费等各项费用。财务费用可根据筹集资金的方式、金额及其筹资费率等进行计算。其中利息费用在各项费用中占的比例较大,是主要的财务费用项目。

(4) 其他费用

其他费用主要包括临时用地费和临时建设费、施工图预算和表底编制费、工程合同预算和表底审查费、合同公证费、施工执照费、开发管理费、工程质量监督检查费、工程监理费、竣工图编制费、保险费等各项费用,它一般按当地有关部门规定的费率进行估算。

(5) 不可预见费用

不可预见费用是在开发建设过程中,对未来的事物不可能百分之百的预见到,为应对一些事先没有预想到的情况出现,而根据开发项目的复杂程度和上述各项费用估算的准确程度,按上述各项费用之和的3‰~7‰进行估算。

(6) 税费

税费是开发建设项目应负担的各种税金和地方政府或有关部门征收的费用,税费可根据国家或当地有关法规标准进行估算。

在对房地产开发项目各项成本费用进行估算的基础上,可将估算的结果汇入"房地产开发项目成本费用及投资估算表"(表3-2),以便对房地产开发项目各项成本费用进行分析、比较和汇总。

房地产开发项目成本费用及投资估算表　　　　表3-2

序 号	费用项目	单价(元/平方米)	总价(万元)	备 注
一	开发项目成本费用总计			
(一)	土地费用			
1	土地出让金			
2	城市建设配套费			
3	征地、拆迁安置补偿费			
…	…			
小计				
(二)	前期工程费			
1	规划、勘测设计费			
2	可行性研究费			
3	三通一平费			
…	…			
小计				
(三)	房屋开发费			
1	建安工程费			
2	附属工程费			
3	室外工程费			
4	其他费用			
…	…			
小计				
(四)	管理费用			
…	…			
小计				
(五)	销售费用			

续表

序号	费用项目	单价(元/平方米)	总价(万元)	备注
1	广告费			
2	代理费			
…	…			
小计				
(六)	财务费用			
1	融资费用			
2	利息费用			
…	…			
小计				
(七)	其他费用			
…	…			
小计				
(八)	不可预见费			
…	…			
小计				
(九)	税费			
…	…			
小计				
二	开发项目总投资			

（二）房地产开发项目投资估算

投资估算是在对房地产开发项目成本费用估算及对开发建设规模、施工方案、实施进度等进行研究并基本确定的基础上，估算开发项目投入的总资金并测算分年度资金需要量的过程。

二、房地产开发项目租售收入的估算

在对房地产市场进行分析与预测的基础上，测算开发项目的租售收入是可行性研究的一项重要内容。在测算之前，首先要确定所采用的租售方案，以搞清开发项目是出租、出售、还是租售并举；出租与出售的面积比例；出租与出售的时间安排及其进度安排；租金水平与出租收款计划的安排；售价水平与销售收款计划的安排等。

测算开发项目的租售收入除对房地产市场进行分析与预测之外，还应结合开发项目的位置、周围环境、项目的档次、项目的租售服务对象等因素进行综合考虑。

三、房地产开发项目的财务评价

房地产开发项目的财务评价是着重对项目投资从财务成本角度所进行的投资损益状况分析，是根据国家现行财务和税收制度以及现行价格，分析测算拟建开发项目未来的效益费用，考察项目建成后的获利能力、债务偿还能力等的财务状况，其目的是要确认项目在财务上的可行性，以寻求项目的最佳投资方案。

对一些高级豪华的宾馆、饭店、公寓大楼等开发项目，不但投资巨大，而且往往还要使用大量外汇进口一些装修装饰材料及设施设备,使开发投资面临很大的风险,同时与国民经济资源合理有效的使用也有很大的关系。所以,对于一些开发项目不仅要进行财务评价,即微观的经济分析,而且还要进行国民经济评价,即宏观的经济分析。本教材只涉及微观的经济分析。

为了从财务角度评价房地产开发项目,需要有评价指标、评价方法和评价标准。

(一)财务评价指标概述

基于房地产开发项目的复杂性,在对房地产开发项目进行评价时,可以采用不同的指标来进行。因为一种评价指标只能反映项目的某一个侧面或某些侧面,单一的指标难以达到全面评价项目的目的,所以采用不同的指标予以全面评价。

按是否考虑资金时间价值,可将评价指标与方法分为静态评价指标与方法和动态评价指标与方法。静态评价指标与方法不考虑资金时间价值,而动态评价指标与方法考虑资金时间价值。在财务评价中应采用动态与静态相结合、以动态评价指标与方法为主来进行。

财务评价的主要指标包括投资回收期、财务净现值、财务内部收益率、贷款偿还期等,在有些情况下,根据项目特点和实际需要,还可以计算投资利润率、成本利润率、投资收益率等指标,以满足项目决策部门的需要。

(二)房地产开发项目主要经济评价指标与方法

1. 投资回收期

投资回收期可分为静态投资回收期和动态投资回收期。在对房地产开发项目进行评价时,投资回收期指标一般用于评价开发完结后用来出租或用来经营的房地产开发项目,在计算投资回收期指标时要从开发投资的起始点算起。通常投资回收期越短越好,表明开发项目能在最短的时期内回收投资。

(1)静态投资回收期

静态投资回收期是在不考虑资金时间价值条件下,指开发项目净收益抵偿项目全部投资所需的时间。通常用 Pt 表示。

根据静态投资回收期的概念,其定义式为:

$$\sum_{t=0}^{Pt}(CI-CO)_t = 0$$

在计算 Pt 时,可用财务现金流量表累计其净现金流量并用下列公式求出:

$$Pt = (累计净现金流量开始出现正值的年份数)-1+\left(\frac{上年累计净现金流量的绝对值}{当年净现金流量}\right)$$

对于开发项目的现金流量如有如图3-9所示的情况,投资在期初一次性投入,且当年竣

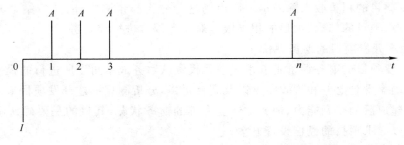

图 3-9

工并受益,收入项目与费用项目从开始就保持不变,则可采用下列公式进行计算:

$$Pt = \frac{I}{CI-CO}$$

对所求出的 Pt 数值,必须与基准的投资回收期(Pc)进行比较。比较时的判别标准是:$Pt \leq Pc$,可以考虑接受该项目;$Pt > Pc$,可以考虑拒绝该项目。

静态投资回收期指标经济意义明确、直观,计算简便,但也存在着局限性。首先静态投资回收期只考虑了投资回收之前的效果,不能反映投资回收之后的情况;其次静态投资回收期没有考虑资金时间价值,有可能会给投资项目带来不必要的损失;再次基准的投资回收期(Pc)因部门或行业不同而不同,且随着技术进步要不断地投入人力、财力、物力对其加以调整,故其很难确定。所以静态投资回收期指标只能用于对项目进行粗略评价或作为辅助指标和其他指标结合起来使用,而不能将其作为主要指标使用。

例题 3-7: 某房地产开发项目投资、收益如表 3-3,求投资回收期 Pt?该开发项目是否可行?(该类项目的 $Pc=6$ 年)。

某项目投资、收益表　　　　　　　　　　单位:万元　　表 3-3

时间(年)	0	1	2	3	4	5	6	…	12
现金流出(投资)	200	400	200						
现金流入(收益)				250	250	250	250	…	250

解: 利用现金流量累计法得到表 3-4 如下:

项目现金流量累计　　　　　　　　　　　　　表 3-4

时间(年)	0	1	2	3	4	5	6	7	8	9	10	11	12
现金流出(总投资)	200	400	200										
现金流入(总收入)				250	250	250	250	250	250	250	250	250	250
净现金流量	−200	−400	−200	250	250	250	250	250	250	250	250	250	250
累计现金流量	−200	−600	−800	−550	−300	−50	200	450	700	950	1200	1450	1700

$$Pt = (6-1) + 50/250 = 5.2 \quad (年)$$

而 $Pc=6$ 年。$Pc>Pt$,该开发项目可行。

(2) 动态投资回收期($P't$)

动态投资回收期指标考虑了资金的时间价值,克服了静态投资回收期指标的缺点。动态投资回收期指标通常用 $P't$ 表示。其定义式为:

$$\sum_{t=0}^{P't}(CI-CO)_t(1+i_c)^{-t} = 0$$

式中　t——年份。

在实际计算时一般采用净现金流量贴现值累计并结合插值公式求解。插值公式为:

$$P't = (净现金流量贴现累计值开始出现正值的年份数) - 1$$
$$+ \left(\frac{上年净现金流量贴现累计值的绝对值}{当年净现金流量贴现值} \right)$$

如果开发项目的现金流量如图 3-9 所示,假设投资为 I,各年净现金流量为 N,项目寿命

为 n,则可采用下列公式进行计算:

$$P't = -\frac{\ln\left(1-\frac{Ii}{N}\right)}{\ln(1+i)}$$

式中　$P't$——动态投资回收期;

　　　I——投资额;

　　　N——现金流量;

　　　i——利率。

该公式推导过程为:根据动态投资回收期定义式 $\sum_{t=0}^{P't}(CI-CO)_t(1+i_c)^{-t}=0$(即现金流入量累计现值与现金流出量累计现值相等时所需时间),则有

$$N/(1+i)+N/(1+i)^2+N/(1+i)^3+\cdots\cdots+N/(1+i)^{P't}=I$$

$$(1+i)^{-1}+(1+i)^{-2}+(1+i)^{-3}+\cdots\cdots+(1+i)^{-P't}=I/N$$

$$\frac{(1+i)^{P't}-1}{i(1+i)^{P't}}=\frac{I}{N}$$

$$(1+i)^{-P't}=(N-Ii)/N$$

$$-P't\cdot\ln(1+i)=\ln(1-Ii/N)$$

所以得到公式　　　　　　　$$P't=-\frac{\ln\left(1-\frac{Ii}{N}\right)}{\ln(1+i)}$$

在用 $P't$ 对开发项目进行评价时,其判别标准为:$P't\leq n$,考虑接受该项目;$P't>n$,考虑拒绝该项目。n 是投资项目的寿命。

例题 3-8: 承上例,如果年利率为 10%,计算动态投资回收期 $P't$ 是多少?假如该开发项目为 12 年,该开发项目是否可行?

解: 通过列表(表 3-5)求动态投资回收期 $P't$。

动态投资回收期 $P't$ 计算过程表　　　　　　　　表 3-5

年　份	净现金流量	10%贴现系数	现　值	累计现值
0	−200	1.000	−200.00	−200.00
1	−400	0.909	−363.60	−563.60
2	−200	0.826	−165.20	−728.80
3	250	0.751	187.75	−541.05
4	250	0.683	170.75	−370.30
5	250	0.621	155.25	−215.05
6	250	0.564	141.00	−74.05
7	250	0.513	128.25	54.20
8	250	0.467	116.75	170.95
9	250	0.424	106.00	276.95
10	250	0.386	96.50	373.45
11	250	0.350	87.50	460.95
12	250	0.319	79.75	540.70

$$P't=7-1+74.05/128.25=6.57(年)<12 年$$

项目的寿命为 12 年,故该开发项目可行。

另一种解法是将第一年初的投资 200 万元和第二年初(也是第一年末)的投资 400 万元利用公式等值变换到第二年末的值,并计算出投资 I,在计算 $P't$ 时应加上 2 年(因投资 I 已不在第一年初,而在第二年末)。

$$I=200(1+10\%)^2+400(1+10\%)+200=882 \quad (万元)$$

$$P't=-\frac{\ln\left(1-\frac{Ii}{N}\right)}{\ln(1+i)}+2=\ln(1-882\times10\%/250)/\ln(1+10\%)+2=6.57 \quad (年)$$

2. 财务净现值

财务净现值($FNPV$)是指投资项目按行业基准投资收益率或预期投资收益率将各年的净现金流量折现到投资起点的现值之代数和。它是评价房地产开发项目的一个重要经济指标。

基准投资收益率或预期投资收益率指投资要求达到的最低收益率,用 i_c 表示。一般来说,开发项目大多都要带有一定对风险和不确定性,所以 i_c 应高于贷款利率。

财务净现值的公式:

$$FNPV_{(i_c)}=\sum_{t=0}^{n}(CI-CO)_t(1+i_c)^{-t}$$

在用 $FNPV$ 对开发项目进行评价时,其判别标准为:$FNPV\geqslant 0$,考虑接受该项目;$FNPV<0$,考虑拒绝该项目。当 $FNPV=0$ 时,表示投资项目达到预定的收益率标准,而不是投资项目盈亏平衡;当 $FNPV<0$ 时,表示投资项目未能达到预定的收益率标准,而不能确定投资项目已经亏损。

应用财务净现值指标对房地产开发项目进行评价,事先必须确定一个较为符合现实的 i_c,如若确定的太高,会失掉一些经济效益好的项目;如若确定的太低,一些经济效益并不好的项目可能会被接受。所以 i_c 的确定有一定的难度。

例题 3-9:某房地产开发项目的现金流量如下(表 3-6),若 $i=10\%$,求其财务净现值是多少?

某开发项目现金流量表　　　　单位:万元　　表 3-6

年　份	0	1	2	3	4	5
现金流量	-1000	-800	500	500	500	1200

解:$FNPV=-1000-800(P/F,10\%,1)+500(P/A,10\%,3)(P/F,10\%,1)+1200(P/F,10\%,5)=148.22(万元)$

3. 财务内部收益率

财务内部收益率($FIRR$)是指项目在整个计算期内,使净现值等于零时的折现率。其经济含义是项目在这样的折现率下,在计算期结束时,以每年的净收益恰好把投资全部回收过来。财务内部收益率可用下式表示:

$$\sum_{t=0}^{n}(CI-CO)_t(1+FIRR)^{-t}=0$$

在用 $FIRR$ 对开发项目进行评价时,其判别标准为:$FIRR\geqslant i_c$,考虑接受该项目;$FIRR<$

i_c，考虑拒绝该项目。

FIRR 的求解原理及方法是，首先确定一个 r，代入公式求 FNPV，如果财务净现值为正值，则增大 r 的数值，如果为负值，则减小 r 的数值，直到财务净现值等于零为止，此时 r 的值即为所求的财务内部收益率。

计算 FIRR 时通常采用试插值法，即经过试算，找到两个 r 值，一个是 r_1 使 $FNPV_1$ 大于 0，另一个是 r_2 使 $FNPV_2$ 小于 0，且要使 FNPV 足够接近于 0，然后用试插值公式计算，就可得到财务内部收益率。试插值公式：

$$r = r_1 + (r_2 - r_1) \frac{FNPV_1}{FNPV_1 - FNPV_2}$$

式中　r——所求的财务内部收益率；

　　　r_1——较小的试算值；

　　　r_2——较大的试算值；

$FNPV_1$——与 r_1 对应的财务净现值；

$FNPV_2$——与 r_2 对应的财务净现值。

根据财务净现值函数图 3-10，该公式推导如下：

试算的 r 值	财务净现值
r_1	$FNPV_1$
r	0
r_2	$FNPV_2$

则有

$$(r_2 - r_1)/(r - r_1) = (FNPV_2 - FNPV_1)/(0 - FNPV_1)$$

整理上式得

$$r = r_1 + (r_2 - r_1) \frac{FNPV_1}{FNPV_1 - FNPV_2}$$

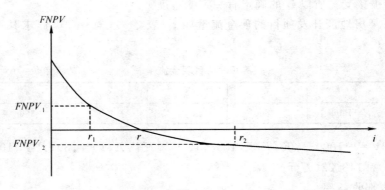

图 3-10

例题 3-10：承上例，求其财务内部收益率是多少？

解：$FNPV = -1000 - 800(P/F, i, 1) + 500(P/A, i, 3)(P/F, i, 1) + 1200(P/F, i, 5)$

取 $r_1 = 12\%$，$FNPV_1 = 39$

取 $r_2 = 15\%$，$FNPV_2 = -106$

$$r = 12\% + (15\% - 12\%) \times 39/(39 + 106) = 12.8\%$$

4. 成本利润率

成本利润率是开发利润与开发总成本的比率,是初步评判房地产开发项目财务可行性的一个指标。计算公式为:

$$成本利润率 = \frac{开发利润}{开发总成本} \times 100\%$$

开发利润 = 开发总价值 − 开发总成本

开发总价值(出售经营) = 销售总收入 − 销售税费

(出租经营) = Σ 项目持有期内净经营收入的现值

开发总成本 = 直接开发费用 + 间接开发费用

= 土地费用 + 前期工程费用 + 房屋开发费用 + 管理费用 + 销售费用

+ 财务费用 + 不可预见费用 + 其他费用 + 开发过程中的税费

5. 投资收益率

投资收益率是开发项目达到正常盈利年份时的年净收益与项目投资的比值。房地产开发项目投资收益率的确定一般应综合考虑如下一些因素:国家的宏观经济状况、金融机构的贷款利率、其他行业的投资收益率水平、开发房地产项目的具体情况及对其的预期、投资规模的大小、开发项目的寿命长短、租金增长及支付能力等。

第四节 房地产开发项目的不确定性分析

房地产开发项目的未来情况和可行性研究中所做的预测不可能完全一致,计算开发项目的评价指标所用到的有关成本费用和收益情况的数据是在理想状态下的估计值,这些数值的确定取决于许多变量。因此对房地产开发项目进行不确定性分析,即预估这些变量的变化对开发项目评价结果的影响程度是十分必要的。通过不确定性分析,使财务评价的结果更加真实可靠和符合实际,从而为房地产开发决策提供更加科学的依据。

一、风险与不确定性

(一)风险与不确定性分析的含义

风险与不确定性不同。风险是在一定条件下和一定时期内可能发生的各种结果的变动程度。项目风险是指项目在其环境中和寿命周期内自然存在的导致经济损失的变化。房地产开发项目投资的风险是客观存在的,是否去冒风险和冒多大风险投资于房地产开发项目是由主观决定的。而不确定性是由于投资项目的未来状况与目前预测的结果不可能完全一致,两者的偏差就是不确定性。项目的不确定性分析是对风险大小的分析,即分析项目在其存续时空内自然存在的导致经济损失之变化的可能性及其变化程度。

(二)不确定性分析程序

1. 鉴别关键变量或因素

可行性研究中各个变量或因素在不同条件下的不确定程度是不同的。鉴别关键变量或因素是要从各个变量或因素中找出不确定程度较大的变量或因素。这些变量或因素一般对可行性研究用到数据的影响是比较大的,在房地产开发项目可行性研究中要特别注意地价及附加费用、土地开发成本、建造成本、开发规模与开发数量、容积率、开发周期、建设期或租售期、租金或售价、贷款利率、投资收益率等变量或因素的变动,它们的变动对财务评价指标的结果影响很大。因此首先要把它们鉴别出来,并作为不确定性分析的重点。

2. 估计变量或因素的变化范围,求出其可能数值或概率

对找出的关键变量或因素,要估计其变化范围或变化幅度,以确定这些变量或因素变化的边界值,为进行定性或定量分析奠定基础。对于各个关键变量或因素,在确定的变化范围内,还要估计出其出现较多的各种可能数值或概率。

3. 采用相应方法进行不确定性分析

不确定性分析的基本方法包括敏感性分析和概率分析。通常盈亏平衡分析也可用于不确定性分析。

二、盈亏平衡分析

盈亏平衡分析是将房地产开发项目的成本划分为固定成本和变动成本两部分之后,假定产销量一致,根据产量、成本、售价和利润四者之间的函数关系所进行的分析。它可用于不确定性分析中。

固定成本是指在一定时期和一定业务量范围内,成本总额不受业务量增减变动影响而固定不变的成本。变动成本是指成本总额与业务量总数呈现正比例增减变动关系的成本。

盈亏平衡分析关键要找到盈亏平衡点,即当不确定性变量或因素的数值等于某一数值时,恰好使方案决策的结果达到临界标准,即利润为 0,此时的数值就是该变量或因素的盈亏平衡点。财务内部收益率就是房地产开发项目关于利率这一不确定性因素的动态盈亏平衡点。房地产开发项目盈亏平衡点越低,项目盈利的可能性就越大,造成亏损的可能性就越小,抗风险的能力就越强。

房地产开发项目通过盈亏平衡分析可以看出该项目对市场需求变化的适应能力,合理确定开发建设规模,找出拟建开发项目建成后的盈亏界限,以了解项目承担风险的能力。

在进行盈亏平衡分析时只就静态线性分析方法进行介绍。

(一) 产量、成本、售价和利润四者之间的关系

在对房地产开发项目进行分析过程中,产量或销量、开发成本(包括固定成本总额和单位变动成本总额)、销售价格和利润四者之间的关系可用下列公式表示:

$$利润 = 销售收入 - 总成本$$

$$销售收入 = 销售单价 \times 产销量$$

$$成本总额 = 固定成本总额 + 变动成本总额 = 固定成本总额 + 单位变动成本 \times 产销量$$

$$销售税金 = 销售收入 \times 税率$$

以上关系式中可以看出销售收入和成本都是开发产销量的函数,可用图 3-11 表示。

在盈亏平衡分析图中,横坐标表示产销量(开发的建筑面积),纵坐标表示销售收入或开发成本的金额。销售收入线和开发成本线相交于 B 点,表明当开发量达到一定数量的时候,销售收入等于开发成本,此时的利润为零,交点 B 称之为盈亏平衡点(也称保本点)。B 点将销售收入和开发成本两条直线所围范围划分为盈利区和亏损区,当产销量大于 B 点时,则开发项目盈利,反之,则亏损。盈亏平衡点表达了开发项目最小的开发量。

(二) 盈亏平衡分析模型

盈亏平衡分析模型是指用数学方程来描述变动费用和销售收入随开发量增加而成正比例增加的模型。在盈亏平衡分析模型中,

产量或销量:用 Q 表示;

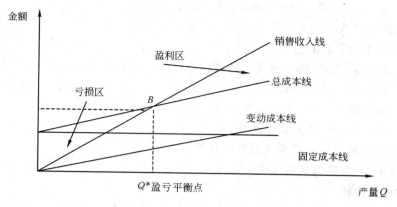

图 3-11 盈亏平衡图

开发成本:其中固定成本总额用 a 表示,单位变动成本用 b 表示;
单位售价:用 P 表示;
目标利润:用 M 表示;
销售税率:用 R 表示。
根据盈亏平衡的概念,可建立下列方程式:

$$PQ = F + Qb + PQR$$

于是有:

$$Q^* = \frac{a}{P(1-R) - b}$$

式中　Q^*——盈亏平衡点的产销量。

因此必须满足条件 $Q > Q^* = \dfrac{a}{P(1-R) - b}$,即 $Q[P(1-R) - b] - a > 0$,开发项目才会盈利。否则项目将亏损或利润为 0。

盈亏平衡点的保本金额为:

$$PQ^* = \frac{Pa}{P(1-R) - b}$$

当房地产开发项目有利润时,产销量的公式为:

$$Q = \frac{a + M}{P(1-R) - b}$$

此外,房地产开发项目在盈亏平衡点的抗风险能力公式为:

$$\frac{Q^*}{Q_c} = \frac{a}{Q_c[P(1-R) - b]} \times 100\%$$

式中　Q_c——房地产开发项目设计方案的产销量。

通常根据经验值,若 Q^*/Q_c 低于 70%,则项目相当安全或可以承担较大风险。

例题 3-11:某房地产开发项目设计建筑面积为 50000 平方米,建成后的售价根据市场预测可确定为 3500 元/平方米(建筑面积),固定成本为 2500 万元,单位变动成本为 2400 元,销售税率为 6.5%,试确定该开发项目的抗风险能力。

解:$Q^* = \dfrac{a}{P(1-R) - b}$

$= 25000000 / [3500 \times (1 - 6.5\%) - 2400] = 28653.3$ （平方米）

$$Q^*/Q_c = (28653.3/50000) \times 100\% = 57.31\%$$

所以项目可以承担较大风险。

(三) 盈亏平衡分析的假设条件

静态线性盈亏平衡分析方法成立的条件是以许多约束条件为前提的,主要条件有:

1. 开发量与销售量相等;
2. 在所分析的范围内,固定成本不变;
3. 变动成本是产销量的线性函数;
4. 销售收入随产销量的变动而变动且呈线性关系;
5. 分析中,销售单价保持不变。

三、敏感性分析

敏感性分析是在投资项目评价中常用的一种不确定性分析方法。在房地产开发项目评价中所采用的数据,不可能完全准确,必然存在一定的误差,这种误差也必然会影响评价指标的结果,甚至会引起评价指标向相反的方向变动。因此,出于房地产开发项目决策的需要,在项目财务评价的基础上进一步进行敏感性分析,以判定各个不确定性因素的变化对评价指标的重要性及影响程度。

(一) 敏感性分析的步骤

敏感性分析是指反映投资项目效益评价指标对不确定性因素变化的敏感程度。敏感性分析的步骤为:

1. 确定分析指标

敏感性分析应围绕财务评价指标进行。一般而言,敏感性分析的指标应与财务评价指标一致,不能超出所选用的财务评价指标而另立分析指标,当有多个财务评价指标时,可围绕其中一个最重要的或部分指标进行分析。通常敏感性分析分析是围绕财务内部收益率、财务净现值、投资回收期以及开发利润等指标进行的。

2. 选定需分析的不确定性因素,并设定其变化范围

通常在选择需要分析的不确定性因素时,主要基于两个方面的条件进行选择,首先是作为需要分析的不确定性因素预计在其可能变动的范围内,其变动将较强烈地影响经济效益指标;其次是在财务评价中对所采用数据的准确性把握不大。凡是符合这两个条件之一的都将作为选定的不确定性因素,并设定其可能的变化范围,以进行分析。

3. 计算所选定的不确定性因素在其变化范围内的变动导致评价指标变动的数量

在计算时,首先对某特定因素设定变动数量或幅度,其他因素固定不变,然后计算评价指标的变动结果。直至将所有选定的不确定性因素的变动导致评价指标变动的数量计算出来。对每一因素的每一变动不仅要计算,而且要将因素变动及指标变动结果绘制图形或列表,以便于测定敏感性因素。

4. 确定敏感性因素

敏感性因素的确定是针对某一特定因素数值的变化、甚至是微小的变化都会对评价指标产生严重影响,则该因素就是该项目的敏感性因素。反之,则为非敏感性因素。测定敏感性因素的方式有两种,第一种是需要分析的因素均从基本数值开始变动,且每次变动的幅度相同,计算每次变动对评价指标的影响效果;第二种是使某一特定因素朝经济效果不利的方向变动,并取其可能发生的最坏数值,然后计算评价指标,看其是否达到使项目无法接受的

程度。通过这两种测定方式之一,就可将敏感性因素找到。

(二)敏感性分析的方法

1. 单因素敏感性分析

在进行单因素的敏感性分析时,每次只改变该因素的一个参数值,而其他参数值保持不变,在这种情况下研究其对评价结果影响的程度。这种方法忽略了变量和变量之间的联系,是在各个变量相互独立的条件下所进行的分析。

(1)敏感度系数

单因素敏感性分析可用敏感度系数表示项目评价指标对不确定因素的敏感程度。公式为:

$$\beta = \frac{\Delta Y/Y}{\Delta X/X}$$

式中　$\Delta X/X$——不确定因素 X 的变化率;

　　　$\Delta Y/Y$——不确定因素 X 发生 ΔX 的变化率时,财务评价指标 Y 的变化率;

　　　β——财务评价指标 Y 对不确定因素 X 的敏感度系数。

(2)临界点

临界点是项目允许不确定因素向不利方向变化的极限数值,它可以用临界点的百分比或临界值来表示。当某一变量的数值超过临界点的极限数值时,开发项目的指标将从可行变为不可行。

2. 多因素敏感性分析

多因素的敏感性分析是在分析两个或两个以上的参数值同时发生变化时,对评价结果影响的程度。由于事物是普遍联系的,一个因素发生变化,势必会引起另外的因素也发生变化,在现实中,通常是两个或两个以上的不确定因素同时发生变化,所以多因素的敏感性分析实用性很强。

(三)敏感性分析表和敏感性分析图

多因素敏感性分析较为复杂,故只进行单因素敏感性分析。

1. 敏感性分析表

表 3-7 中所列的不确定因素是可能对财务评价指标产生影响的因素。在分析时可选择一个或多个因素进行分析,不确定因素的变化范围可自行设定。评价指标可根据需要选定(表 3-7 中以财务内部收益率为例)。

敏 感 性 分 析 表　　　　　　　　　　　　　　　　表 3-7

序 号	不确定因素	变化率	财务内部收益率	敏感系数	临界点	临界值
0	原始状态					
1	土地开发成本					
2	建造成本					
3	开发规模与开发数量					
4	租金或售价					
5	开发周期					
6	利率					
…						

2. 敏感性分析图

敏感性分析图如图 3-12 所示。图中每一条斜线的斜率反映财务评价指标对该不确定因素的敏感程度，斜率越大敏感程度越高。一张图可以反映多个不确定因素的敏感性分析结果。每条斜线与基准收益率线的交点即是所对应的不确定因素变化率，图中 C_1、C_2、C_3、C_4 等为该因素的临界点，将临界点上的变化率转化为绝对数值即为不确定因素的临界值。

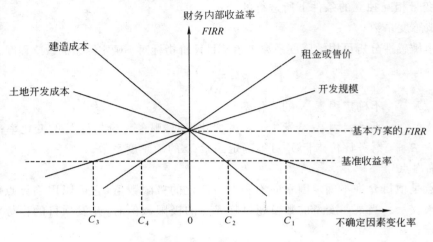

图 3-12 敏感性分析图

例题 3-12：某开发商拟在××市 CBD 商圈内建一豪华公寓，总投资计划为 30400 万元（假设在建设期第一年末投入），总销售面积为 50400 平方米，拟销售价格为 1 万元/平方米（均价）。该项目建设期为 1 年，在建设期第一年末，期房销售面积预计可达总销售面积的 25%，价格打九五折。第二年末全部售出，折现率为 10%。试分析该项目的风险。

解：进行敏感性分析，找出敏感因素，确定其影响程度

① 确定项目财务评价指标及影响该项目收益的主要因素

在该例题中，选择财务净现值（FNPV）作为经济评价指标。其计算式为

$$FNPV_{(i_c)} = \sum_{t=0}^{n}(CI-CO)_t(1+i_c)^{-t}$$

在影响房地产项目收益的因素中，起主要作用并可量化的因素是项目的投资额、商品房的销售价格以及空置率，并且，受房地产业泡沫的影响，这些因素在未来的变化将会很大，因此，将这三个因素作为该项目敏感性分析的主要因素。

② 计算该项目在初始条件下的财务净现值（基本方案）

$$FNPV_0 = (50400 \times 25\% \times 1 \times 0.95 - 30400)(1+10\%)^{-1}$$
$$+ 50400 \times (1-25\%) \times 1 \times (1+10\%)^{-2}$$
$$= 14470 \text{（万元）}$$

③ 单因素敏感性分析，找出敏感因素

敏感度系数为 $$\beta = \frac{\Delta Y/Y}{\Delta X/X} = \frac{|FNPV \text{ 的变化率}|}{|\text{影响因素的变化率}|}$$

β 值越大，因素对项目的影响越敏感，即为敏感因素。令投资额、销售价格逐一在初始值的基础上按 ±10%、±20% 的幅度变动，空置率按 10%、20% 的幅度变动，分别计算相对

应的 $FNPV$ 的值及敏感度系数,得出结果如表3-8。

单因素敏感性分析　　　单位:万元　　表 3-8

	−20%	−10%	0	10%	20%	β值
投资额	19997	17233	14470	11707	8943	1.91
销售价格	6049	10260	14470	18680	22891	2.91
空置率			14470	10307	6144	2.88

由表3-8和图3-13可以看出,销售价格和空置率的敏感程度最高,它们是影响该项目的敏感因素。

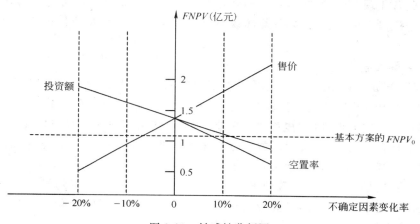

图 3-13　敏感性分析图

通过以上分析,目前影响房地产项目投资收益的敏感因素是商品房的销售价格及空置率。它们的变化及发生的概率将直接影响投资效果。

(四)敏感性分析的局限性

进行敏感性分析能够有助于在房地产开发项目评价中鉴别出哪些因素是敏感性因素,并把研究的重点主要放在敏感性因素上,可以在研究及评价中及早排除对非敏感性因素的注意力,以达到减小房地产开发项目风险,增加决策可靠性的目的。

但是,在房地产开发项目评价中,当两个敏感性程度相同的因素,在一定的不利变动幅度内,一个发生的概率很大,另一个发生的概率很小,以致可以忽略不计时,很明显这两个敏感性程度相同的因素所引起房地产开发项目风险的大小则不同。敏感性分析无法解决在房地产开发项目评价中不确定性因素发生变化可能性大小的问题,这就要借助于概率分析。

四、概率分析

概率分析也称风险分析,它能够克服敏感性分析的不足。概率分析是事先给出各个变量或因素发生某种变动的概率,并根据各种变量或因素的概率分布,来求出房地产开发项目在面临不同风险时,获利的可能性大小。概率分析的方法主要有决策树法、概率法、蒙特卡罗法等。

(一)决策树法

决策树法是通过绘制决策树并进行计算,在已知各种情况发生概率的基础上,求取净现值的期望值大于零的概率,以评价房地产开发项目的风险并进行可行性决策分析的方法。

决策树法分析的步骤如下:
1. 根据房地产开发项目的现金流量绘制现金流量决策树图;
2. 计算现金流量的联合概率联合概率是各年现金流量概率的连乘积;
3. 计算各现金流量的可能净现值;
4. 计算期望净现值。

(二)概率法

概率法是在假定投资项目净现值的概率分布为正态的基础上,通过正态分布图像面积计算净现值小于零的概率,来判断项目风险程度的决策分析方法。这种方法适用的前提条件是项目的各年现金流量独立,且不相互影响。该方法首先要计算期望净现值;其次要计算项目的现金流量标准差,再次要计算净现值小于零的概率并判断项目风险和项目的可行性。

(三)蒙特卡罗法

蒙特卡罗(Monte Carlo)方法,也称计算机随机模拟方法,是一种基于"随机数"的计算方法。该方法的基本思想很早以前就被人们所发现和利用。早在17世纪,人们就知道用事件发生的"频率"来决定事件的"概率"。20世纪40年代由于电子计算机的出现,特别是近年来高速电子计算机的出现,使得用数学方法在计算机上进行大量、快速地模拟试验不仅成为可能,而且为蒙特卡罗方法的使用开辟了广阔的前景。

蒙特卡罗方法是以概率论与数理统计原理为基础,通过反复进行随机抽样来模拟影响项目投资的不确定因素的变化,计算分析这些不确定因素对项目的影响。它能够真实地模拟实际过程,所以解决问题与实际非常符合,可以得到很圆满的结果。

在房地产开发项目的评价中,蒙特卡罗方法实施的步骤是:首先分析各个变量的变化范围并确定其变化的概率分布;其次通过计算机模拟实验,在各个变量的变化范围内按照概率分布随机抽取随机变量的数值,加以组合后进行模拟实验;再次反复多次地随机抽取随机变量的数值并反复进行模拟实验,通过多次进行模拟实验所得的结果,得到反映房地产开发项目各项效益指标的概率分布以及其他所需数值。运用蒙特卡罗方法对房地产开发项目进行风险分析,不仅可以使开发项目的决策依据充分,而且在一定程度上也提高了决策的准确性。

第五节 可行性研究在现实中存在的问题及解决方法

要提高开发项目决策的科学性,首先要有全面、理性的研究论证。但是分析现实中一些开发项目失败的原因,除了经营管理上的不足之外,可行性研究未能起到应有的把关作用。一些具有一定规模的开发项目,事先都大张旗鼓地组织过"可行性研究",有的甚至请到著名专家参与论证。可是很多所谓的论证却流于形式,只讲好处不谈风险,致使大量其实并不可行的"问题项目"堂而皇之地上马。例如在世界文化遗产都江堰上游附近修建拦江大坝项目,在项目论证过程中两度发生这样的事情:工程建设部门组织专家进行讨论,第一次,多数专家认为工程不可行,再开论证会时,持不同意见的专家都被排除在外,项目方案于是得以通过。当然,这样的做法备受批评。

一、存在的问题

目前可行性研究存在的主要问题,一是开发项目方案的研究论证深度不够,只谈优势和强项,对其劣势及不足轻描淡写或避而不谈;二是在市场分析方面的研究深度严重不足,忽视周边地区同类项目的存在,不进行客观的竞争势态分析,未明确指出项目的目标市场主体是什么地域、什么层面,未进行目标市场、地区总量比例的调查及类似项目比照的工作,也未进行项目发展趋势的预测,主观臆断,对市场盲目乐观或故意夸大;三是不重视多方案的比选及项目风险分析,或者分析的内容、深度严重不足,缺乏项目周期各阶段风险管理的统一筹划及策略论证;四是故意夸大或缩小投资规模,夸大是为了大造声势,力求形成今后的轰动效应,缩小则是采取"化整为零"、"分期建设"等手段缩小投资规模,通过部分项目的上马造成既定事实。

二、解决方法

鉴于上述可行性研究的种种弊端,有必要在开发项目决策实施前,同时组织两个方面的研究:一个是可行性研究,另一个不可行性研究。忽视不可行性研究的分析论证注定是残缺的。不可行性研究,就是对开发项目的合理性进行挑剔,或对其可行性进行吹毛求疵,寻找它潜在的、隐藏的问题和实施后可能带来的后遗症,以尽可能减少未来损失的发生。不可行性研究的本质,不是要恶意地否定开发项目,而是要善意地完善开发项目。它的重要功能,是站在与可行性方案相反的角度,站在更加公正的立场指出还存在的问题或缺陷,给开发项目决策者提供更广阔的思路和信息,并在很大程度上弥补一般可行性研究的不足,从而使开发项目方案的决策更加合理、更加科学、更加切合实际。这是保障开发项目论证充分,实现科学决策的重要一环。同时必须防止不可行性研究像某些可行性研究一样流于形式。

国外"不可行性研究"成功经验很多,其关键就在于"独立"二字。加拿大、英国、澳大利亚等国,在政府部门内部专门设有决策咨询评估机构,韩国、印度等国则将咨询评估机构升格为政府直属部门。这类机构没有直接管理计划和项目的职能,在经济利益上比较超脱。在美国,政府委托一大批高水平、相对稳定的社会咨询评估机构,承担具体的评估论证工作。国外的这些做法值得我们借鉴。

复习思考题

1. 简述可行性研究的概念、目的及作用。
2. 简述房地产开发项目的成本费用构成。
3. 房地产开发项目主要经济评价指标有哪些?其各自的含义是什么?
4. 房地产开发项目可行性研究为什么要进行不确定性分析?
5. 某房地产开发企业拟投资开发一项目,现有两个方案可供选择:A 项目开发经营期限为三年,第一年初投资为 800 万元,第一年末、第二年末和第三年末均会产生 300 万元的净收益;B 项目开发经营期限为五年,第一年初投资为 1400 万元,第一年末至第五年末每年均会产生 300 万元的净收益,在期满后,可回收固定资产残值收入为 30 万元,假设预期收益率为 7%,该开发企业选择哪一个开发项目更为有利?(要求采用两种以上的方法求解)

第四章 房地产开发投资的资金融通

我国的房地产业是在改革开放以后,即20世纪80年代以后逐步复苏和发展起来的。在一定意义上说,我国的房地产业属于新兴产业的范畴。与房地产业同时发展起来的房地产金融,也属于"新兴"的范畴。20多年来,房地产和房地产金融的发展,虽然有过不少曲折,但从整体上看,都取得了迅速发展的业绩。这与两者之间在当时的条件下的互相支持配合是分不开的。

房地产开发是一项投资规模大,且资金周转时间长的生产经营活动。在开发过程中,离不开资金的支持,能否取得资金的支持是房地产开发投资所面临的一个非常重要的问题,因此解决开发资金问题就成为房地产开发项目投资成败的关键。可以说,没有资金就没有房地产。

第一节 房地产开发投资资金融通概述

一、房地产开发投资资金筹措的概念

资金筹措是指筹集房地产开发所需的资金。具体来讲就是根据房地产开发项目生产经营活动的需要,通过筹资渠道和资金市场,运用筹资方式,经济而有效地筹集房地产开发项目所需资金的融资行为。经济而有效的资金筹措是有效进行房地产开发的前提。

资金作为资源具有稀缺性,必然受到资金供求关系的影响。作为资金需求者(资金融入方)筹集所需资金,要支付一定的代价,必然希望所支付的代价越低越好;作为资金供应者(资金融出方)在提供资金时将取得一定的收益,必然希望期望报酬率越高越好。资金供求双方在协调与均衡的基础上达成一致,融资才能成功。房地产开发投资的资金筹措,其根本目的是为满足开发经营活动对资金的需要并获取一定的收益,在筹资过程中必然希望以较低的代价和较小的筹资风险获取所需资金。

二、房地产开发资金筹措的特性

房地产开发投资所需资金数额巨大,开发企业完全通过自有资金进行开发建设一般来讲很难做到,所以开发投资所需资金除一部分来自自有资金之外,另一部分则来自融资。而融资的基本特性是具有偿还性。房地产开发投资通过融通资金,就可以达到弥补自有资金的不足,但是融通资金需要付出代价,即支付资金的使用费用(利息)。通常,当开发投资的收益率大于使用资金所支付的利息率时,开发企业才会融资,并达到"借鸡下蛋"的目的,否则,融资就不会成功,或者虽已经进行融资,但要动用自有资金来偿还所筹资金的本息。

三、房地产开发资金融通须考虑的因素

在融通资金过程中,影响融资活动的因素是很多的。只有对这些因素进行分析,才能提高融资效率、降低融资风险与融资成本,并最终实现融资目标。

(一)经济性因素

经济性因素通常是指融资行为给房地产开发企业带来的经济收益或成本。主要包括：

1. 融资成本

融资成本也称作筹资成本，即在筹资活动中所需支付的各种代价，包括筹资费用和使用费用两部分。在考虑融资成本时，一是要考虑资金市场的成本，即资金市场供过于求时，融资成本相应较低；反之，融资成本相应较高。二是在资金市场供求关系一定的情况下，要考虑各种融资方式间的成本差异，不同融资方式的资金成本因风险不同而不同。

2. 融资风险

融资风险是与融资成本相对应的一个概念，融资的主要风险是利率风险、汇率风险、资金融出者的资信等级以及整个融资过程发生较大事故而导致房地产开发项目产生损失的可能性等。对于房地产开发企业融资而言，在融资风险一定的情况下使融资成本最低，或者在融资成本一定的情况下使融资风险最小。

3. 开发项目的收益能力

选择融资渠道与融资方式要结合开发项目的未来收益情况。所筹集资金的未来收益能力越高，则可供选择的融资渠道与融资方式的范围就越宽，反之，所筹集资金的未来收益能力越低，则可供选择的融资渠道与融资方式的范围就越窄。

（二）非经济性因素

1. 融资的顺利程度

在融资过程中要涉及一套审批程序和融资的组织管理工作。审批程序主要包括融资方案能否得到批准和审批机构的工作效率高低两个方面。融资的组织管理工作则主要取决于融资的范围、资金融出者的意愿及其对融资条件的要求等。

2. 资金使用的约束程度

对资金使用的约束程度主要包括资金使用过程的行为约束和资金使用结果的约束两个方面。对资金使用过程的行为约束，在不同的筹资方式下，资金融出者对资金使用约束程度不同，有些约束较小或不存在，有些约束就较为明显，这对开发企业独立进行资金的运作会产生影响。对资金使用结果的约束，直接融资比间接融资的约束更为强烈。

四、房地产开发投资资金融通的原则

房地产开发具有资金占用量大、开发周期长、资金占用期长、资金回收速度较慢以及回收期较长等特点，因而融通资金应遵循以下原则。

（一）融资规模适度的原则

房地产开发企业在融通资金时，首先要确定融资规模。无论采用何种渠道、何种方式进行融资，都必须事先确定开发资金的需要量，并使融资数量与开发资金需要数量相互平衡，防止融资不足而影响房地产开发生产经营活动的正常开展，同时也可避免融资过剩造成资金的闲置浪费，增加融资成本，或者可能导致开发企业负债过多，使其无法承受，偿还困难，增加开发风险，降低开发效益。因此，房地产开发企业在进行融资之初，要根据开发项目对资金的需要、开发企业自身的实际条件以及融资的难易程度和成本情况，量力而行来确定合理的融资规模。

（二）融资时机得当的原则

在融资中，要根据房地产开发投资的计划或时间的安排，来确定融资的计划与时机，这就是说要按照开发投资时机来把握开发筹资时机，以避免因取得资金过早而造成资金在开发投资前的闲置,或是因取得资金相对滞后而影响开发投资时机的情况发生。一般来说,要充分考虑以下几个方面:第一,房地产开发企业融资决策要有超前的预见性,要能够及时掌握国内和国外利率、汇率等金融市场的各种信息,了解宏观经济形势、货币及财政政策以及国内外政治环境等各种外部环境因素,合理分析和预测能够影响企业融资的各种有利和不利条件以及可能的各种变化趋势,以便寻求最佳融资时机,果断决策。第二,考虑具体的融资方式所具有的特点,并结合本企业自身的实际情况,适时制定出合理的融资决策。

(三)多种渠道多种方式融通资金的原则

融资渠道是指资金来源的方向与通道,是了解哪里有资金,以及资金取得的客观可能性,它属于资金供应的范畴。融通资金的方式是在筹措资金时所采用的具体形式。房地产开发企业在融资时,要考虑资金获得的可能性、难易程度、融资的代价、融资的期限以及融资的风险等因素。开发企业遵循多种渠道多种方式融通资金的原则,才能保证房地产开发项目投资有广泛的资金来源。

(四)风险与收益权衡的原则

融通资金的目的是为了获取开发收益,但开发收益的取得总是要伴随着一定的开发风险。开发收益的大小与开发风险的大小是成正比例的,这是由风险报酬规律所决定的,即风险越高,开发投资所要求的报酬率就会越高;风险越小,开发投资所要求的报酬率就会越低。由于风险的存在,使得筹措的资金所获取的收益可能高于所支付的代价很多,也可能会造成血本无归,导致很大的风险损失。所以遵循风险与收益权衡的原则,就是要在融资过程中,注意风险与收益的均衡关系,不能只看到开发收益,还要看到开发风险。

(五)融资方案择优的原则

在融资过程中,要将各种可能的融资方式组合形成各种不同的融资方案,在此基础上,对各种不同的融资方案进行分析论证,并通过比较选择出最优的方案。

(六)依法融资的原则

在房地产开发融通资金过程中,有关国家的法律法规及其政策是必须遵守的。在融资时,融资双方要履行约定的责任,依法筹资,以维护融资双方的合法权益。

五、房地产开发资金融通的步骤

资金融通的步骤是在融资过程中所应遵循的办事顺序,房地产开发资金融通的步骤主要如下:

(一)分析房地产开发项目的资金需要量,编制资金使用计划

房地产开发项目的资金需要量是根据开发项目的具体情况确定的。而资金使用计划应根据开发项目设计方案、施工及进度要求、不同阶段的开发工程量及资金需要量等进行编制。编制资金使用计划可以了解和得到不同时期与阶段的总资金需要量与自有资金之间的差额,这种差额就是房地产开发项目所需筹集的资金。

(二)探讨和确定资金来源

在确定了所需筹集资金的数额后,就应着手探讨和确定这些资金的来源渠道和方式。房地产开发项目的资金来源渠道和方式有利用企业自有资金和从企业外部进行融资两种不同的形式,在探讨和确定资金来源时,首先要确定利用企业自有资金和从企业外部进行融资二者之间的比例,其次是确定从企业外部进行融资的渠道和方式。

(三)融资方案的选择与决策

资金来源的渠道和方式很多,采用不同的渠道和方式融通资金,所支付的代价差异很大。对各种资金来源的渠道和方式应进行综合比较与分析,在具有一定可能性的基础上,选择渠道通畅、方式适宜、代价低且风险小的融资方案作为资金来源的首选。在此基础上才能做出正确的融资决策。

(四)与资金融出者进行洽谈协商

房地产开发的融资目标是期望以最低的加权平均资本成本率获得所需数量和结构的资金。开发企业按照自己的理想制定最佳融资计划往往是行不通的。开发企业的融资计划能否实现,还要看外界的条件与资金融出者的意愿与能力。开发企业为了适应金融市场的现实情况,必须同资金融出者反复就融资总额、条件、利率等进行洽谈协商,最后本着互利精神达成融资协议。

(五)按规定办理各类融资的手续

采用不同的融资渠道与方式进行融资,其复杂程度和手续是不同的。在做出融资决策并达成融资协议后,就要按照规定程序办理各类融资的手续,使融资不仅合理,而且合法。

第二节 房地产开发项目的资金来源

在现代社会里,一个行业要获得发展,一个企业要获得成功,都离不开资金。资金对企业来讲就像是人体中的血液一样。房地产业是一个资金高度密集型行业。由于房地产开发项目的建设经营周期长、资金投入量大、房地产商品价值高等特点,决定了其融资规模远远超过其他行业,所以资金的保证程度对房地产开发企业而言就显得尤为重要和迫切。如果不借助于各种融资手段融通资金,房地产开发企业将寸步难行。同时房地产开发融资方式的优劣,直接影响到融资成本的高低,关系到开发风险的大小以及开发效益的好坏。因此如何通过多渠道的融资活动来满足房地产开发对资金的需求,是房地产开发企业所面临的一个迫切需要解决的问题。在房地产开发过程中需要两类资金,一类是用于支付开发费用的资金,另一类是开发项目建成后用于支持使用者购买房地产的资金。

一、融资方式

房地产开发所需融通的资金,可以按不同的标志将其划分为各种不同的类型。

(一)按融通资金的权益性质,房地产开发融资可以分为债务融资方式和权益融资方式两大类。

1. 债务融资方式

债务融资是指房地产开发企业依照法律的规定筹集资金,按照融资双方的约定使用资金,并按约定的期限进行偿还的资金,一般包括有:向金融机构或非金融机构的贷款或借款、向社会发行债券、在项目未建成前通过预售预租来收取预付款或定金以及延迟支付的应付账款等。

2. 权益融资方式

权益融资方式是指房地产开发企业依照法律的规定筹集资金,并长期拥有、自主支配的资金,一般包括:资本金、资本公积金、盈余公积金、未分配利润等,可分别划入实收资本(或股本)和留存收益两大类。

(二)按是否通过金融中介机构,房地产开发融资方式可以分为直接融资方式和间接融资方式。

1. 直接融资

直接融资是资金的融出者与资金的融入者运用一定的金融工具，直接形成债权债务关系的行为。采用直接融资方式，融资双方可以根据各自融资的条件，通过协商实现融资，以满足双方各自的需要，同时资金的融出者十分关注和支持资金的融入者的经营活动，资金的融入者也会在资金的使用上讲求效益，直接融资有利于筹集长期资金（如股票或长期债券等）。但是直接融资的融资双方在资金的数量、期限、利率等方面受到的限制比间接融资多，融资风险也比间接融资大。

2. 间接融资

间接融资是资金的融出者与资金的融入者通过金融中介机构间接实现融资的行为。银行的存贷款业务是典型的间接融资方式，银行相对于资金的融出者与资金的融入者是金融中介机构。采用间接融资方式，能够筹集社会各方面的闲散资金，积少成多，形成巨额资金，同时间接融资比直接融资安全性高，且提高了金融业的规模经济水平。但是采用间接融资方式，由于融资双方的直接联系被金融中介机构隔断，在一定程度上会减少投资者对企业生产的关注和筹资者对资金使用的压力与约束。

二、房地产开发项目的资金来源

（一）企业自有资金

企业自有资金也称为权益资金，是指企业长期拥有、自主支配的资金。房地产开发投资的特性决定了开发企业在开发房地产项目时必须要有一定量的自有资金的投入。当房地产开发企业的开发项目预计收益率大于银行存款利率时，就应根据企业自身的能力适时投入自有资金。房地产开发企业通过健全财务制度，充分利用企业的自有资金来支持项目开发，或通过多种途径来扩大自有资金基础。开发企业的自有资金包括现金、其他速动资产以及在近期内可以回收的各种应收款等。一般情况下，房地产开发企业存于银行的现金不会很多，如果过多，势必给开发企业造成较大的机会损失，降低其获利能力。其他速动资产包括应收的银行票据、可以抵押及贴现而获得现金的股票和债券、其他可以立即售出的建成楼宇等。在近期内可以收回的各种应收款主要包括已签订合同的应收售楼款，近期可以出售的各类物业的销售款等。

（二）银行贷（借）款

在房地产开发中通过向银行贷款来融通资金是目前开发资金来源的主要方式。其最大的优势是操作简便易行。当开发项目的投资收益率大于银行的贷款利率时，房地产开发企业就可以利用银行的资金进行开发建设。利用银行信贷资金进行开发建设，实际上就是在利用财务杠杆的作用，以达到"用别人的钱来赚钱"的目的。房地产开发企业可以向一家银行贷款，也可以向几家银行贷款，还可以由多家银行联合提供贷款。

银行贷款的方式有凭借开发企业的资信获取贷款、开发企业以自己的房地产或其他资产作抵押或质押担保获取的贷款、由第三者提供担保的贷款等。金融部门为转嫁和减少贷款风险而较多地采用了房地产抵押形式的贷款和担保贷款，这对提高资金使用效益，确保信贷资金安全，起到了积极的促进作用。

1. 抵押贷款

房地产抵押贷款是房地产信贷业务的主要形式之一。它是抵押人以其拥有的合法房屋所有权、土地使用权或其他资产向抵押权人提供担保,以取得抵押权人提供的贷款或向抵押权人保证履行债务的法律行为。由于有房地产或其他资产作为抵押,使银行的信贷风险降低。通常房地产开发企业在采用该方式申请贷款时,其主要方式有二:

(1) 土地使用权抵押贷款

土地使用权抵押贷款是房地产开发企业融资取得贷款的主要方式之一,开发企业通过自有资金获取开发土地的使用权后,就可以把土地使用权抵押给银行,获取贷款资金,再把这笔资金投入开发建设,通过商品房预售回笼资金,归还贷款。但是,土地抵押贷款在操作过程中比较繁琐,因为商品房预售办法规定,商品房预售合同签订后必须在30天内到房管部门去做初始登记,只有经过登记的合同才有法律效力,但是该商品房所依附的土地已经抵押给银行了,必须先解除土地抵押后才能登记预售的商品房。此时,开发商必须与银行协商,用分期支付贷款的形式,把土地分期分批解除抵押,同时分期分批进行预售商品房登记。这样才能保证发放土地抵押贷款银行的权益,又不影响购房者的及时登记和项目销售的顺利进行。

(2) 自有财产(股权)抵押贷款

开发商利用自有财产(股权)进行抵押获取银行贷款也是一个通常的途径。开发商的自有财产一般是固定资产,比如办公楼或机电设备(如汽车)、电子设备,或者其他有价证券、专有技术等有形、无形资产。此外,房地产开发商对外投资形成的股权,在经过工商部门和产权登记部门登记确认,并经过银行对其进行评估后,也可以作为资产用来抵押获取银行的贷款。

2. 担保贷款

除了采用抵押贷款方式外,还可以采用担保贷款。该方式是房地产开发商通过自己的主管部门、上级公司提供担保,或者由上级部门指定其他经济实体为自己提供担保,也可以由自己的关联企业提供担保,由此获取银行的贷款,这类贷款的规模往往受到担保方经济实力的制约。

房地产开发企业在向银行或其他金融机构申请贷款时,必须提供财务状况和经营情况的有关资料,并接受银行的审查与监督,同时也必须按照规定的用途对贷款进行使用,贷款到期后应无条件地偿还贷款本息。一般情况下,房地产开发企业向银行申请贷款,首先应有得到政府及其相关部门批准的开发计划及设计文件;其次房地产开发企业应是法人,具备房地产开发资质条件,且拥有一定的自有资金(通常要求在30%以上);再次房地产开发企业在银行要设立账户,有健全的财务管理制度,并独立进行经济核算;最后应具有贷款的偿还能力。

近年来我国房地产信贷业务一直呈快速发展态势。1998年至2002年,房地产开发企业和建筑施工企业贷款年均增长率达到25.3%,房地产贷款余额从1998年末的3106亿元上升到2003年9月末的21327亿元。房地产信贷业务在这么短的时间内、以这么快的速度持续发展在世界各国发展历史中都是少有的。

银行贷款受政策影响较大,存在政策风险。曾经有这样一种说法,"房地产业是鱼,资金是水,银行则是鱼池里惟一的水龙头,关上了也就意味着资金的枯竭"。目前房地产开发对银行贷款过高的依赖性导致大多数房地产开发企业资金链异常虚弱,目前不少房地产开发企业因为缺乏股权融资等有效的融资渠道,企业都背上巨额债务,稍微运作不善就有可能陷入资金周转的困境。在实际运作中,经常会遇到这样的情况,谈得很好的房地产开发贷款,银行突然就会犹豫。一旦资金链断裂,对开发项目就会造成重大影响。所以房地产开发企业在利用银行资金的同时,应积极探索其他的融资渠道与方式。

(三)社会集资

社会集资是房地产开发企业面向社会吸收社会闲散资金并直接用于开发项目建设的一种资金筹措手段。目前社会集资主要有发行股票和发行债券等方式。房地产企业发行股票和债券可以在很短时间内筹集大量的资金。同时房地产开发企业由于上市发行股票或发行债券要接受有关方面严格的审查和监督,会使企业机制的建设、运行以及经营管理理念等方面得到很大的改善和提高。

1. 发行股票

股票是股份公司为筹集资金而发行的,表示其股东按其持有的股份享有权益和承担义务的书面凭证。股份有限公司形式的房地产开发企业在开发房地产项目时,可以采用发行股票的方法来筹集资金。房地产开发股份有限公司在发行股票时可以选择不同的股票种类,分为普通股与优先股两种。我国《公司法》规定,不允许发行无面值股票,且发行价格不低于票面金额。

(1)普通股

普通股是房地产开发股份有限公司股票的主要存在形式。普通股股东享有公司的投票权、分享利润权与剩余财产分配权,同时也是公司经营亏损的承担者。普通股股东不能退股,但可以转让股票。普通股股东的股息收益是随着公司经营状况的变化而变化的,同时普通股股东还可以通过股票交易获取投资收益。

房地产开发股份有限公司通过发行普通股股票筹措的资金,具有永久性,不需归还,对维持公司长期稳定的发展极为有利,通过发行普通股股票筹措的资金没有固定的股利负担,筹资风险小,且反映了公司的实力,增强了公司的举债能力。但是通过发行普通股股票筹措资金其资金成本较高,股利要从税后利润中支付,因而不具有抵税作用,发行费用也高于其他证券。

(2)优先股

优先股是介于普通股和债券之间的一种有价证券。优先股与普通股的相似之处是,优先股没有到期日,发行的成本较高,股利要从税后利润中支付,因而不具有抵税作用。但是优先股有固定的股息率,在公司清算时,以股票面值为限,先于普通股获得清偿,同时优先股股东没有参与公司经营与投票的权利,这又与债券相似。

房地产开发股份有限公司发行优先股主要出于筹集自有资金的需要。优先股的发行不会导致原有普通股股东对公司控制能力的下降,也不会增加公司的债务。但是由于优先股股东具有优先权,在公司经营不稳定时,会使普通股股东的收益受到影响。

2. 发行债券

债券是企业为筹集资金而发行的、约期还本付息的具有借贷关系的有价证券。债券持有人可按期取得固定利息,到期收回本金,但不参加企业的利润分配,也无权参与企业的经营管理。相对于政府债券与金融债券,企业债券的风险与收益相对要高些,但低于普通股股票所承担的风险。发行的债券类型有信用债券、以企业财产作担保的抵押债券、一定条件下可以转化为股权的可转换债券等。在我国已发行的房地产企业债券均为房地产项目债券,它是为了筹措房地产开发资金而发行的借款信用凭证,是证明债券持有人有权向发行人取得预期收入和到期收回本金的一种证书。对房地产开发企业而言,只要债券利率低于开发项目的投资收益率,就能达到借钱赚钱的目的。

房地产项目债券的优势在于:首先任何符合《企业债券发行管理条例》、《公司法》和《证券法》相关规定的企业均有权申请发行企业债券,而不会受到上市条件的制约,适用范围广;其次债券不会分散股权.债券持有者无权干涉企业经营活动,原有股东的权益不会因此受到影响;再次房地产项目债券一般是中长期的,在债券未到期的时间段里,企业只要按照发行债券时指明的用途使用资金,即可无需为频繁的资金借贷操心,节约了机会成本和交易成本。因此,发行房地产项目债券是一种很好的融资渠道。但是需要关注的是,发行项目债券在到期时存在限时支付巨额资金的问题,可能引起企业资金风险,公司需要根据自己的实力予以合理安排。

为使投资者在购买企业债券时对发行公司的信誉和偿还债务的可靠性有所了解,国外一些管理咨询公司对企业债券等级进行了评定,并用不同的级别表示其债务偿还能力的大小。国际上最著名的两家债券评级公司是美国的标准普尔公司和穆迪公司。标准普尔公司和穆迪公司都将债券分为 9 个等级(标准普尔公司分为 AAA;AA;A;BBB;BB;B;CCC、CC;C;DDD、DD。穆迪公司分为 Aaa;Aa;A;Baa;Ba;B;Caa;Ca;C),通常,BBB 和 Baa 以上级别的债券都是正常投资级别的债券。

(四)利用外资

在国内资金短缺的情况下,通过吸引外资用于本国房地产开发建设,也是较好的融资渠道。利用外资主要有以下几种方式:

1. 以房屋土地入股,引进外资,开发项目建成后由双方合作经营或以房地产商品偿还外资;

2. 向国外发行房地产债券或股票;

3. 向国外的房地产商批租土地,由外商独资开发建设,并从事房地产商品的经营业务等;

4. 向国际金融机构申请房地产开发建设的贷款以及向世界银行争取住房开发建设项目贷款。

(五)其他融资方式

除了上述房地产项目融资方式外,还有一些其他的融资方式:

1. 合作开发

在一些情况下,房地产开发企业可以采取联合开发的形式寻找一家或几家有资金实力的公司参加到房地产开发中来,这种做法可以分散和减轻房地产开发企业的资金压力。合作各方按照共同投资、共担风险及按各自的投资数额分享收益的原则,各自发挥自身优势,分别承担和筹集各自需要的资金。

2. 同业资金拆借

这是一种房地产资金短期融通方式,拆借资金的利息由资金拆借双方相互商定,期限仅几天或稍长一些,有的只是隔夜拆借。

3. 商业信用融资

商业信用是企业间相互提供的、在商品交易中货与钱在时间与空间上的分离而形成的企业间的直接信用行为。采用商业信用融资主要是融通短期资金，其主要形式有：应付账款、应付票据、预收账款等。

(1) 应付账款

应付账款是由于赊销商品形成的延期支付款，款项的支付主要取决于买方的信用。采用这种方式筹资主要是为弥补短期（暂时）开发资金的不足。

(2) 应付票据

应付票据是开发企业根据购销合同进行延期支付商品交易款而开具的反映债权债务关系的票据。根据承兑人的不同，应付票据分为商业承兑汇票和银行承兑汇票两种。应付票据的筹资成本低于银行借款的成本。

(3) 预收账款

房地产开发企业的预收账款主要是预收售楼款或定金。它是指房地产开发企业按照合同或协议的规定，在向购买者交付房地产商品之前所收取的部分或全部房款的信用活动。采用这种形式对于房地产开发企业来讲，既可以筹集到必要的开发建设资金，又可以将部分开发及市场风险转嫁给购买者，比较适合于房地产开发企业的经营特点。但是预收售楼款是有条件的。房地产开发在取得土地使用权，完成设计报建等手续，向房产登记处提供相应文件并获批准，经银行或注册会计师审核，除投资于地价款外，投入开发建设的资金已达总投资额的一定百分比之后，便可预售楼宇，预收售楼款是一种最有效的房地产筹贷方式。目前国家为保护消费者利益，提高了商品房预售条件，除上述条件外，7层以下需结构封顶，7层以上（不含7层）需在投资金额达到总投资额的三分之二以上方可公开预售。

4. 将保险资金引入房地产融资市场

将保险资金引入融资市场，扩大房地产业的融资渠道，是一个十分有效的途径。保险资金比较稳定、数额巨大、运用周期长，比较适合投资于房地产（特别是住宅）开发，有利于提高投资规模。应大力借鉴海外经验，推进保险业尤其是寿险业与房地产业的结合。可以由房地产开发企业和保险公司联合起来共同合作进行房地产开发建设，也可以由保险公司向房地产开发企业提供长期抵押贷款而获取贷款利息。但要在进一步完善我国房地产及金融投资法律法规的基础上，有步骤的放开我国的保险投资业务，使保险企业的投资收益保障，尽可能的降低投资风险。有数据表明，目前的保险行业可运用资金规模已经超过8000亿元人民币。保险公司通过对开发项目进行专业评估，得到有关开发项目各方面存在有意外情况发生的可能，并对这种可能采取有针对性的防范措施；另外，保险公司还会请专业人士对开发项目的整个过程进行监理，将各种不安全的因素降到最低；对于购买已投保保险的开发项目的消费者，保险公司的介入等于为开发项目增加了一个监理机构，而对于由于意外造成的损失，保险公司将按照保险合同予以赔偿，这无疑降低了投资置业的风险。但保险资金介入长期稳定性的房地产开发项目政策上也有一定的障碍，与房地产业的衔接还有一个缓冲的过程。

5. 信托资金

用资金信托和财产信托两种不同方式替代债务融资和股权融资，开辟了房地产融资的新渠道。信托能够灵活充分地适应和处理房地产与金融市场之间存在的法律及其他关系，具有独特的优势。尤其是交易型的信托方式，不仅可以通过将房地产产品租约变现之后给投资者带来相对稳定的投资回报，而且使开发企业及时将建设资金回笼。在现有的法律框架下，利用信托还有可能解决资产证券化问题，把部分优良贷款利用信托的方式发行，让普通的投资者分享优良贷款所带来的合理的投资回报。在商业银行处置不良贷款方面,利用信托方式可以把不良资产由表内业务转为表外业务,然后把不良资产逐步变现,再将部分变现的资金分别还给投资者和银行。

在供给方式上,信托比银行更灵活,可以针对房地产开发企业本身运营需求和具体项目设计个性化的资金信托产品,以多种方式实施融资,增加了开发企业的选择空间。开发企业在房地产开发各个阶段,需要资金的时间、用途、性质不同,银行无法完全满足这种特殊要求,信托公司则是比较好的选择。根据不完全统计,2003年全年约有70亿元资金通过信托方式进入房地产领域。另外,投资房地产项目的信托计划预期收益率通常都远远高于银行的协议贷款。在已推向市场的产品中,信托期都在3年以内,预期收益率最高达到8.4%,而绝大部分都在4%以上,因此对投资者有相当大的吸引力。

尽管信托有着很多优势,但由于信托产品先天有一定的局限性,又受到严格的政策限制,并不能完全满足房地产金融市场的创新需要。而且不动产是以股权融资为主的,不是以债券融资的,现在房地产开发企业把信托资金当成债券或贷款来用,不但成本高于银行贷款,且风险并不比银行贷款低。信托产品对于房地产大型项目,如果限定在200份,对于个人投资者来说门槛比较高,给融资造成困难。而且信托产品不能很好地流通,产品的宣传与营销策划没有一个完善的二级市场来支撑。由于种种条件的限制,尽管房地产信托发展迅速,但目前还没有能力与银行在贷款方面相抗衡。

6. 房地产投资基金

产业投资基金,在我国系指直接投资于产业,主要针对未上市的企业进行股权投资和提供经营管理服务的利益共享、风险共担的集合投资制度。它是一个与证券投资基金相对等的概念。专门投资于房地产行业的基金就称为房地产产业投资基金,即房地产投资基金。国外早在20世纪六七十年代就有了房地产投资基金。房地产投资基金丰富了融资品种,为房地产企业提供了一条全新的融资渠道。由于它对房地产企业的投资属于股权投资,不会给企业增加债务负担;同时,房地产投资基金以分散投资、降低风险为基本原则,其在一个房地产企业的投资不会超过基金净资产额的一定比例,使企业不会丧失自主经营权。基金通常有两种投入方式:一种是以债权的方式投入,在企业不具备银行融资条件时,支持企业交付土地出让金等相关费用,待企业以土地抵押取得银行贷款后选择退出、部分退出或不退出;第二种是以股权和收购的方式介入。在企业或优质项目最需要资金和临近销售的困难时机,以股权介入和收购项目的方式注入资金和理念。若房地产企业获得房地产投资基金的投资,可以大大减少该企业对银行贷款资金的依赖性,有利于企业步入良性发展。房地产投资基金作为投资者,对房地产企业的运行能够起到一定的外部监督作用,增强其运行的透明度,有利于促进房地产业健康发展。房地产投资基金可以发挥基金的规模优势,有利于优化产业内部结构,实现资源合理配置。房地产投资基金将成为实现房地产投资大众化和融资社会化的重要途径之一。

由于房地产开发资金需求量很大,一些房地产企业也根据各自的资源优势,纷纷涉足阶段性股权投资和房地产基金业务。在我国,《基金法》尚未出台,房地产基金还只是处于试探阶段。而在美国,地产基金是房地产开发资金的一个重要来源,美国的成功模式一般为先找到地,确立项目,然后以此向银行、基金会等机构融资。但这种模式一旦离开了本土,便很难运作。另外,很多基金经理不懂房地产,如果直接投资,则会受经营能力的影响。

近年来,摩根士丹利等境外地产基金纷纷看好中国地产市场,采取境外落地注册、境内委托代理,境外发行、境内合作以及入股、收购、直接投资开发等多种形式的探索。

除以上几种融资方式外,房地产开发企业还可采用吸收各企事业单位的投资、令承包商带资承包等形式。

三、个人住房资金融通

房地产开发企业在房屋销售过程中,都希望销售款的回收速度越快越好。销售款的回收速的快慢除与购房者的支付能力有关外,还与金融机构特别是银行的房地产类消费贷款有关。因此,开办多种房地产消费贷款,不仅能够使房地产开发企业尽快收回投资、加速资金周转,满足社会经济发展对房地产商品的需求,而且对于改善居民的住房条件,提高居住质量将起到巨大的作用。除此之外,房地产融资租赁也可以加快房地产开发企业的资金回笼、减少空置房,且在一定程度上还可降低开发企业的财务风险。

(一)住房公积金贷款

住房公积金,是指国家机关、国有企业、城镇集体企业、外商投资企业、城镇私营企业及其他城镇企业、事业单位及其在职职工按照等额原则分别缴存的长期住房储金,是通过政府立法设立的一种住房基金,要求每月由单位和单位职工各缴纳占工资一定比重的资金,属于职工个人所有。住房公积金贷款是为解决居民住房的购买力与长期消费需求之间的矛盾的一种贷款形式,在贷款利率、首付款、贷款期限等方面享受信贷优惠,目的是减轻购房者的经济负担,降低购房费用。住房公积金贷款是专项消费性贷款,同时也是政策性贷款。

(二)商业按揭贷款

商业按揭贷款是银行以个人为对象的消费贷款,属于大众性贷款业务,是购房者向房地产开发商购买房地产,首付一定比例的楼款(一般为30%),其余楼款以其所购房产作抵押,由银行贷款垫付给开发商,用于鼓励和促进个人购买住房。在市场经济条件下商业按揭贷款是实现全社会"居者有其屋"的基本手段。在银行按揭贷款期间,业主只拥有该房产的部分产权,待贷款人还清全部贷款本息,才拥有该房产的全部产权。按揭贷款多用于购买期房,也可用于购买现房,通常要以所购房产本身作为抵押,而不以其他财产作为抵押物。期房的按揭贷款通常需要开发商提供担保或承诺,在购房者不能归还贷款时由开发商进行无条件回购。商业按揭贷款在发放方式上,名义上是贷款给购房人,实际上是按照项目进度分期、直接拨付到开发商的账户上,并且银行要承担起资金监督的责任,所以商业按揭贷款除与项目本身有关外,还涉及银行、购房者、开发商三方。

(三)住房储蓄银行

住房储蓄银行与一般商业银行住房贷款不同,住房储蓄银行的资金是封闭运作的,只向住房储蓄客户吸存,也只向自己的住房储户放贷,此外不进行任何其他投资。2004年2月15日,由中国建设银行和德国施豪银行合资组建的中德住房储蓄银行在天津开张,这是我国首家获得央行批准的中外合资住房储蓄银行。居民从这里获得贷款的前提是成为该银行的储户。客户与银行签订一份住房储蓄合同后,按月向银行存款,在存款总额达到合同金额40%至50%的时候,就可向银行申请合同全额的购房贷款。在公积金、商业按揭贷款之后,中德住房储蓄银行的出现,无疑是为普通居民提供了新的住房融资方式,同时也为房地产开发企业尽快将房地产商品销售出去,收回开发建设资金开辟了新的渠道,进一步丰富和完善我国的住房金融体系。

(四)融资租赁

租赁分为经营租赁和融资租赁。经营租赁大多属于短期租赁,不属于借贷关系的范畴,而融资租赁是通过融物达到融资的目的。融资租赁属于借贷关系的范畴,是一种新的融资形式。发展房地产融资租赁经营业务,避免了因出售经营楼盘不成功、使楼盘空置而出现的财务风险,在一定程度上保障了房地产开发企业的利润;房地产融资租赁提高了房地产商品的质量,规范了房地产市场,促使房地产市场健康有序发展。因为房地产融资租赁是先租后买,并不是"一锤子"买卖,所以,客观上迫使开发企业必须保证商品房的质量,避免了以前经常出现的"豆腐渣"工程,促使房地产开发企业加强自我约束机制;刺激了有效需求,可以促进房地产融资与投资渠道的扩张,加快房地产投资者的资金回笼,因房地产商品质量低劣曾经使一部分有支付能力的消费者望房生畏,而房地产融资租赁不是一次性付款或短期内付清房款,这样,消费者买房买得放心,住得安心。

四、房地产证券化融资

房地产证券化起源于20世纪70年代美国的资产证券化,它是金融领域最重大和发展最快的金融工具,是衍生证券技术和金融工程技术相结合的产物。目前在我国尚未实行。房地产证券化是把流动性较低的、非证券形态的房地产投资转化为资本市场上的证券资产的金融交易,使投资人与房地产投资标的物之间的物权关系转化为有价证券的股权和债权。筹资者通过房地产证券化这一融资渠道而无须向银行贷款或透支就能获得房地产建设所需的大量资金。房地产证券化主要包括抵押贷款证券化和投资收益证券化两种形式。房地产抵押贷款债权的证券化是在证券一级市场上发行的以抵押贷款组合为基础的抵押贷款证券的结构性融资行为。房地产投资收益证券化是以房地产投资信托为基础,将房地产直接投资转化为有价证券,使投资者与投资标的物之间的物权关系转化为拥有有价证券的债权关系。从银行的角度看,是将金融机构拥有的房地产债权分割成小单位面值的有价证券出售给社会公众,在资本市场上筹集资金,用于再发放房地产贷款;从非金融机构的角度看,房地产投资经营机构将房地产价值由固定资本形态转化为具有流通性功能的证券商品,通过发行这种证券商品在资本市场上筹集资金。房地产证券化融资为资本市场带来的重大变化是融资方式的创新。我国的一些城市正在研究能否试行这种办法。

第三节 房地产开发融资决策

在融通房地产开发项目所需资金时,必须把握融资规模、融资方式、融资条件及时机、融资成本和风险,这是房地产开发企业进行融资前需要认真分析和研究的。在此基础上房地产开发企业才能做出正确的融资决策。所谓融资决策是指在比较与分析融资成本和融资风险的基础上,在两个以上融资方案中选择较低成本和较低风险的融资方案的过程。在融资决策中,选择与确定融资方案的依据与判别标准通常就是融资中的融资成本(即融资所付出代价的大小)。只有当融资预期的总收益大于融资的总成本时,才有必要考虑融资。这是房地产开发企业进行融资决策的首要前提。

一、资本成本的概念及作用

(一)资本成本的概念

资本成本是融资决策中的重要概念。房地产开发企业融通的资金往往不能无偿使用,需付出一定的代价。资本成本就是企业获取和使用资金所支付的代价,包括资金筹集费用和资金使用费用两部分。

资金筹集费用亦称筹资费用,是指开发企业在融通资金过程中,为获得资金而付出的费用,包括手续费、印刷费、公证费、担保费、资信评估费、律师费等。

资金使用费用,是指开发企业在生产及经营过程中因使用资金而支付的费用,包括股票的股息、发行债券及银行贷款的利息等。

在市场经济条件下,资本成本是资本的价格,是企业融通资金和考核资金运用效果的标准和最低界限。资本成本可以用绝对数表示,也可以用相对数表示。房地产开发项目在不同的条件下筹集资金的数额不相同,所以一般情况下用相对数表示资本成本,通常称为资本成本率,即资金使用费用与筹集资金净额之比。用公式表示为:

$$K = \frac{D}{(P-F)} \times 100\%$$
$$= \frac{D}{P(1-f)} \times 100\%$$

式中 K——资本成本(以%表示);

D——使用费用(元);

P——筹资总额(元);

F——筹资费用(元);

f——筹资费用率(筹资费用与筹资数额之比 F/P,%)。

(二)资本成本的作用

对于房地产开发项目融资而言,资本成本的作用主要是

1. 资本成本是比较开发项目不同筹资方式的依据

通过资本成本计算结果的比较,可从中选择出资本成本率较低的融资方式;对于不同的融资组合(多种融资方式组合构成)方案的选择,可用加权平均资本成本率进行比较,以做出最佳的融资决策。

2. 资本成本是评价开发投资项目,比较开发投资方案的主要依据

通常开发项目的投资收益率只有大于其资本成本率时,投资方案才具有可行性。资本成本是房地产开发项目投资的"最低收益率"。

3. 资本成本还可作为评价房地产开发企业经营成果的依据

只有在企业总资产报酬率大于资本成本率时,才表明开发企业经营有方,否则将被认为是经营不利。因此,资本成本在一定程度上成为判断企业经营业绩的重要依据。

二、资本成本率的计算

资本成本可分为单项资本成本和综合资本成本。由于开发企业可以通过不同的方式融通资金,资金成本构成也会有所不同,其资本成本率相应也有区别,为了准确地反映不同资金融通及运用的成本,必须计算其资本成本率,在计算资本成本率时,可分为单项资本成本率的计算和综合资本成本率的计算。

(一)单项资本成本率的计算

单项资本成本率亦称个别资本成本率,是指按各种不同的融资方式确定的成本。单项资本成本率的计算包括债务成本的计算与股权成本的计算两类。

1. 债务成本的计算

债务成本主要包括借款成本与债券成本。无论采用何种方式筹集资金,都会使房地产开发企业现在立即得到一笔资金,同时房地产开发企业也要在未来定期向债权人支付本息,债务资本成本就是使未来现金流出的现值与现在现金流入相等的折现率。即用通用公式表示为:

$$P = \frac{C_1}{(1+k)} + \frac{C_2}{(1+k)^2} + \cdots\cdots + \frac{C_n}{(1+k)^n} = \sum_{i=1}^{n} C_t(1+k)^{-t}$$

式中 P——某种筹资方式现时获得的资金净收入;

  C_t——t 时的现金流出(利息、本金等);

  k——该种筹资方式的税前贴现率(即税前资金成本率)。

由于债务利息在税前支付,因而具有节税作用,所以有:

$$K = k \times (1-T)$$

式中 K——债务成本(税后资金成本率);

  T——所得税税率。

(1) 银行借款成本的计算

银行借款成本是企业使用银行款项所支付的代价,银行借款既包括短期借款,也包括长期借款。影响银行借款成本的因素有:借款利率、抵减金额(一般情况下有两种,一是筹资费用,二是补偿性存款余额抵减了借款总额)、所得税的缴纳,银行借款成本率用以下公式计算:

$$K_L = \frac{I_L(1-T)}{L(1-f)} \times 100\%$$
$$= \frac{R_L(1-T)}{(1-f)} \times 100\%$$

式中 K_L——银行借款成本(以%表示);

  I_L——银行借款年利息;

  L——银行借款总额;

  R_L——银行借款年利率;

  f——筹资费用率。

如果企业的银行借款筹资费用率很小,可以将它忽略不计。则公式为:

$$K_L = R_L \times (1-T)$$

例题 4-1:某房地产开发企业从银行借款 200 万元,年利率为 10%,期限为两年,筹资费率为 1%,所得税税率为 33%,则其借款的成本是多少?

解:$K_L = \frac{I_L(1-T)}{L(1-f)} \times 100\%$

$= 200 \times 10\% \times (1-33\%)/200 \times (1-1\%) = 6.77\%$

如果筹资费用率忽略不计,则 $K_L = R_L \times (1-T)$

$= 10\% \times (1-33\%) = 6.70\%$

(2) 债券成本的计算

企业发行的债券一般为长期债券。债券筹资不仅要支付利息,而且筹资费用也较高。债券的成本与银行借款成本一样都由相同的要素构成,债券的利息是在税前支付的,因此利息中要抵减所得税;债券发行时所发生的费用计入筹资费用,是债券所筹金额的抵减金额。在实际工作中计算公式为:

$$K_B = \frac{I(1-T)}{B(1-f)} \times 100\%$$

式中　K_B——债券成本(以%表示);
　　　I——按债券票面面额与票面利率计算的年利息;
　　　B——债券筹资总额。

例题 4-2:某房地产开发企业发行债券 500 万元,票面年利率为 7.8%,10 年期,筹资费用率为 2%,所得税税率为 33%,该债券的成本是多少?

解:$K_B = \frac{I(1-T)}{B(1-f)} \times 100\% = 500 \times 7.8\% \times (1-33\%)/500 \times (1-2\%) = 5.33\%$

2. 股权成本的计算

由于股金是自有资金,因此股息的发放基于净收益的分配,是在公司交纳所得税后列支的,因此,发行股票的成本不能抵减所得税。按股东享有权利可把股票分为普通股和优先股,他们的成本计价有所不同:

(1) 优先股成本的计算

发行优先股需支付发行费用,且优先股的股息通常是固定的,因此在实际工作中,计算优先股成本可用如下简便计算公式:

$$K_P = \frac{D_P}{P_P(1-f)} \times 100\%$$

式中　K_P——优先股成本(以%表示);
　　　P_P——优先股筹资总额(按发行价格计算);
　　　D_P——优先股年股息(等于优先股面额乘以固定年股息率)。

例题 4-3:某房地产开发公司发行优先股,面值总额为 100 万元,固定年股息率为 15%,筹资费率为 5%,溢价发行,筹资总额为 160 万元,优先股成本是多少?

解:$K_P = \frac{D_P}{P_P(1-f)} \times 100\% = 100 \times 15\%/160 \times (1-5\%) = 9.87\%$

(2) 普通股成本的计算

与优先股相比,普通股资本成本率的确定要复杂得多,这主要是因为:

第一:普通股每年的股利是不同的,它随企业的盈利情况变化,有时前后差距很大。这样,预期确定的股利率只能是一个估计值;

第二:普通股资本成本率的高低同企业的生产经营状况有着直接的关系,这种关系自然会受到企业股利政策的影响。

在实际工作中,普通股的股利不固定,如果每年以固定的比率增长,计算普通股资本成本率可用如下简便计算公式:

计算公式:　　$$K_C = \frac{D_1}{P_C(1-f)} + G$$

式中　K_C——普通股成本(以%表示);
　　　D_1——普通股第一年预计股利额;
　　　P_C——普通股筹资总额;
　　　G——普通股股利预计每年增长率。

例题 4-4:某房地产企业发行普通股股票,面值为一元,共计 500 万股,筹资总额为 1500

万元,筹资费率为 4%,第一年每股股利为 0.25 元,以后各年按 5% 的比率增长,普通股股票资金成本是多少?

解：$K_C = \dfrac{D_1}{P_C(1-f)} + G$

$= 500 \times 0.25 / 1500(1-4\%) + 5\% = 13.68\%$

3. 留存收益成本的计算

留存收益是企业内部形成的资金来源。企业的税后利润总会有一部分留存在企业,留存收益可以认为是普通股资本的增加额。虽然没有以股息的形式分配给普通股股东,但它在生产经营活动中带来的利润使股本增值,相当于股东对企业增加了投资,这部分资金也必须计算资金成本,但不必考虑筹资费用。计算公式为：

$$K_S = \dfrac{D_1}{P_C} \times 100\% + G$$

式中　K_S——留存收益成本(以%表示);

　　　D_1——普通股第一年预计股利额;

　　　P_C——普通股筹资总额;

　　　G——普通股股利预计每年增长率。

例题 4-5：某房地产企业留存收益为 100 万元,第一年预计普通股每股股息率为 10%,以后各年按 3% 的比率增长,企业留存收益资金成本是多少?

解：$K_S = \dfrac{D_1}{P_C} \times 100\% + G = 100 \times 10\% / 100 + 3\% = 13\%$

（二）综合资本成本的计算

房地产开发企业从不同渠道、以不同方式筹集资金,其成本各不相同。由于种种条件的限制,只从某种资本成本率较低的来源筹集资金是不现实的,往往要从多种来源获取资金以形成各种筹资方式的组合,这样可能对开发企业更为有利。为了进行融资决策,就需要计算全部资金的综合资本成本率(即加权资本成本率)。通常以各种资本占全部资本的比重为权数,对单项资本成本率进行平均确定。计算时可分为三步进行：首先确定各项资金来源占资金的比重；然后确定各项资金来源的资本成本率；最后计算出综合资本成本率。

计算公式为：

$$K_W = \sum_{j=1}^{n} W_j K_j$$

式中　K_W——综合资本成本(以%表示);

　　　W_j——第 j 种资本成本;

　　　K_j——第 j 种单项资本成本。

例题 4-6：某房地产开发企业共发行普通股 1000 万元,普通股资金成本率为 16%,优先股 200 万元,优先股资金成本率为 12%,长期债券 500 万元,长期债券资金成本率为 2.5%,留存收益 150 万元,留存收益资金成本率为 14%,该企业综合资本成本率是多少?

解：$K_W = \sum_{j=1}^{n} W_j K_j$

$= (1000 \times 16\% + 200 \times 12\% + 500 \times 2.5\% + 150 \times 14\%)$

$\div (1000 + 200 + 500 + 150) = 11.7568\%$

（三）边际资本成本

房地产开发企业无法按某一固定的筹资方式和固定的资本成本筹措无限的资金。当开发企业筹集的资金超过一定限度时，多筹集的资金就要多付出资本成本，引起原来的资本成本的变化，使其增加。边际资本成本是指资金每增加一个单位而增加的成本，它是在追加筹资时所使用的加权平均成本。

房地产开发企业增加筹资，就意味着筹资风险的增大、筹资成本的提高。通常要找到追加筹资引起资本成本发生变化的转折点。在转折点内筹资，原来的资本成本不会发生变化，超过转折点筹资，即使资本结构不变，其资本成本也会增加。筹资转折点的计算公式如下：

$$筹资转折点 = \frac{可用某一特定成本筹集到的某种资金额}{该种资金在资本结构中所占比重}$$

在计算中，可根据筹集资金的种类，分别计算出在各种情况下的筹资转折点，并得到不同的筹资总额范围，在不同的筹资总额范围内分别计算加权平均资本成本，即可得到各种筹资总额范围的边际资本成本。

三、房地产开发融资的风险分析

房地产开发融资方案的实施，经常会受到各种风险因素的影响。为使融资方案稳妥可靠，需要对融资方案进行风险分析。

（一）融资风险因素

引起融资风险产生的因素主要有：

1. 资金供应风险

资金供应风险是在融资方案的实施过程中，可能出现的资金不落实，不能及时到位而导致的开发项目建设工期拖长、造价升高、投资效益目标难以实现的风险。

2. 利率风险

利率风险是在融资方案的实施过程中及在资金使用过程中，由于金融市场利率水平的变动给开发项目带来的风险。通常融资方案的利率水平有固定利率和浮动利率两种。浮动利率一般是在基础利率的基础上浮动。采用浮动利率计息则应分析利率变动的可能性及其对开发项目造成的风险和损失。

3. 汇率风险

汇率风险是对于利用外资数额较大的房地产开发投资项目，由于国际金融市场外汇交易结算中汇率变化而引起的项目风险。汇率风险包括人民币与各种外币币值的变动风险和各种外币之间比价变动的风险。利用外资的房地产开发投资项目，应对各种外汇汇率走势进行分析，并估算对开发项目造成的风险损失。

4. 完工风险

是开发项目不能按期、按质、按量完工，甚至完全停工所产生的风险。

5. 经营风险

开发项目经营会产生净现金流量，而开发项目经营的好坏就决定了净现金流量的大小，因此开发项目经营的好坏就构成了项目融资的另一主要风险。

6. 政治风险

政治风险主要表现在国家出于政治原因或外交原因而对项目实行限制和国家政治、经济、法律等宏观因素的稳定性等方面。

上述风险分为可控制风险和不可控制风险两大类。完工风险、经营风险、部分资金供应风险属于可控制风险,政治风险、利率风险、汇率风险、政治风险、部分资金供应风险属于不可控制风险。

（二）融资风险分析

做好融资风险的分析,有助于进行融资决策。融资风险分析的方法主要采用财务杠杆系数法。

财务杠杆系数法是利用财务杠杆系数的大小来判断筹资风险的大小。财务杠杆是指在资金筹集过程中,由于借入资金所形成的利息支出与企业净收益的关系。

在资本结构一定的情况下,由于企业从息税前利润中支付的借入资金的利息是相对固定的,当息税前利润增加时,单位息税前利润所负担的借入资金的利息就会相应减少。基本关系式为：

$$财务杠杆系数 = \frac{息税前利润}{息税前利润 - 借入资金的利息}$$

在息税前利润不变的情况下,资本结构的变动对净资产收益率会产生影响。当总资产报酬率大于借入资金的利率时,提高负债的比重,会相应地提高净资产收益率,反之,会引起净资产收益率的大幅下降。负债结构与净资产收益率的关系为：

$$税后净资产收益率 = [税前总资产报酬率 + 负债资本/股权资本(税前总资产报酬率 - 平均负债利率)] \times (1 - 所得税税率)$$

从上述内容可以看出,在使用借入资金时,一定要考虑资金利润率与借入资金利率的关系。当企业资金利润率低于借入资金利率时,企业应降低借入资金的比率;当企业资金利润率高于借入资金利息率时,企业应调高借入资金的比率,大胆进行负债经营,从而提高自有资金的收益率。

财务杠杆系数越大,则意味着借入资金越多,所负担的借入资金利息越多,筹资的风险越大。

例题 4-7： 某房地产企业投资总额为 1000 万元,借入资金占投资总额的 60%,息税前利润率为 15%,借入资金利息率为 6%,计算财务杠杆系数是多少？

解： 财务杠杆系数 $= \dfrac{息税前利润}{息税前利润 - 借入资金的利息}$

$= 1000 \times 15\% \div (1000 \times 15\% - 1000 \times 60\% \times 6\%) = 1.316$

四、融资方案的选择与优化

房地产开发企业在进行融资决策时,应当在控制融资风险与谋求最大收益之间寻求一种均衡,即寻求企业的最佳融资结构。所谓最佳融资结构是指房地产开发企业在一定时期内采取不同融资渠道与融资方式进行融资时,使加权平均资本成本最低的各种资金来源的构成及其比例关系。最佳融资结构是房地产开发企业融资决策的核心,同时也是使融资结构达到最优的组合。这就涉及到融资方案的选择与优化问题。

一个完整的融资方案,应包括各种可能的融资方式,每种融资方式的资金来源、数额、融资条件以及有关的程序进度和可靠性,并保证资金的供应和需求相互平衡。融资方案的描述可采取文字说明、表格等形式。一般采用编制资金筹措来源表和分年度融资计划表的方式进行。由于房地产开发投资项目可采取各种不同的融资方式,并且不同融资方式之间可以搭配出各种组合来满足开发项目投资对资金需求,从而形成各种不同的融资方案,在项目融资方案的论证中应将各种可能的融资方式组合方案尽量找出,并在此基础上优化分析。

(一) 融资方案的选择

房地产开发企业对融资方案的选择,主要是对融资方案的经济性、安全性和可行性进行评判和比较。经济性是指使融资成本最低;安全性是指融资风险对融资目标和开发项目建设的影响程度;可行性是指融资渠道有无保障。目前房地产开发项目的融资渠道正在不断拓宽。无论采取什么渠道、什么方式进行融资,都应考虑融资渠道是否可行、可靠和能否落实;所筹资金能否满足开发项目的需求;所筹资金的来源是否正当、合理,是否符合国家的有关规定。同时还应考虑资金融出机构的资金来源、财力状况及办事效率、各项融资收费的合理性、资金调度及转移的灵活性、融资步骤与安排、融资风险、融资成本等因素。最终找到理想的、可行的融资方案。

(二) 融资方案的优化

在对融资方案进行选择的过程中,还应对融资方案进行优化。融资方案的优化就是在考虑各种影响融资因素的同时寻找综合资本成本率最低的融资方案。在优化中所遵循的步骤是:

1. 计算各种资金筹措方式的单项资金成本率;
2. 分别计算每个融资方案的各种融资方式所筹集资金占各方案全部资金的比率;
3. 计算各个融资方案的加权资金成本率;
4. 比较各个方案的综合资金成本率,选取最小者为最佳融资方案。

在对融资方案进行选择与优化的基础上,确定出最佳融资结构。

例题 4-8: 某房地产开发企业现有三个筹资方案可供选择,资料数据见下表 4-1。

某企业的三个筹资方案　　　　　单位:万元　　表 4-1

筹资方式	方案一		方案二		方案三	
	筹资额	资金成本	筹资额	资金成本	筹资额	资金成本
银行借款	200	5%	240	5.5%	100	4
发行普通股	500	14%	600	14%	700	14%
发行优先股	100	11%	60	11%	50	11%
发行企业债券	200	8%	100	8%	150	8%
合　计	1000	—	1000	—	1000	—

解: 方案一综合资金成本 = $(200 \times 5\% + 500 \times 14\% + 100 \times 11\% + 200 \times 8\%)/1000 = 10.7\%$

方案二综合资金成本 = $(240 \times 5.5\% + 600 \times 14\% + 60 \times 11\% + 100 \times 8\%)/1000 = 11.18\%$

方案三综合资金成本 = $(100 \times 4\% + 700 \times 14\% + 50 \times 11\% + 150 \times 8\%)/1000 = 11.95\%$

通过计算三个方案的综合资金成本,应选取综合资金成本最低的方案,即方案一为最佳筹资方案。

(三) 融资阶段的风险规避与控制

在房地产开发项目融资阶段中,风险规避与控制是一个不容忽视的问题。了解风险就是为了针对不同的风险类型,采取相应的措施加以规避与控制。

1. 认真分析不同融资方式的利弊

不同的融资方式,在内容、风险方面存在差异。在融资过程中,要尽力做出最佳的、不同融资方式组合的选择,以使组合融资的风险降到最低。

2. 通过对利率的合理预期,规避与控制融资风险

在利率趋于上升时期,可采用固定利率借入款项;在利率趋于下降时期,可采用浮动利率灵活融资;同时尽可能在贷款支付管理、抵押贷款比率、抵押贷款责任等方面保护自己的利益。

3. 加强财务杠杆对企业融资的自我约束

在总资产报酬率大于负债利率时,当总资产报酬率下降时,自动降低负债比率,而在总资产报酬率上升时,自动调高负债比率,从而规避与控制融资风险。

复 习 思 考 题

1. 房地产开发资金融通须考虑的因素有哪些?
2. 房地产开发项目的资金来源有哪些?
3. 什么是资本成本?如何计算?
4. 如何对不同的融资方案进行选择?

第五章 房地产开发建设用地经营

取得建设用地,是房地产开发项目实施的基础,当完成了开发项目策划、项目可行性研究及项目评估分析等工作后,就要进入项目实施过程,而该过程的前提就是获取开发建设用地。通常,政府机构的开发活动主要集中在对土地的开发或为房地产开发提供必要的土地。开发企业的活动则主要是获取土地使用权并在其上进行开发建设活动。

第一节 开发建设土地征用

一、征用土地的特点

我国《宪法》明确规定,国家为了公共利益的需要,可以依照法律规定对集体所有的土地实行征用。征用土地具有三个明显的特点:

(一)强制性

征用土地是国家的特有行为,被征地单位必须服从国家的需要,不能也不允许提出任何异议,所以,征地具有一定的强制性。

(二)安置性

要妥善安置被征地单位人员的生产和生活,用地单位向被征地单位给予经济补偿。

(三)改制性

被征用后的土地所有权发生转移,由农村集体的土地变为国家所有的土地,发生土地所有制的改变,即改制性。

二、征用土地的原则

征用土地时,土地管理部门和用地单位必须严格遵守下列原则:

(一)珍惜耕地,合理利用土地的原则

土地是人类赖以生存和生活的基础,具有有限性和不可再生性的特点。因此,它是最珍贵的自然资源,最宝贵的物质财富,在征用土地时必须坚持"十分珍惜每寸土地"的基本国策。坚持精打细算、珍惜土地、合理利用的原则。坚决反对征而不用、多征少用、浪费土地的行为。

(二)保证国家建设用地的原则

征用土地尤其是占用耕地,必然会给被征地单位和人员带来一定困难,但为了国家的整体和长远利益,就要求被征地单位和人员从全局出发,克服暂时的困难,保证国家建设用地。即在节约用地的基础上,保证国家建设项目所必需的土地。

(三)妥善安置被征地单位和人员的原则

用地单位应根据国家和地方政府的规定,妥善安置被征地范围内的单位和人员的生产和生活。妥善安置主要体现在:

1. 给被征地单位妥善安排生产用地;

2. 妥善安置征地范围内的拆迁户；
3. 对征用的土地要适当补偿；
4. 对因征地给人员造成的损失要适当补助；
5. 对因征地造成的剩余劳动力要适当安排。

（四）有偿使用土地的原则

有偿使用土地是土地使用制度改革的核心内容，是促进节约用地、合理利用土地、提高土地效益的经济手段。

（五）依法征地的原则

建设单位征用土地，必须根据国家的有关规定和要求，持有经批准的证书和文件，并按照征用土地的程序和法定审批权限，依法办理征用手续后，才能征用土地。

三、征用土地的程序

（一）申请用地

用地建设单位持经批准的立项文件、可行性研究报告或初步设计、年度基本建设计划及地方政府规定的需提交的其他材料、证明，向被征用土地所在地的县级以上地方人民政府土地管理部门申请建设用地，同时填写《建设用地申请表》，并附以下材料：

1. 建设单位有关资质证明；
2. 项目可行性研究报告批复或其他批准文件；
3. 土地行政主管部门出具的建设项目用地预审报告；
4. 初步设计或其他有关资料；
5. 建设项目总平面图；
6. 占用耕地的，提出耕地补充方案；
7. 建设用地位于地质灾害区的，提出地质灾害性危险评估报告；
8. 提供地价评估报告。

（二）审查用地单位上报的文件资料

县级以上人民政府土地管理部门负责建设用地的申请、审查、报批工作。对建设单位提供的文件要审查其可行性，是否遵守节约用地原则，并核定用地范围。

（三）审批用地

有批准权的土地行政管理部门，收到上报的土地审批文件，按规定征求有关部门意见后，按审批条件核批土地。

（四）征地实施

1. 征地公告。公告的主要内容有：批准征地的机关、文号、土地用途、范围、面积、补偿标准、安置办法及办理补偿的期限等。
2. 支付土地补偿费，安置人员。
3. 征收用地税费，协调征地争议。

（五）签发用地证书

1. 有偿使用土地的，签订土地使用合同；划拨方式使用土地的，签发《国有土地划拨决定书》和《建设用地批准书》。
2. 用地单位持土地使用证书办理登记手续。

（六）征地批准后的实施管理

1. 会同有关部门落实安置措施。
2. 督促被征地单位按期移交土地。
3. 处理征地过程中的各种争议。
4. 填写征地结案报告等。

（七）颁发土地使用证

项目竣工验收后，用地单位向土地管理部门提出土地登记申请，经测绘部门测绘，核定用地面积，确认土地权属界限，地籍管理部门注册登记后，由政府颁发土地使用证，作为使用土地的法律凭证。

四、征用土地的费用

土地征用费是建设单位为了使用土地，由土地管理部门主持，向被征地单位支付的各种费用的总和。土地的补偿范围和标准的确定，是征地工作的主要内容，也是涉及到国家、集体、个人利益的一项难度较大的工作。根据《土地管理法》规定，征用土地由建设单位支付土地补偿费、安置补助费及地上附着物和青苗补偿费。

（一）土地补偿费

补偿费是指国家征用集体土地时，用地单位按照规定向农村集体经济组织和农民个人支付征地造成的经济损失的费用。土地补偿费是其中一种，是征地费用中的主要部分。

征用耕地的补偿费，按该块耕地被征用前三年平均年产值的六到十倍计算。

征用其他土地的土地补偿费标准，由各省、自治区、直辖市参照耕地的补偿标准规定。

（二）地上附着物和青苗等补偿费

地上附着物是指依附于土地上的各类地上、地下建筑物和构筑物；青苗是指被征用土地上正处于生长阶段的农作物，被征用土地上的附着物和青苗的补偿标准，由省、自治区、直辖市规定。

征用土地为城市郊区菜地时，用地单位应按规定交纳新菜地开发建设基金。而城市郊区菜地是指被征用前连续三年以上常年种菜或养殖鱼、虾的商品菜地和精养鱼塘。

（三）安置补助费

征用集体土地，用地单位除支付补偿费外，还应支付安置补助费。这是为安置因征地造成的农村剩余劳动力的补助费。

安置补助费，按照需要安置的农业人口数计算。需要安置的农业人口数，按照被征用的耕地数量除以征地前被征地单位平均每人占有耕地的数量计算。每一个需要安置的农业人口的安置补助费标准，为该耕地被征用前三年平均年产值的四至六倍，最高不超过十五倍。

第二节 城市土地使用权划拨

一、土地使用权划拨的概念

土地使用权划拨是指有批准权的政府机关，在土地使用权依一定程序提出申请后，依法审核批准其获得国有土地使用权的行为。划拨土地使用权有如下含义：

（一）划拨土地使用权包括土地使用者缴纳拆迁安置、补偿费用（如城市存量土地或农村集体土地）和无偿取得（如国有荒山、沙漠、滩涂等）两种形式。

（二）除法律法规另有规定外，划拨土地没有使用期限的限制，但未经许可不得进行转让、出租、抵押等经营活动。

（三）取得划拨土地使用权，必须经有批准权的人民政府核准并按法定工作程序办理手续。

（四）在国家没有法律规定前，在城市范围内的土地和城市范围以外的国有土地，除出让土地以外的土地，均按划拨土地进行管理。

（五）在各种用地申请中，可以按划拨方式取得用地的，主要有以下几种使用方向：

1. 国家机关用地和军事用地；
2. 城市基础设施和公用事业用地；
3. 国家重点扶持的能源、交通、水利等项目用地；
4. 法律、行政法规规定的其他用地。

二、划拨土地使用权的有关规定

（一）划拨土地使用权可以转让

划拨土地使用权转让有两种规定：

1. 报请有批准权的人民政府审批准予转让的，应由受让方办理土地使用权出让手续，并依照国家有关规定缴纳土地使用权出让金；
2. 可以不办理出让手续，但转让方应将所获得收益中的土地收益上缴国家。

（二）划拨土地使用权可以出租

房产所有权人以营利为目的，将划拨土地使用权的地上建筑物出租的，应当将租金中所含土地收益上缴国家，仍按划拨土地进行管理。

（三）划拨土地使用权可以抵押

以划拨土地使用权作抵押，抵押金额不应包括土地价格，因该使用权的获得未付地价，不是一项独立的财产权利。当由于抵押划拨土地使用权而造成土地使用权转移时，应办理土地出让手续，并向国家补交地价款方可变更土地权属。

（四）对未经批准擅自转让、出租、抵押划拨土地使用权的单位和个人，有批准权的政府土地管理部门应当没收其非法收入，并根据情节处以罚款。

（五）国有企业改革中的划拨土地

对国有企业改革中所涉及的划拨土地使用权，可分别采取国有土地出让、租赁、作价出资（入股）和保留划拨土地使用权等方式予以处置。

（六）划拨土地使用权的收回

国家无偿收回划拨土地使用权的主要原因有以下几种：

1. 土地使用者因迁移、解散、撤消、破产或其他原因而停止使用土地的；
2. 国家根据城市建设发展的需要和城市规划的要求收回土地使用权；
3. 各级司法机关依法没收其所有财产而收回土地使用权；
4. 土地使用者自动放弃土地使用权；
5. 未经原批准机关同意，连续两年未使用土地；
6. 不按批准用途使用土地；
7. 核准报废的土地。

国家无偿收回划拨土地使用权时，对其地上建筑物、其他附着物，根据实际情况应给原土地使用者适当补偿。

三、划拨土地使用权的程序

（一）用地申请

用地单位持经批准的建设项目设计任务书，或上级主管机关的有关证明文件，向土地管理部门申请，经有批准权的政府机关审查同意后，进行选址。在城市规划区范围内选址，还应当取得城市规划管理部门的同意。

（二）征地数量和补偿的确定

建设地址选定后，由土地管理机关组织用地单位、被征地单位及有关单位，商定预计征用的土地面积和补偿、安置方案，签订初步协议。

（三）核定用地面积

建设项目的初步设计经批准后，用地单位持有关批准文件和总平面图或建设用地图，向土地管理机关正式申请建设用地面积，经有批准权的政府机关审批核定后，在土地管理部门主持下，由用地单位与被征地单位签订协议。

（四）划拨土地

征地申请批准后，由土地管理部门根据建设项目进展计划，一次或分批划拨土地，并督促被征地单位按时移交土地。

第三节　城市土地使用权出让

一、土地使用权出让的概念

（一）基本概念

土地使用权出让是指国家以土地所有者的身份，将国有土地使用权在一定年限内让与土地使用者，由土地使用者向国家支付土地使用权出让金的行为。

（二）基本特征

1. 土地使用权出让，也称批租或土地一级市场，由国家垄断，任何单位和个人不得出让土地使用权。

2. 经出让方式取得土地使用权的单位和个人，在土地使用期限内没有所有权，只有使用权。在使用土地期限内对土地拥有使用、占有、收益、处分权。土地使用权可以进入市场，可以进行转让、出租、抵押等经营活动，但地下埋藏物归国家所有。

3. 土地使用者只有向国家支付了全部土地使用权出让金后，才能领取土地使用权证书。

4. 农村集体土地不经征用（成为国有土地）不得出让。

5. 土地出让是国家将土地使用权让与土地使用人的法律行为，不论是国家的出让行为，还是使用人的受让行为，都必须符合法律的规定，并由此产生国家与使用人之间的权利义务关系，具有平等、自愿、有偿、有限期的特点。

二、土地使用权出让政策

（一）出让计划的拟定和批准权限

土地使用权出让必须符合土地利用总体规划、城市规划和年度建设用地计划；根据省、市、人民政府下达的控制指标，拟定年度出让国有土地总面积方案，并有计划，有步骤地进行。出让的每幅地块、面积、年限等，由市、县人民政府土地管理部门会同城市规划、建设、房管等部门共同拟定,按照国家规定,报经有批准权的人民政府批准后,由市、县人民政府土地管理部门实施。

（二）土地使用权出让方式

国有土地使用权出让可采取拍卖、招标或双方协议方式。商业、旅游、娱乐、豪华住宅用地,有条件的必须采取拍卖、招标、方式;没有条件的,可采取双方协议的方式,但协议方式出让的土地价格不得低于国家所规定的最低价格。

1. 招标方式

招标出让土地使用权是指土地所有者（出让方）向多方土地使用者（投标者）发出投标邀请,通过各投标者设计标书的竞争,来确定某块土地使用权受让人的方式。

招标出让方式引进了市场竞争机制,综合考虑了规划、地价、受让者资信情况等诸多因素。综合评标,择优选择。其特点是有利于公平竞争,适用于需要优化土地布局。一些大型或关键性的投资项目,商业、旅游业、金融业、服务业用地都以招标方式为主。

2. 拍卖方式

拍卖出让土地使用权是指按指定时间、地点,在公开场所出让方用叫价的方法将土地使用权拍卖给出价最高者（竞买人）,并当场签订土地使用权出让合同,交付土地使用权出让金定金。

拍卖出让方式完全引入了市场竞争机制,人为因素少,是完全公开、公平竞争的地产市场。该方式主要适用于区位条件好、交通便利、土地利用上有较大灵活性的地块的出让。

3. 协议出让方式

协议出让土地使用权,是指政府作为土地所有者（出让方）与选定的受让方磋商用地条件及地价款等条件,达成协议并签订土地使用权出让合同的有偿出让土地使用权的行为。

协议出让方式尽管有地价,但由于没有引入竞争机制,缺乏公开性和公平性,人为因素较多,自由度大,不利于公平竞争。这种方式主要适用于公共福利事业和非营利性的社会团体、机关单位用地和某些特殊用地。

（三）土地使用权出让年限

根据《城镇国有土地使用权出让和转让暂行条例》规定,土地使用权出让的最高年限如下：

1. 居住用地 70 年；
2. 工业用地 50 年；
3. 教育、科技、文化、卫生、体育用地 50 年；
4. 商业、旅游、娱乐用地 40 年；
5. 综合或其他用地 50 年。

（四）土地使用权的收回

国家收回土地使用权有多种原因,主要有以下几方面：

1. 土地使用权使用年限届满收回

土地使用权出让合同约定的使用年限届满后,土地使用者未申请续期或申请未获批准,国家无偿收回土地使用权。

2. 国家有权提前收回土地使用权

采取出让方式取得的土地使用权一般不得提前收回,特殊情况下,国家根据社会公共利益的需要,可依法律程序提前收回,但应根据土地使用者使用土地的实际年限、开发程度,利用土地的实际情况给予适当补偿。

3. 因土地使用者不履行土地使用权出让合同而收回土地使用权

(1) 土地使用者未如期支付地价款,出让方依照法律和合同约定,收回土地使用权。

(2) 土地使用者未按合同约定的期限和条件开发利用土地,可视情节给予警告、罚款、直至无偿收回土地使用权。

4. 司法机关决定收回土地使用权

因土地使用者触犯国家法律,不能履行合同或司法机关决定没收其全部财产,收回土地使用权。

(五) 土地使用权终止

1. 土地使用权因土地灭失而终止

土地灭失是指由于自然原因造成土地性质彻底改变或土地原貌彻底改变。而土地使用权要以土地的存在或土地能满足某种需要为前提,因土地灭失而导致土地使用者实际上不能继续使用土地,土地使用权自然终止。

2. 因土地使用者抛弃土地而终止土地使用权

由于政治、经济、行政等方面原因,土地使用者抛弃使用的土地,使土地使用合同失去意义或无法履行而终止土地使用权。

(六) 土地使用权续期

土地使用权出让合同约定的使用年限届满,土地使用者需要继续使用土地的,应当至迟于期满前一年向土地管理部门提出申请,经批准续期的,应重新签订土地使用权出让合同,按规定支付地价款,更换土地权属证件。

三、土地使用权出让程序

(一) 申报制度

土地使用权出让方案初步确定后,要经上级政府机关批准的,土地管理部门应及时向上级政府机关土地管理部门申报,申报内容主要:有:出让地块的位置、面积、形状、出让年限、规划用途、出让方式、地价评估、效益预测、方案实施进展等。

(二) 拟定出让方案

土地管理部门在向上级土地管理部门申报后,要会同城市规划、建设管理、房管等部门共同拟定出让具体方案,包括面积、年限、出让金底价、使用条件等,编制相关的合同、文件等,并报同级人民政府审批。

(三) 出让方案正式报批

出让方案经审核同意后,按土地使用权批准权限规定,向上级政府正式报批。对报批的出让方案,上级土地管理部门负责审核,报政府批准。如涉及集体土地先征用后出让的,征地和出让可以同时审批。

(四) 组织实施

出让方案经批准后,由土地管理部门组织实施。根据出让方式不同,各自工作程序如下:

1. 招标方式出让土地使用权的实施程序

(1) 出让方通过一定媒介向有意受让方发出招标公告,指明出让地块位置、面积、出让年限、投标者应具备资格、投标地点、截止日期及其他要求。

（2）有意受让人发出投标书。

（3）出让方经过评标、决标，择优确定中标者，向受让人发出中标证明通知书。

（4）出让、受让双方签订土地使用权出让合同，并按合同规定交纳土地使用权出让金。

2. 拍卖方式出让土地使用权的实施程序

（1）通过新闻媒介发出拍卖公告，公告拍卖的时间、地点、地块位置、用途、使用年限、面积及其他有关事宜。

（2）在规定的时间、地点实施拍卖过程，价高者得。

（3）出价最高者即受让者当场签订土地使用权出让合同，并按规定交纳定金。

3. 协议方式出让土地使用权的实施程序

（1）出让方向受让方提供出让土地使用权地块的必要资料和有关规定。

（2）有意受让方持上级主管部门批准文件及有关的文件资料，向土地管理部门提出用地申请。

（3）土地管理部门接到用地申请后，在规定时间内进行审查，并向选定的受让方提供土地使用权出让合同等必要的文件、规定和资料。选定的受让方得到文件资料后，在规定的时间内向土地管理部门提交土地开发建设方案、出让金、付款方式等有关文件。

（4）土地管理部门对选定的受让方提供的文件、资料进行审查，双方在约定时间内进行协商。协商一致后，出让方与受让方签订土地使用权出让合同，按合同约定交纳土地使用权出让金。

（五）登记发证

按照《城镇国有土地使用权出让和转让暂行条例》规定，受让方应在签订《土地使用权出让合同》60日内，支付全部土地使用权出让金。然后才能按照规定到土地管理部门办理登记，领取土地使用证，取得土地使用权。土地使用证是获得土地使用权的法律凭证，只有经过登记发证，土地使用权才受法律保护。

第四节　城市土地使用权转让

一、土地使用权转让的概念

（一）基本概念

土地使用权转让是指国有土地使用权人将已获得的土地使用权，在符合有关规定的前提下转移给新的土地使用权受让人的行为。这种土地使用权的再转移，通常包括出售、交换、赠与、继承等项内容，属于土地的二级市场范畴。

（二）转让条件

土地使用权转让是有条件的，主要有以下几方面条件要求：

1. 国有土地使用权人在转让其使用权之前，投入开发建设的资金要达到规定的最低限额；

2. 转让年限不得超过原出让年限扣除已使用年限后的余额；

3. 未经原出让人同意，转让合同不得违背原出让合同约定的使用要求；

4. 通过行政划拨方式取得的土地使用权，在转让前需补交地价，办理有关手续，补签土地使用权出让合同，办理土地登记手续后，才取得合法的转让权利。

二、土地使用权转让原则

（一）土地使用权转让时，其地上建筑物、其他附着物所有权随之转让。

（二）土地使用权转让方式由当事人确定，可采取招标、拍卖、协议等方式，转让必须签订土地使用权转让合同。

（三）土地使用权转让后，土地使用权出让合同规定的全部权利和义务也随之转让给新的受让人。再受让人需要改变土地出让合同规定的权利和义务，须经土地使用权出让方批准，办理有关手续并补交相应地价款。

（四）土地使用权、地上建筑物所有权、其他附着物所有权转让，都要依法办理过户登记手续。

三、土地使用权转让的主要方式

（一）土地使用权出售

土地使用权出售是指已取得土地使用权的土地使用者，把经过一定程度开发的土地，或具有土地使用权的地上建筑物、设施出售给购买方，由此将土地使用权转让给购买方，由购买方支付土地使用权转让金的行为。其主要特征是：土地使用权出售方必须把土地使用权转移给购买方，购买方向出售方支付相应的土地使用权转让金；这种买卖不能转移土地所有权，当依据土地出让合同所确立的土地使用期限到期时，购买方将失去土地使用权及地上建筑物和其他附着物的所有权。土地使用权出售可采用招标、拍卖、协议方式。

（二）土地使用权交换

土地使用权交换是指土地使用权人相互交换各自拥有使用权的土地，属于权利的交换。一种是同等面积、类似地段土地使用权的交换；另一种是面积、地段等其他条件均有显著差异的土地使用权交换。后者需要支付差价。交换双方当事人既是土地使用权转让人，也是受让人，只要双方当事人达成确立双方交换关系的协议或合同，交换即可成立。

（三）土地使用权赠与

土地使用权赠与是指赠与人自愿把自己的土地使用权无偿转移给受赠人，受赠人表示接受而达成合同的行为，是土地使用权转让的一种形式。在赠与中，赠与人的义务是无偿转移土地使用权，受赠人是无任何代价地及时受领土地使用权。当事人双方就赠与和接受土地使用权达成协议（合同），办理土地权属变更手续的行为。

四、土地使用权转让的程序

（一）申请与审查

转让人就土地使用权拟转让情况向当地政府土地管理部门提出申请，土地管理部门就受让人资格、转让合同草案、转让金标准等有关拟转让情况进行审查认可。

（二）签订合同

土地使用权转让方与受让方经反复协商后确定转让合同的各项内容，且转让合同的内容必须符合出让合同要求，协商一致后签订转让合同。

（三）合同公证

土地使用权转让属于民事行为，转让合同性质属于经济合同，转让合同须到当地司法部门公证，并对转让与受让双方的身份证明公证，并发转让合同公证书。

（四）缴纳税费

转让合同一经签订，受让方依法应按转让合同要求及时支付转让金，同时，转让方应按有关规定和要求,及时向当地政府机关缴付相应的税费。

(五)权属变更登记

转让方与受让方共同到当地政府土地管理部门办理土地变更登记手续,须提交转让登记申请、土地使用证、地上建筑物和其他附着物产权证、土地转让合同、付款凭证、受让人资质证明等有关材料,并换领土地使用证。

第五节 城市土地储备制度

一、城市土地储备制度的建立

城市土地储备制度是指城市人民政府设立专门机构,按照一定法律规定,通过征用、收购、到期回收等方式获得土地,进行土地开发整理等前期工作后,根据土地利用总体计划和年度计划,将土地有计划地投入市场,以供应和调控城市各类建设用地需求的一种经营管理机制。是城市政府为培育土地市场,促进存量土地进入市场,盘活企业存量土地资产,优化配置土地资源,理顺政府与企业之间土地收益分配的有效途径,已成为土地管理制度改革和城镇土地使用制度改革的新突破点。

实行土地储备制度,形成政府对城市存量土地供应的垄断,是解决传统的城市土地使用制度造成的城市用地规模无限扩大、农业用地迅速减少;城市土地供给总量失控、用地结构失调;城市土地收益严重流失、城市建设资金短缺等诸多弊端的必然选择。

土地储备制度是深化土地使用制度改革的需要;是推进土地供应实行招标、拍卖方式的需要;是实现国有土地资本良性运行,增加土地资产收益的需要;也是开展旧城改造和土地整理的需要。

二、城市土地储备制度的运作模式

城市土地储备制度是一种创新。我国城市土地储备起步较晚,上海、杭州、深圳等城市率先运作,建立了土地储备制度的城市的运作过程主要有以下三个环节构成:

1. 土地征购。

本环节是土地储备机构取得土地的过程,根据城市人民政府授权或土地储备计划,储备机构依据相关法律或规定,通过征用农地、优先购买、到期回收等方式,实现土地使用权由集体或其他使用者向政府集中。

2. 土地储备。

本环节一般包括两方面:

(1)储备机构根据土地规划、城市规划等,对收购集中的土地进行前期开发或再开发。

(2)储备及经营管理。土地储备一般有实物储备、规划储备、信息储备三种方式。而经营管理是指在土地储备期间依法将储备土地的使用权进行出租、抵押或临时改变用途,以防止土地闲置造成浪费。

3. 土地出让。储备机构根据城市发展需要和土地市场需求,制定土地供应计划,有计划地将储备土地向用地单位供应。

三、城市土地储备制度运行的支持体系

1. 资金支持

资金是土地储备制度实施的关键。土地的价值量巨大这个特点,决定了城市土地储备

制度的启动和运行需要巨额资金。如何多方筹措资金来保障土地收购、储备、供应的顺利进行,控制土地储备规模等主要是资金方面的问题。收购储备的土地太少,无法实现政府储备土地的目标,对土地市场难以发挥调节作用。目前,土地收购储备资金主要来源于:财政拨款、银行贷款、部分土地使用权出让收益、储备土地的经营性收入、其他社会资金、发行土地债券等。在城市土地储备制度运行的支持体系中,完善资金配套政策,建立合理的资金筹措、运行机制并防范风险,形成强有力的资金支持体系是土地储备的一个十分重要的问题。

2. 法律支持

我国现行的法律法规体系下,还没有专门的土地储备制度的相关立法,而只能以《土地管理法》、《城市房地产管理法》等法律的有关内容的引伸为依据。政府要行使强制性的土地统一收购权,首先要有相关的立法赋予政府行使强制性收购权力为前提,同时还要有一系列完善的相关法律法规为保障,否则势必会受到各方阻力和质疑,致使收购行为难以实现。因此,建立土地储备制度,要以现行的法律、法规、条文为依据,制定土地收购储备的法律法规体系,为城市土地储备制度的实施提供法律支持。

3. 体制支持

城市土地储备制度是一项综合性的系统工程,体现的是一种政府行为,因而在土地征购、储备、出让过程中,必将涉及政府相关职能部门。土地收购储备工作需要决策、监督、宏观管理机构和具体执行土地收购储备工作的实施机构。如果没有一个有效的组织体制保障,得不到有关职能部门的支持和配合,必然会增加土地储备制度的运作成本,降低运作效率,提高运作风险。政府部门之间形成互相支持、协同运作的工作机制,是顺利实现城市土地储备制度运行的重要保障。因此,政府应成立一个统一的权威的组织决策机构来领导、协调各方面的问题;同时设立一个运作实施土地储备制度的执行机构。

四、土地储备制度对房地产市场的影响

城市土地储备制度是我国城市土地使用制度改革不断深化的结果,给我国的房地产市场带来深刻的影响。

1. 土地储备制度增强了政府对土地供应的宏观调控能力,有利于土地市场规范有序地发展。

城市土地储备制度的建立使城市政府按照科学合理的原则,根据土地利用规划,城市规划,制定年度计划,完成土地开发的前期工作,然后有计划地向市场供应土地。该制度的建立使城市政府全面控制了城市土地一级市场的供应,使政府垄断土地供应具备了现实性和可能性。政府掌握了城市土地的"统一收购权"和"垄断供应权",可以把分散的土地重新集中起来,既确保了土地供应的合法性,又增强了城市政府对土地供应计划的调控能力,有利于公开、公平、公正的土地市场的建立。极大地提高了政府对房地产的宏观调控能力。

2. 土地储备制度促进了土地出让以协议方式为主向招标、拍卖方式为主的转变过程。

招标、拍卖方式出让土地是城市政府供应土地的内在需求,也是以市场机制配置土地资源,进而实现土地市场公平竞争的需求。协议方式出让土地是以多方供地方式为基础,是土地市场建立过程中的过渡性产物。招标、拍卖方式则更有利于土地资产的优化配置,发挥土地资产价值,减少国有土地资产流失,而土地储备为土地的招标、拍卖提供了标的物,使土地市场形成公平竞争的格局。有利于培育和规范房地产市场。

3. 土地储备制度有利于增加政府土地开发收益,为城市建设筹集资金,促进城市土地

经营。

　　土地是最大的国有资产,土地储备制度建立之前,城市存量和增量土地的出让基本上均为生地出让,土地前期开发收益一般为房地产开发商占有,政府的土地收益有限。土地储备制度建立之后,政府通过征购用地、优先购买、到期回收等方式获得土地,由政府或委托的机构负责土地的前期开发和出让的准备工作,然后根据计划向市场供地,在此过程中政府不仅收取土地使用权出让金,而且可获取土地前期开发的收益,使土地资产价值通过市场得到充分显示,提高了政府收益,有利于扩大城市建设资金的来源,加快城市基础设施改造的力度,促进房地产市场健康发展。

　　4. 土地储备制度优化了土地利用,有利于改善房地产投资环境。

　　土地储备制度在保障城市土地市场规范发展的同时,可以增强政府行政部门的服务意识,充分提供一级市场信息,简化投资者用地审批手续,吸引投资者,改善投资环境,促进城市经济发展。同时,土地储备制度可以及时调节土地供应计划,控制地价过高增长,有利于房地产市场稳定地发展。

复习思考题

1. 征用土地的特点是什么？有哪些原则？征地主要程序。
2. 土地使用权划拨的基本概念及有关规定是什么？
3. 土地使用权出让的概念及出让政策有哪些？出让程序包括哪几个主要部分？
4. 土地使用权转让的概念、原则及主要转让方式有哪些？
5. 简述城市土地储备制度的建立、运作模式,城市土地储备制度运行的支持体系及对房地产市场的影响。

第六章 房地产开发项目的规划设计与管理

开发建设项目一经决策并得到批准,就要马上委托进行规划设计,为项目的开工建设做好准备。与建筑物单体设计不同的是,规划设计已不是单纯的技术问题,它涉及经济、社会、文化等各方面因素,并受到城市政府和相关政策法规严格限制。从微观方面看,项目的规划设计是开发建设的依据,直接决定着房地产商品是否符合消费者的需要,能否适销对路,是开发商特别重视的关键环节。

对于物业管理企业而言,从规划设计阶段介入可以解决许多根本性的问题。因为规划设计的重点在于外空间的布置,如建筑群的平面组合、市政工程设施及道路系统的设计、配套公建的设置安排、绿化系统的规划布置等,而这些恰恰是物业管理的主要区域,因此规划设计的结果直接对物业管理产生重大影响。单以居住小区的安全防范为例,环境设计较好的小区里,人们愿意在室外逗留,且有舒适安静的邻里交往场所,很容易建立起密切的邻里关系,增强社区的群体认同感。居民间互相照顾,罪犯作案便很容易引起四邻的警觉。如果住宅布置上也能发挥居民自然监视的作用,就能从根本上提高小区的防卫能力。相反,在一些设计不合理的小区里,邻里关系淡漠,有很多人迹罕至的角落(即所谓的负空间)可供藏污纳垢,开放式的四通八达的道路网既便于罪犯作案后逃走,也把许多过境交通引入小区。在这样的环境下,物业管理公司的保安力量再强也总有防不胜防之感。因此,物业管理充分了解并介入项目的规划设计是十分必要的。

第一节 房地产开发项目的规划设计

《中华人民共和国城市规划法》规定:城市中所有建设项目都必须服从城市规划的安排。所谓城市规划,是指城市在一定时期的发展计划,是对城市内各项建设的综合布置,是建设城市和管理城市的依据。不仅房地产开发建设需要在城市规划的指导下进行,而且建成后的物业管理也应遵循规划的要求。

城市规划一般分为总体规划和详细规划两个工作阶段。其中,总体规划阶段的工作性质属于宏观控制,基本上是政府职能行为;详细规划属于微观管理内容,将逐渐转化为在政府及政策法规控制下的市场行为或企业行为。详细规划又可分为控制性详细规划和修建性详细规划两个层次,其中控制性详细规划是宏观控制向微观管理过渡的中间环节,也是政府职能和企业行为的结合点,既是当前城市规划工作的重点,也是开发项目进行规划设计的主要依据。

一、总体规划的基本内容

概括地说,总体规划应包括确定城市的性质、发展方向和发展规模,制订城市主要建设标准和定额指标,确定城市建设功能分区、用地布局和各项建设的总体部署,编制城市综合交通体系和河湖、绿地系统规划及各项专业规划和近期规划。虽然总体规划的内容原则性、政策性较强,由于是宏观的,不具有操作性,但它有助于开发商超前把握市场发展趋势,对经营战略决策很有帮助。

二、控制性详细规划的主要内容

控制性详细规划的主要内容包括：

1. 详细规定所规划范围内各类不同使用性质用地的界线，规定各类用地内适建和不适建或有条件地允许建设的建筑类型；
2. 制订各地块建筑高度、建筑密度、容积率、绿地率等控制指标，规定交通出入口方位、停车泊位、建筑后退红线距离、建筑间距等，与用地性质一起形成主要指标；
3. 提出各地块的建筑体量、体型、色彩等要求，制订相应的土地管理和建筑管理规定；
4. 确定各级支路的红线位置、控制点坐标和标高；
5. 根据规划容量，确定工程管线的走向、管径和工程设施的用地界限；
6. 制定相应的土地使用和建筑管理规定。

控制性详细规划提出的指标主要有：用地性质、建筑高度、建筑密度、容积率、绿地率、交通出入口方位、停车泊位、建筑后退红线距离以及建筑形式和建筑色彩等。其中，用地性质、建筑高度、建筑密度、容积率、绿地率五项是基本的核心内容。这些要求有强制性的，也有建议性的。如容积率是控制城市土地使用强度的最重要指标，必须执行，但它只限定建筑物的总体量，同时又给与建筑物设计以较大的灵活性。

三、修建性详细规划的主要内容

修建性详细规划的任务是：根据建筑、绿化和空间要求布置平面图；进行道路、工程管线规划设计；开展竖向设计和土石方工程设计；编制工程概算。

修建性详细规划按照其内容又可分为居住区详细规划；大型公建群详细规划；城市干道、广场、建筑群详细规划；商业街详细规划等。其中最常见也是与房地产开发关系最密切的是居住区详细规划，因为居住区包含的因素最多，每个居住区都相当于一个小城市，所以规划设计最复杂，下面将着重介绍一下居住区规划设计。

四、居住区规划设计

居住区是指具有一定的人口、用地规模，并为城市干道或自然界限包围的相对独立的居住用地。

居住区的规划设计是开发建设的依据。在很大程度上将决定着开发项目是否能做到布局合理、景观协调、结构先进、设备完善、造价低廉、节省用地，所以必须加以重视。一般可通过招投标、多种方案比较、组织专家论证后择优选用。

（一）居住区用地和工程构成

1. 居住区的用地构成

按用地性质区分，居住区用地可分为五个组成部分：

（1）居住建筑用地。为满足居住和日常生活的需要，用于布置住宅、院落等的用地，它是居住区的主要组成部分，一般占居住区总面积的50%以上。主要包括住宅占地和宅前入户小路、院落、绿地等；

（2）公共建筑用地。为满足居民社会生活的需要，用于布置社会公共服务设施和行政、经济、管理设施的用地。它包括公共设施和建筑物基底占有的用地及其周围的专用地，如专用地中的道路场地和绿地等，占居住区总面积的20%～25%；

（3）道路广场用地。为满足居住区内外人流、车流的交通需要，用于布置街道、广场和停车场的用地。它包括道路红线范围以内的用地、以及回车场、停车场、居民活动广场和人行道以及入户小路,占居住区总面积的10%～12%;

(4) 公共绿地和体育场地。为满足居民休憩、游玩、观赏的需要,用于布置公园、游乐园等公共绿地的用地。它包括居住区内各类公共绿地,如居住区公园、小游园、林荫道、公共专用绿地、运动场、老年人和儿童活动场地等,占居住区总面积的1.5%～2%;

(5) 其他用地。用于布置与居住区有密切联系的、无害的小型工业及库房用地。约占居住区总面积的1%。包括不属于居住区用地范围的专项用地,如市级、区级公共建筑、工业或专用单位用地,以及不适合建筑的用地等。

2. 居住区的工程构成。有以下三项:

(1) 建筑工程。主要指居住区内的住宅建筑、公共建筑、生产性和市政公用设施用房的建筑等;

(2) 市政基础设施工程。包括地上、地下设施两部分。如道路工程、给水、排水、污水、雨水、煤气、供电、供热、通讯等市政管线工程等;

(3) 环境工程。指住宅外、居住区内的环境工程项目。如绿化、园林小品建筑、小游乐园、儿童游戏场等建设工程。

(二) 居住区的规模和结构

1. 居住区的规模。居住区的规模主要指人口规模和用地规模,其中以人口规模为主要指标,这是因为人口规模决定用地规模所致。一般的,居住区人口以3～6万人为宜,占地50～100公顷,服务半径800～1000米,相当于城市市区一个"街"的人口规模。

2. 居住区的结构形式。通常分为居住区、居住小区、住宅组团三个层次。

(1) 居住区。由若干个居住小区组成,被城市主要干道包围,具有较完整的公共福利设施。

(2) 居住小区。由若干个住宅组团组成,居住人口为0.5～1.5万人,用地12～35公顷,服务半径400～800米。

(3) 住宅组团。又称居住生活单元,是相对独立的居住群落,居住人口为0.3～0.5万人,相当于我国城市一个居民委员会建制的规模。

3. 居住区的合理规模。取决于居住区本身的社会生活功能和工程技术经济及经营管理方面的要求。确定合理规模应考虑的因素有:

(1) 公共服务设施的经济规模与合理的服务半径。应从建设项目、经营管理、服务半径等因素分析配置成套的居住区公共服务设施。所谓服务半径,是指居民到达公共服务设施的最大步行距离,一般以800～1000米为限,相当于步行时间不超过10～15分钟。

(2) 城市干道的合理间距。现代城市交通的发展要求尽量减少交叉口,而城市干道的合理间距为800～1000米,干道所包围的用地面积一般为50～100公顷,相当于一个居住区的规模。

(3) 行政管理区划范围。居住区的规模与行政管理体制相对应,有利于组织居民的生活。目前,一个街道办事处的管理人口约为3～6万人,正好与居住区的人口规模相当,此外还要结合地形条件、新旧区关系、建设规模等因素综合考虑。

(三) 居住建筑规划设计

1. 住宅类型选择。目前城市住宅主要有内廊式、外廊式、内天井式、塔式、台阶式、独院

式、并联式、联排式、条式等类型,住宅选型主要确定以下几个方面:

(1) 住宅层数。规划只限定上限,即不超过几层,设计时应综合考虑地价、住宅造价、室外工程和地形等因素合理确定层数。

(2) 进深和面宽。在每户建筑面积一定的情况下,住宅进深大,则面宽就小,外墙少不仅可以节约用地、节省投资,还减少采暖费用。如果进深小则面宽大,采光效果好,因此进深和面宽应适度兼顾。

(3) 长度和体型。住宅楼的长度大,可以减少山墙数量,节约土地和投资,但过长时需增加伸缩缝和防火墙,对抗震不利。因此长度要适宜,可采用条式与塔式相结合的方法。

(4) 层高。降低层高可以降低造价,减少阴影区范围,节约用地。但过低会影响室内居住质量,目前采用层高 2.7~2.8 米较合理。

(5) 户室比。为满足不同人口组成的家庭对户型的需要,以及本项目的市场定位,应合理确定各种户型的比例。

2. 多栋住宅组团的平面布置形式。常见的布置形式有:

(1) 行列式。住宅采用条型设计、平行布置的形式,优点是每户有较好的朝向,日照通风效果好、利于施工,缺点是形成的空间比较单调,可采用单元拼接时的前后错落使空间变化丰富。

(2) 周边式。住宅沿街或院落周边布置,其优点是院内比较安静,土地利用率高。缺点是部分住宅的通风和朝向较差。

(3) 混合式。采取行列式和周边式相结合的混合布置方式,可以取两种形式的长处,形成半开敞式的住宅院落。一般能满足通风和解决部分房间的朝向问题,有利于街景艺术创造及区内建筑空间的艺术处理。

(4) 散点式。用多层点式住宅或高层点式住宅布置组团时,常采用这种方式。一般是以一定的规律排列在组团的中心设施、公共绿地、水面等的周围。

(5) 自由式。结合地形、地貌、周围条件,在满足日照通风等要求的前提下,不拘泥于某种形式,成组自由灵活地布置,其目的是追求住宅组团空间的变化,形成较大的公共绿地和户外活动场地。

3. 整体式住宅组团的布置

将周边式布置的单栋住宅连接起来,就形成了简单的整体式住宅群;再将公共建筑与简单的整体式住宅群一起设计,联接成一个整体,就是整体式住宅组团。其特点是:缩短了公共建筑与住宅的距离,方便了居民,空间和土地得到了充分利用,群体景观完整,风格一致。常见的布置形式有:

(1) 住宅与公共建筑连续布置,在住宅底层或地下布置汽车库、仓库、小商店或其他小型公共设施。

(2) 住宅与公共建筑背靠背布置,防止互相干扰。

(3) 住宅布置在公共建筑上面,即通常所说的"商住楼"。

4. 住宅组团组合及空间规划设计

若干个住宅组团和相应的公共建筑、绿地等组织在一起,就构成了居住小区。在进行组合时,既要考虑有规律、有疏密,均匀得当,又要有利于景观和分期建设。组合的基本形式有两种:

(1) 同一种住宅组团的重复组合。这种组合方式的优点是住宅类型少、便于施工、有利于形成小区独特的风格。

(2) 多种住宅组团的组合。多种住宅组团的组合能适应小区用地的变化,使小区空间更加丰富。

在进行组合的同时还要进行空间规划设计。住宅组团的空间大致可分为道路空间、建筑空间、广场空间和绿化空间四类,通过各种空间的有机组合,形成完整统一的、舒适优美的居住生活环境。

(四) 居住区公共建筑规划设计

公共建筑是指居住区内除居住建筑之外的其他建筑,主要是为居民生活提供配套服务的,是居住区发挥效能的重要物质基础。规划设计时应满足适当集中、缩短服务半径、符合人流走向和不干扰住户生活等要求。

1. 公共建筑的类别。公共建筑按服务范围分为市级或区级、居住区级、居住小区级等,因使用性质不同主要分为:

(1) 文化教育。包括中学、小学、托幼园所、文化站;

(2) 医疗卫生。如医院、门诊所、卫生站;

(3) 商业饮食。如百货商店、书店、药店、食品店、饭馆等;

(4) 公共服务。如理发、浴室、洗染店、综合修理、服装加工等,物业管理用房也应属于此列;

(5) 文娱体育。如电影院、青少年活动站、老年活动中心、运动场等;

(6) 行政经济管理。如街道办事处、派出所、行政、社会团体管理机构等;

(7) 其他。如存车处、煤气调压站等。

2. 公共建筑的规划布置形式

(1) 分散式。根据居住建筑布置及人口规模需要,可以合理分散布置,不单独设置公共建筑中心,便于居民使用。

(2) 沿街布置。这是目前较常见的一种方式,一般沿着主要人行路两侧或者单侧布置,既便于使用,又可美化街景,但要注意避免人流和车流的相互干扰。

(3) 集中成块布置。便于形成小区的公共活动中心,烘托商业气氛,方便人们使用。

(五) 居住区道路广场规划设计

居住区是城市交通的节点,居住区道路是城市道路网的组成部分,也具有交通的一般功能,但是又不同于城市道路,基本上应视为居住生活空间的一部分,因此布置原则是"顺而不穿、通而不畅"。首先要服从城市道路交通规划的安排,然后再结合居住区的组织结构和内部住宅组团的组合方式形成区内道路网络。

1. 城市道路规划设计

城市道路规划设计的任务就是在用地功能分区和重要人流集散点大体确定后,综合分析人流、货运的主要流向,结合现状及自然条件,合理确定出主次干道、广场的位置、走向、基本尺度,以保证城市各组成部分的有机联系和正常运转。城市道路网的布局大体可分为方格式、放射式、环形放射式和自由式几种形式,并分为主干道、次干道和支路等不同的级别,相应的要求居住区道路系统与之衔接(如规定小区的出入口不能开设在主干道上),方便居民出行。

2. 居住区道路构成

一般居住区道路也是分级设置的,可分为以下级别。

(1) 居住区级道路。道路红线宽为20～30米,可以人车分流;

(2) 居住小区级道路。道路红线宽为5～8米,可以人车混行;

(3) 居住组团级道路。道路红线宽为3～5米。

另外,公共中心可开辟步行街,并将宅间甬路两侧做地面铺装。

3. 居住区道路规划布置要求

(1) 为保证居住区内的安全、宁静,过境交通不应穿越居住区。

(2) 道路走向要符合居民上下班出入的人流走向,力求畅通便捷。

(3) 尽端式道路长度不宜超过200米,在尽端处需设回车场。

(4) 居民住宅入口至最近车道之间的距离一般不宜超过60米。如超出,宅前小路应放宽至2.6米以上。建筑物外墙与车行道边缘的距离应大于3米。

(5) 道路的红线宽度应满足地下管网工程埋设要求。

(六) 居住区绿地规划设计

居住区绿化既要满足居民的生态需要,又要追求美观,其功能除了具有遮阳、隔声、改善小气候、净化空气、防风尘和杀菌防病等物质功能以外,还可以用来美化环境、分割空间,作为游戏和休闲场所给人以精神享受。因此在布置时要具备可达性、功能性和亲和性的特点,才能吸引人们去使用它。

1. 居住区绿化分类

园林绿地按其使用性质、服务对象和所处位置可分为四类:

(1) 公共绿地。指为居民服务的各级公园、小区公园、小游园、林荫道、小块公共绿地等;

(2) 公共建筑的绿地。指公共建筑如医院、影剧院、中小学等单位所属的绿地;

(3) 住宅庭院绿地;

(4) 道路绿地。指道路两侧或一侧的行道树及绿化用地等。

2. 规划布置原则

(1) 绿地布置要结合自然条件,充分利用地形特点和现状条件,将植物配置与地面、水面处理和建筑小品设计安排有机协调起来。

(2) 用点、线、面结合的手法组织绿地系统,分级设置。即以宅间绿地和组团绿地为"点"、沿区内主要道路的绿化带为"线"、小区小游园和居住区公园为"面",保持绿化空间的连续性,让居民随时随地处于优美的绿化环境之中。

(3) 根据集中与分散、重点与一般相结合的原则,按合理的服务半径,均匀地布置各类园林绿地。

(七) 城市雕塑与建筑小品

1. 城市雕塑。是指为纪念某一重大历史事件、历史人物,或作为某种象征在城市重要地点树立起来的醒目的大型雕塑。

城市雕塑的布置应考虑以下因素:

(1) 布置位置一般建于事件发生地点、旧居,或见于广场、海滨、山头等重要地段;

(2) 注意空间关系,与周围环境协调统一;

(3) 有良好的观赏角度。根据视角分析,广场长度最好不小于雕塑高度的3倍。

2. 建筑小品。建筑小品是用来点缀、美化室外环境的实用性或装饰性的小建筑,如灯柱、宣传栏、书报亭、围墙、花坛等。

建筑小品的布置应注意:
(1) 分隔空间,增加层次;
(2) 突出特色,打破单调感;
(3) 突出重点,强调入口;
(4) 点缀环境,增加情趣;
(5) 结合实用物品,精心设计。

(八) 居住区基础设施建设和管线布置与综合

居住区基础设施建设不仅是整个城市基础设施建设的一个组成部分,同时也是居住区开发建设的基础工程。随着社会生产力发展,社会生活需要和人民的生活水平不断提高,城市基础设施的内容也越来越丰富,目前主要应包括:道路交通系统、给水排水系统、电力能源系统、邮电通讯系统、环境和安全系统等。

1. 居住区基础设施建设。主要是指开发区内"三通一平"或"七通一平"。

"三通一平"是指通电、通水、通道路和平整场地。

"七通一平"包括通电、通自来水、通排水、通道路、通电讯、通煤气、通热力和平整场地。

土地平整是为居住区创造适宜的工作、生活和休息环境,需要科学地选择和开发建设用地,经过填挖改造、调整治理,达到开发建设和施工用地的要求。

2. 管线工程布置

(1) 给水工程。给水管网布置一般有树枝状和环状两种形式。主要取决于地形、地质、建筑和道路布设等因素。管径大小取决于供水需要量,经常采用直径为25、32、40、50、100、150毫米等数种规格。根据管径大小、管材强度、外部荷载、气候等因素来确定埋设深度。

(2) 排水工程。主要是雨水和生活污水的排除,有分流制和合流制两种布置形式。分流制是雨水和污水分别由两套管线排放;合在一套管网内排放的称合流制。他取决于城市排水系统规划的要求及原有的排水方式,新建的排水系统多采用分流制。布置的方式一般采用枝状管网形式,重力自流。

(3) 供电工程。配电线路布置方式有架空和地下电缆两种,一般采用架空方式。新建居住区多采用地下电缆敷设,用户单相电压为220伏。一般需要将高压电经过变电所(站)转为低压供电。

(4) 煤气工程。管道输送多采用中、低压二级系统,靠压力输送到各用户。布置方式有树枝状和环状两种,一般情况下,两种方式都采用。出于安全原因,多数采用地下埋设。

(5) 供热工程。包括热电厂供热和区域锅炉房供热两种形式。管道一般采用地下敷设。根据不同情况,可采用通行地沟、半通行地沟、不通行地沟或无沟敷设。根据用户需要,调整平衡供热管网,如机关团体白天办公供热,居民住宅晚上供热。

3. 管线综合

是指各类管线工程需要综合统一安排。其基本要求如下:

(1) 管网线路要短捷,节约投资,并避免穿越空地,影响今后使用土地。
(2) 排列有序。从建筑物外墙向外排起,最近是煤气管,依次是给水、污水、雨水等,埋设在人行道和非机动车道下。

在城市交通道路下埋设时,应从道路红线向道路中心线排列管线,次序是电力线、电讯线、煤气、热力、给水、雨水和污水管道。

(3)应减少管道的转弯和交叉点,管线走向尽可能与房屋道路平行或垂直,避免平行重叠埋设在一个纵断面上。

(4)当地下管线布置发生矛盾时,布置的原则是"尚未修建的让已建成的管线;临时管线让永久性管线;小管线让大管线;压力管线让重力自流管线;可弯的管线让不可弯的管线"。

(5)管线工程要与人防工程相结合。要充分利用原有管线,尽可能与永久管线连接,并为今后管线布置留有余地。

(6)架空线不能影响交通运输,避免与绿化种植地发生矛盾,要考虑环境美观。

第二节 规划与房地产开发的关系

以房地产开发为主要形式的城市建设是国家经济建设和文化建设的重要组成部分,城市规划是对城市中各组成部分(居住、工业、商业、交通、文化、行政等)的综合性规划,用来作为城市逐步建设发展的依据。城市中的各个组成部分是通过城市规划加以部署和布置,根据城市规划来进行建设的,房地产开发项目也不例外。如果没有城市规划,城市的发展和各项建设会造成严重浪费,甚至会造成长期难以更改的、不利于生产和居民生活的严重后果。所以城市规划一经编制、审定后,就具备了法律效力,规划区内的任何土地利用和建设活动必须认真依照规划有计划地进行,以体现出规划的严肃性。

一、规划与房地产开发的关系

在房地产开发商完成一个开发项目的过程中,要受到几乎所有的行政主管部门的管理,盖几十个图章是很常见的事情,虽然历经数次改革,简化了很多办事程序,但仍有很多必不可少的审批环节,这也是开发企业在项目前期工作中的主要内容。其中开发商与之往来最多、业务联系最密切的就是城市规划行政主管部门,理清城市规划与房地产开发的关系无疑对搞好项目的开发建设有着积极的作用。

(一)城市规划对房地产开发的影响

1. 城市规划对房地产开发的指导作用

城市规划理论是一门经验学科,规划中所遵循的原则和方法都是在归纳总结了古今中外城市建设的经验教训的基础上制定的,是人类集体智慧的结晶,对于城市建设和房地产开发起着绝对不可替代的指导作用。由于开发项目投资巨大、不可重复,也不可能像工业产品那样小批量试制,成功后再正式批量生产,所以规划部门的审查对于完善项目设计内容、把握未来发展方向很有帮助。另外,城市规划集中体现了城市管理者的发展意图,涉及到各个经济管理部门,并与国家和地方的方针政策有密切联系,是一项政策性很强的工作。所以房地产开发活动必须在城市规划的指导下完成,才能避免盲目投资,项目才具有生命力。

2. 城市规划对房地产开发的限制

城市规划对各个建筑地块的利用都制定了很多控制性规划指标,要求开发建设单位必须遵守,这就在一定程度上限制房地产开发的自由发挥。由于城市是一个有机的整体,每个项目的建设都不可避免地会给周边的其他项目带来影响,各项目用地、建筑物之间的合理关系必须通过规划来解决。《中华人民共和国城市规划法》明确规定:"统一规划、合理布局、因地制宜、综合开发、配套建设"是我国城市建设的基本方针,如果不统一规划,各单位都从自己的利益出发盲目建设项目,其结果必将导致交通拥挤、建筑杂乱、环境恶化、互相干扰等"城市病"的出现,不利于城市的发展。因此必须由城市规划部门用行政手段对房地产开发活动进行限制和管理。

(二)房地产开发对城市规划的影响

1. 房地产开发是实现城市规划的主要手段。城市房地产开发行业的兴起,逐渐取代了国家财政投资而成为城市建设的主要形式。城市规划如果没有房地产开发的具体实施,规划得再完美也只能是纸上谈兵、空中楼阁。而且房地产综合开发改变了各单位分散建设时只解决建筑物本身投资的弊病,使房屋建设与基础设施建设协调发展,提高了城市建设的社会化水平。特别是在我国城市化进程中,正是房地产业的蓬勃兴旺,才保证了城市的生产、生活、服务和文化设施的协调发展,提高了城市的整体功能,而这些正是城市规划所希望达到的目标。

2. 房地产可促进城市规划水平的提高。作为在实践中发展起来的学科,城市规划理论也要与时俱进,不断丰富和更新,而大量的房地产开发实践活动,正为此源源不断地提供了素材。特别是在房地产开发处于百花齐放、提倡创新的阶段中,会出现很多新情况,为城市规划理论研究和实践探索提出很多新课题,而解决这些问题本身就意味着城市规划水平的提高,大量事实表明:越是房地产开发活跃的城市里,往往城市规划的水平越高,城市的发展也越快。

二、规划和房地产开发存在矛盾的原因

可能正是由于开发商与城市规划行政主管部门联系最频繁,双方暴露出来的矛盾也最多。常见的矛盾焦点体现在:规划师痛恨开发商的唯利是图和恣意妄为,经常破坏规划的原始构想,把城市建设得面目全非;而开发商则抱怨规划条件过于苛刻,片面追求形式主义,损伤了投资积极性等。究其原因,主要体现在以下几个方面:

(一)认识水平上的差异

城市规划工作是在充分的调查研究基础上制定的,规划人员掌握有大量的第一手资料,特别是能准确把握决策层的意图,所以能着眼于长远发展,具有前瞻性。如总体规划跨越期限一般为20年,即现在在制定规划时就要预测出20年以后甚至更远年限的大致发展趋势,从而在用地等项目安排上着手做准备,近期规划期限一般也为5年,这种预见性决不是一般的开发商所能做到的,一方面是因为掌握信息量所致,另一方面也是开发项目的一次性特点决定的。所以,二者在认识上的差异也可以具体表现为眼前利益与长远利益的差异。

(二)价值取向的差异

开发商站在本企业的立场上主要追求经济效益,而规划人员则站在社会公众的立场管理城市,侧重于取得社会效益和环境效益。当然,运作成功的项目应达到三方面效益的完美统一,但在一定时期的具体情况下,有时三者会处于不可兼得状态,代表着不同利益主体的开发商与规划主管部门之间产生矛盾也就在所难免了,这就是为公和为私的差异。

(三)行为观念上的差异

房地产开发商几乎从一开始出现就是市场经济模式运作的,到目前仍能在市场中站住脚的都是经历过市场经济大潮洗礼、自觉掌握了市场经济规律的优秀企业。而城市规划则不同,从历史渊源看,我国在 20 世纪 50 年代初曾由前苏联引进集中的计划经济体制及相应的城市规划工作内容和方法,后经文革期间停滞和改革开放初期恢复,虽然于 1989 年 12 月 26 日七届全国人大常委会通过了《中华人民共和国城市规划法》,开始了城市规划的法制化进程,但是与城市管理体制相适应的城市规划还不免带有计划经济色彩,这在一些经济不发达地区尤其明显。两种观念上的深层次的差异,也会在一些项目的运作中得到突出体现。

三、解决规划与房地产开发矛盾的办法

为了能使开发项目减少在规划审批环节的延误,同时也使城市规划得到有效的贯彻实施,应及早化解规划与房地产开发之间的分歧和矛盾,注意从双方的角度寻求一个最佳结合点。

从开发商方面,应从经营策略做一些调整,将量的扩张转变为质的提高。例如,以往开发企业总是千方百计地到城市规划行政主管部门争取指标,试图提高地块的容积率,以达到多出房屋面积多赚钱的目的。这种经营方法在市场形成初期或许有效,但是随着消费者竞价能力的提高和挑选余地的加大,高容积率项目在居住质量和环境方面的劣势越来越明显,在市场上肯定不受欢迎,直接影响价格和销售率,这样多出面积的收益还不足以抵偿售价的损失,高容积率又有何用? 现在已经有人在研究"最佳容积率"问题了,毕竟房地产开发企业应该是高度专业化和智能化的组织,应该尝试走集约化经营的路子,从内部挖掘潜力比总把眼睛盯在规划指标上要强得多。

从城市规划行政主管部门方面,则需要注意遵循市场经济规律办事,树立为企业服务的理念,增加规划制定工作的科技含量,提高超前预见性,巩固其权威地位;在管理中则要时刻把握市场动态,以适应不断变化的形势需要,发现新情况、解决新问题,必要时增加管理弹性,既掌握大原则,又适度灵活,从而保证城市健康有序地发展。

第三节 房地产开发项目的规划指标

在房地产综合开发方式出现以前,我国城市建设曾长期采用"统建"模式,力求用"六统一"——统一规划、统一设计、统一投资、统一施工、统一分配和统一管理的方式来减少分散建设对城市整体规划的冲击,那时的规划深度一直延伸到修建设计阶段。而出现了房地产综合开发这一方式后,由于城市建设的投资主体呈现了多元化的趋势,出现了大量独立经营的开发商,客观上要求城市规划行政主管部门转变职能,不能再大包大揽地直接完成所有的规划设计工作,而是将修建性详细规划以后的自主权交给开发商,由其按照市场需要和自己的意图委托专业设计人员设计。城市规划行政主管部门对开发项目的规划设计的控制则更多地体现在下达规划指标上。对房地产开发企业而言,规划指标也是对该项目的规划设计方案进行技术经济分析的重要参考依据,因此要充分掌握其内在含义。

一、居住区开发项目的技术经济指标

为了评价居住区规划方案的经济性和合理性,经常采用以下一些技术经济指标作为衡量的标准。

(一)居住区总用地:指居住区范围内的总用地面积,包括居住用地、公共建筑用地、道路用地、绿化用地。

(二)居民人均占地:是居住区内人均占地指标,包括人均居住用地、人均公共建筑用地、人均道路用地、人均绿化用地。

（三）居住区总建筑面积：指居住区范围内的总建筑面积，包括居住建筑面积和公共建筑面积。

（四）总户数、总人口、平均每户人口：指居住区内可容纳的总户数、总人口及总人口与总户数之比。

（五）平均每户居住建筑面积：指居住区内居住建筑面积与总户数之比。

（六）居住建筑密度：指居住建筑对居住用地的覆盖率，即：居住建筑密度＝居住建筑基底面积/居住建筑用地面积。

（七）容积率（居住建筑面积密度）：容积率＝居住建筑面积/居住建筑用地面积

（八）人口毛密度：指居住区内可居住的总人口与总用地面积之比。

（九）人口净密度：指居住总人口与居住建筑用地面积之比。

（十）平均层数：指居住建筑面积与居住建筑基底总面积之比。

（十一）高层比例：即高层住宅建筑面积占总建筑面积的比例。

（十二）住宅间距：指相邻居住建筑之间的距离。

（十三）居住区平均造价：指居住区总造价与居住区总建筑面积之比。

（十四）建设周期：指自工程开工至全部工程完工之间的持续时间。

二、非居住区开发项目的技术经济指标

非居住区开发项目包括酒店、写字楼、商业零售中心、公寓、小型住宅区等开发项目，为评价其规划设计方案的经济性和合理性，经常采用以下技术经济指标作为衡量的标准。

（一）建筑容积率：项目规划建设用地范围内的全部建筑面积与规划建设用地面积之比。附属建筑物计算在内，但注明不计算面积的附属建筑物除外。

（二）总建筑面积：指开发项目各栋、各层建筑面积之和。

（三）地上建筑面积：指地上各层建筑面积之和。

（四）建筑密度：即建筑覆盖率，指项目用地范围内所有的建筑物的基底面积之和与规划建设用地面积之比。

（五）规划建设用地面积：指项目用地规划红线范围内的土地面积。

（六）建筑高度：指城市规划行政主管部门规定的建筑物檐口高度上限。

（七）绿地率：规划建设用地范围内的绿地面积与规划建设用地面积之比。

（八）停车位个数：指在规划用地范围内设置的地面和地下停车位的个数。

（九）有效面积系数：指建筑物内可出售或出租的建筑面积与总建筑面积之比。

第四节　规划设计管理

有人曾用"前店后厂"一词形象地比喻城市规划行政主管部门的两项基本职能——编制规划和规划管理。其中"后厂"是指规划师们编制规划的过程：调研——规划大纲——总体规划——分区规划——详细规划，基本上形成了城市的完整的规划意图。但是如何保证各房地产开发商确实按照这个既定的规划去执行呢？也就是说怎样才能把"后厂"出来的规划意图"兜售"给各房地产开发商呢？这就要发挥"前店"的职能、通过规划管理来完成了。所谓"三分规划、七分管理"，规划管理的重要性可见一斑。对房地产开发项目而言，则自始至终都要受到规划管理的直接控制，开发商对此应有足够的了解。在土地出让和房地产开发过程中的规划管理主要包括以下几个方面。

一、土地使用权出让过程中的规划管理

出让城市国有土地使用权之前应当制定控制性详细规划。出让的地块,必须具有城市规划行政主管部门提出的规划设计条件及附图。规划设计条件通常包括:地块面积、土地使用性质、容积率、建筑密度、建筑高度、停车位数量、主要出入口、绿地率、需配置的公共设施和工程设施、建筑界限、开发期限及其他要求。附图应当包括:地块区位和现状、地块坐标、标高,道路红线坐标、标高,出入口位置,建筑界限以及地块周围地区环境与基础设施条件。

《规划设计条件通知书》及其附图或《审定设计方案通知书》及其附图,是城市国有土地使用权出让合同的重要附件,不得随意变更。确需变更的,必须经城市规划行政主管部门批准。土地使用权受让方在办理"建设用地规划许可证"时,必须持有附具城市规划行政主管部门提供的规划设计条件及附图的土地出让合同,取得"建设用地规划许可证"后,方可办理土地使用权权属证明。

二、房地产开发过程中的规划管理

房地产开发过程中的规划管理主要体现在:开发项目的选址、定点申请、核发《建设用地规划许可证》及规划设计条件、规划方案及初步设计审批以及核发《建设工程规划许可证》等方面。

(一)开发项目的选址、定点审批阶段

开发商首先须持计委批准的立项文件、开发建设单位或其主管部门申请用地的函件、工程情况简要说明和选址要求、拟建方案、开发项目意向位置的 1/2000 或 1/500 地形图及其他相关材料向城市规划行政主管部门提出开发项目选址、定点申请,由城市规划行政主管部门审核后向城市土地管理部门等发征询意见表。开发商请有关部门填好征询意见表后,持该征询意见表、征地和安置补偿方案及经城市土地行政主管部门盖章的征地协议、项目初步设计方案、批准的总平面布置图或建设用地图,报城市规划行政主管部门审核后,由城市规划行政主管部门下发《选址规划意见通知书》。

(二)申请建设用地规划许可证阶段

开发商持城市计划部门批准征用土地的计划任务、市政府批准征用农田的文件(使用城市国有土地时,需持城市土地管理部门的拆迁安置意见)、1/2000 或 1/500 的地形图、《选址规划意见通知书》、要求取得的有关协议与函件及其他相关资料,向城市规划行政主管部门提出申请。经城市规划行政主管部门审核后颁发《建设用地规划许可证》。《建设用地规划许可证》主要规定了用地性质、位置和界限。

(三)规划设计条件审批阶段

开发商需持城市计划管理部门批准的计划任务、开发商对拟建项目的说明、拟建方案示意图、地形图(单位建筑 1/500,居住建筑 1/2000,其中一份画出用地范围)和设计单位提供的控制性规划方案及其他相关资料,向城市规划行政主管部门提出申请,经城市规划行政主管部门审核后,下达"规划设计条件通知书"及用地红线图。"规划设计条件通知书"主要规定了征地面积、规划建设用地面积、总建筑面积、容积率、建筑密度、绿化率、建筑后退红线距离、建筑控制高度和停车位个数等。

(四)设计方案审批阶段

开发商应首先委托有规划设计资格的设计机构完成不少于 2 个方案设计,然后持设计

方案报审表、项目各设计方案的总平面图(单位建筑1/500,居住建筑1/2000,其中一份画出用地范围)、各层平、立、剖面图、街景立面图等(1/100或1/200)、方案说明书及其他相关资料,向城市规划行政主管部门提出设计方案审批申请,城市规划行政主管部门接此申请后协同其他有关单位,审查该详细规划设计方案并提出修改或调整意见。之后,开发商根据审查意见对设计方案进行调整修改,再报城市管理部门审批。审批通过后由城市规划管理部门签发《规划设计方案审批通知书》。

(五)建设工程规划许可证阶段

开发商需持由城市建设主管部门下发的年度施工任务批准文件、工程施工图纸、工程档案保证金证明、其他行政主管部门审查意见和要求取得的有关协议(如使用水、电、煤气、热力等的协议),向城市规划管理部门提出申请,城市规划管理部门接此申请后,将负责主持召开市政配合会,组织有关单位进行综合图会签等工作。最后签发《建设工程规划许可证》。

(六)竣工验收阶段

开发项目竣工后,城市规划管理部门将参与项目的竣工验收工作,以检查项目开发建设过程中的有关规划要求设施是否得到遵守,配套建设的基础设施和公共服务设施是否已同期建设完毕。

复习思考题

1. 控制性详细规划有哪些主要内容?
2. 城市规划与房地产开发的关系如何?
3. 当前对规划设计进行管理的方法有哪些?

第七章 房地产开发建设过程

取得了房地产开发建设用地的使用权,做好了工程的规划与设计,房地产开发工作就进入了建设过程。房地产开发的建设过程大致分为项目建设准备阶段、招标投标阶段、施工阶段和竣工验收阶段。本章主要介绍工程建设的招标与投标,工程项目管理和竣工验收等主要内容。

第一节 房地产开发招标与投标

开发项目招标是开发企业择优选择施工单位,投标是施工单位争取获得工程项目的施工任务。通过招标方式发包房地产开发项目的建设工程有利于开发商控制建造成本,实施项目管理。

一、招标投标的概念

房地产开发项目的招投标是指房地产开发商设定"开发项目建设工程施工"这一目标,招请若干个建筑承包商进行秘密报价竞争,由房地产开发商择优选取,并与之达成协议,签订合同,实施合同的过程。

房地产开发商在招标时必须考虑投标单位的技术实力、经济实力、管理经验、效率的高低、报价是否合理、信誉是否良好等诸因素,在众多投标者中按照技术先进、质量最佳、工期最短、造价最低等标准选择中标者。在开发项目建设阶段,除了建设工程施工可以通过招标方式发包外,其他内容如项目设计,设备及材料采购等均可采用招标方式发包。

招标投标的特点是具有竞争性,招标单位通过发布招标公告,招请众多投标者前来投标,在投标者之间展开竞争,使招标单位可以择优选取中标者。同时,对投标者改善经营管理,推广先进技术的使用,提高劳动生产率也起到推动作用。招标投标双方应坚持自愿、公平、等价、有偿和守信的原则。招标投标制度,受国家法律的约束和保护。

二、招标方式

根据建设工程性质、规模、复杂程度及其他一些客观条件的不同,招标方式可分为公开招标、邀请招标、和协商议标三种。房地产开发商可依开发项目的建设规模和复杂程度选择其中某种方式。开发商一般采用公开招标和邀请招标方式,个别较特殊的开发项目,可采用协商议标方式,但应在招标申请中写明理由,并经招标投标管理部门批准后,方可采用。

(一)公开招标

公开招标是指,开发商本身或委托招标单位,通过海报、报刊、广播、电视等手段,在一定范围内公开发布招标公告,以招揽具备相应条件而又愿意参加投标的一切单位前来投标。

公开招标的优点是开发商有较大的选择范围,可以在众多投标者之间选择报价合理、工期短、信誉好的承包单位。这种公开竞争的方式会促使承包单位努力提高开发项目建设工程的质量、缩短工期、降低成本造价;但缺点是开支较大、工作繁杂、耗费时间较长。

公开招标的适用对象通常是规模较大、建设周期较长、技术复杂的开发建设项目。此时开发商不易掌握其造价和控制工期,因而可通过公开招标方式,从中选择提供合理标价和较短工期的投标单位承包该项工程。

(二)邀请招标

邀请招标是指招标单位向经事先选择的数目有限的承包商发出招标邀请书的方式,邀请其所信任的,具有相应资格的建筑承包商参加开发项目建设投标竞争的一种发包方式。邀请招标又称有限招标或选择性招标,是非公开招标方式的一种,被邀请参加的承包商通常在3至10个之间。

邀请招标的优点是由于被邀请参加的投标人有限,开发商不仅可以节省招标费用,提高招标工作的效率,而且可以节省时间。缺点是这种方式限制了竞争范围,把许多可能的竞争者排除在外,缩小了开发商的选择余地。

邀请招标的适用对象通常是那些工程性质比较特殊,要求有专门经验的技术人员和专业技术,只有少数承包商能够胜任的建设项目,或是由于一些特殊原因不宜公开招标的建设工程。

(三)议标

议标是指由招标人直接指定投标人,或由招标人的上级主管部门向招标人推荐或指定投标人。议标也是非公开招标的一种。

议标具有选择对象单一、缺乏竞争性的特点。这种方式通常适用下列情形:工程的性质特殊,内容复杂,发包时尚不能清楚、详尽地确定其中若干技术细节和近似工程量;由于特定原因(如需要专门的经验或特殊设备,为了保护专利、保密性较强的工程项目等),只能考虑某一家符合要求的承包商;工程规模不大,且同已发包的大工程相连,不易分割;边设计边施工的紧急工程等。在房地产开发项目中很少出现这种情况。

三、招标的程序

房地产开发项目建设工程招标是一项政策性强、环节多、内容复杂的工作,必须按照一定的程序进行,通常包括以下环节。

(一)申请招标

申请招标应具备以下条件:房地产开发建设项目已列入城市年度开工计划;有经批准的设计单位出的设计图纸和概(预)算文件;已获得土地使用权,领取了建设用地许可证和建设工程规划许可证;已完成拆迁安置工作,施工现场的水、电、路和通讯条件已经落实;建设资金、材料、设备计划和协作配套条件均已分别落实,能够保证供应,使拟建工程在预定工期内能连续施工。此时,开发商即可向当地建设主管部门办理建设工程开工审批手续。经批准后持建设主管部门同意招标的"建设工程开工审批表"和招标申请书,开发商可向招标管理部门登记,只有在获得招标批准后,方可进行招标。

(二)编制招标文件

当招标申请获得批准后,即应着手准备招标文件。招标文件是整个工程招标的核心,具有法律约束力,要求严密细致。招标文件是开发商向投标人介绍工程情况和招标条件的重要文件,也是签订工程承包合同的基础。招标文件一般包括以下内容:

1. 工程综合说明

目的在于帮助投标单位了解招标工程的概况,其主要内容有:工程概况(工程名称、性质、地点、建筑面积、结构类型、附属工程等）；招标范围、设计条件、工程质量、技术要求；装修标准及采用新技术、新材料的要求；建设工期和施工条件；工程款项支付方式及主要合同条款等。

2. 招标方式及对分包单位的要求

在招标文件中应说明采取何种招标方式，即是公开招标、邀请招标还是议标，若开发项目建设工程规模较大，承包商承包后要进一步分包的话，招标文件中应说明对分包商的要求。

3. 主要材料与设备的供应方式

若工程采用完全包工包料的方式，则招标文件中应写明对材料、设备的品牌、规格、产地等的要求；若工程采用包工不包料方式，则在招标文件中应载明所提供的材料、设备的品种、规格和供货时间。

4. 投标须知

投标须知是指导投标者如何正确投标的文件，目的在于避免造成废标，使招标取得圆满结果。其内容应包括：投标人编制、密封和投送标书的注意事项；评标的优先条件、废标条件；勘察现场和答疑的安排；投标截至日期及开、决标的时间地点；与中标单位签订合同的时间及对未中标单位退还招标文件的要求等。

5. 招标文件附件

主要包括招标工程的设计图纸和技术说明书及工程量清单。

（三）确定招标工程标底

确定标底是招标的一项重要准备工作，标底是招标工程的预期价格，是审核投标报价、评标、决标的重要依据之一。编制标底方法有以下几种：以施工图预算为基础编制标底；以概算为基础编制标底；以扩大综合定额为基础编制标底；以平方米造价包干为基础编制标底。标底的作用：一是使招标单位预先明确自己在拟建工程中应承担的财务义务；二是给上级主管部门提供核实建设规模的依据；三是作为衡量投标单位标件的依据。因此，标底应该以严谨的态度和科学的方法来确定。

（四）确定招标方式

开发商在完成标底确定后，即可决定采取何种招标方式，并在招标申请中提出，经招标管理部门批准后，根据所批准的形式，发出招标公告或邀请投标函。

采用公开招标方式时，招标人可根据工程性质和规模，通过国家指定的报刊、信息网络或其他媒介发布招标公告。招标公告的主要内容是：招标单位的名称和地址；招标工程的名称、项目性质、数量、实施地点和时间；投标单位资格，获取招标文件的方法等事宜。

采用邀请招标方式时，招标人应向预先选定的、具备承担招标项目能力的、资信良好的三个以上建筑承包商发出投标邀请函。

（五）投标单位资格审查

投标单位资格审查的目的在于了解投标单位的技术和财务实力，以及施工和管理经验，限制不符合条件的单位盲目参加投标，以使招标获得比较理想的结果。在公开招标时，通常采用资格预审的方法，在发售招标文件之前进行资格审查，合格者才准许购买招标文件。在邀请招标时，则在评标的同时进行资格审查。

对投标单位资格审查的主要内容为：企业注册证明和资质等级；主要施工经历；技术力

量、施工机械设备简况；资金、财务状况，经营管理情况等。

（六）招标工程交底及答疑

招标单位发出招标文件，投标单位勘察工程现场后，应邀请投标单位代表开会，进行工程交底，并解答疑问。

工程交底的内容主要是介绍工程概况，明确质量要求，验收标准及工期要求，若为由开发商供料的项目，应说明供料情况，材料款和工程款的支付方式及投标注意事项等。

对投标单位提出的质疑，应以书面形式答疑，并印发给各投标单位，作为招标文件的补充。

（七）开标、评标和决标

1. 开标

投标截止后，招标单位应按规定的时间开标。在确定的时间、地点、由招标单位主持，各投标单位、公证机构和招标主管部门参加。开标时，由投标单位或其推选的代表检查投标文件密封情况，也可由公证人员检查并公证，经确认完好无损后，当众开标，启封标书。然后宣布各投标单位的名称、投标报价及投标文件的主要内容，并在预先准备的表格上逐项登记。登记表由读标人、登记人和公证人签名，作为开标的正式记录，由招标单位保存，具有法律效力。

开标后，若全部投标单位的报价均超出标底过多，经复核标底无误，招标单位可宣布投标无效，另组织公开招标或邀请招标、议标。

2. 评标

评标由招标单位依法组成的评标委员会负责，开标后应先排除无效标书，并经公证人员检查确认，然后由评标委员会从工程技术和财务的角度审查评议有效标书。评标委员会由招标单位的代表和有关技术、经济方面的专家组成。评审原则和标准必须在开标当场公布，并记入开标记录。评审应坚持公平竞争原则，对所有投标单位一视同仁。如果对某些投标单位有优惠条件，应在招标公告或投标须知中预先说明。评审标准是投标者拥有胜任招标工程的技术和财务实力，信誉良好、报价合理。

评标委员会在评审各有效标书后，应按标价从低到高的顺序列出清单，写出评标报告，推荐1~3个候选的中标单位，交招标单位作最终决策。

3. 决标

招标单位根据评标委员会推荐的候选中标单位的技术力量、施工方案、机械设备、材料供应以及决定标价的其他因素进行调查与磋商，全面衡量，择优决标，决标后应立即向中标单位发出中标通知书。

（八）签订合同

中标通知书发出后，招标单位应与中标者在约定期限内就签订合同进行充分磋商，双方就合同条款达成协议，签订了合同，招标投标工作即圆满完成。

第二节　工程项目管理

一、基本概念

（一）项目的概念

项目是指在一定的条件下（限定资源、限定时间、限定质量），具有特定明确目标的一次性任务或工作。实施一个项目的步骤通常是:对项目作总体设想,确定项目性质、特点和目标;选择合适的方案,制定规划并作好准备;组织实施,对项目的进度、成本和质量进行控制;项目完成后的检查、分析、总结、效果评定。

(二)项目管理的概念与特征

项目管理是将有关的知识、技能、设备和技术等综合应用于项目中,以成功完成项目预期目标的活动。其目标是设法使项目成本、进度、资源和进度四要素达到最优均衡控制。主要具备特征:目标明确,即在限定的资源、时间、质量的范围内,确保高效率实现项目目标;项目经理个人负责制,防止相互扯皮、职责不清和效率低下;充分的授权和保证系统,这是保证项目成功的基础。

(三)项目管理的基本职能

项目管理的基本职能主要有四个方面,一是计划职能;二是组织职能;三是协调职能;四是控制职能。

二、房地产开发项目管理

(一)房地产开发项目的主要特征

一个开发项目,从投资决策分析至经营销售与管理,经历市场调查与预测、可行性研究、项目决策、取得土地使用权、拆迁安置、三通一平、项目招标、施工建设、竣工验收、经营销售、售后管理等一系列过程。从项目管理角度主要具备以下特征:

1. 开发项目实施的一次性

这个特征给项目带来较大的风险性和管理的特殊性。必须掌握开发项目管理的内在规律,运用科学的管理手段确保项目一次成功。

2. 开发项目目标的明确性

这个特征一方面体现在项目完成后实现功能性要求和各项效益指标的成果性目标;另一方面体现在对项目进度、成本、质量进行控制的约束性目标。目标的实现意味着开发项目的完成。

3. 开发项目的系统性

开发项目是由各种资源,诸多要素综合而成的有机整体。作为一个整体,要求有一个管理保证系统,统筹协调开发项目的全过程和目标。这个保证系统的全权负责人就是项目经理。

4. 开发项目有较多的结合部

通常,开发项目管理层次较多,参与项目的部分和影响因素越复杂,项目的结合部就越多,其管理协调就越困难,对项目管理水平要求也就越高。所以,尽量简化管理层次,尽可能减少开发项目结合部,对重点部位实施强有力的管理措施,是开发项目管理的重要原则。

(二)开发项目管理程序

1. 确定管理目标

管理是针对所要解决的问题而进行的组织、控制、协调等活动。在开发项目实施过程中,发现可能会出现的问题,针对问题调查分析,搞清原因,确定解决问题所期望达到的结果,即确定管理目标。

2. 制订计划

在确定管理目标的基础上,制订解决问题的行动方案,这是决策的基础。要在深刻了解对实现目标起限制作用和决定性作用的各种因素的前提下,制订切实可行的计划。

3. 决策与实施

在计划的基础上,进一步分析、比较、评价、选择最优方案是开发项目管理过程的关键环节。开发项目负责人组织各方面力量执行决策方案也就是全面实施过程。在实施过程中,必须组织好人力、物力、财力、协调好各方面关系,做好组织落实、责任落实、分工明确、确保顺利实施。

4. 监督与控制

为确保目标的实现,按照事先制订的计划和标准通过各种行之有效的方式对项目进行检查、引导、纠正的行为过程。对开发项目的监督与控制,主要体现在:监督决策方案是否被执行;监督执行情况;建立有效的信息反馈系统,使决策方案在实施中不断得到补充、修改和完善;检查执行决策方案的结果等几个方面。

(三) 开发项目管理的工作内容

1. 开发建设用地

明确土地使用权获取方式,了解施工现场情况,清楚基地内地下构筑物情况及对拟建建筑物产生的影响,基地的边界、形状对建筑物平面设计的限制及规划设计条件等。

2. 开发建设的法定手续

确认开发建设项目是否已得到政府有关部门的立项批复,是否已取得建设用地规划许可证,规划设计方案是否已获政府有关部门批准,城市基础设施落实情况,是否已持有建设工程规划许可证和开工许可证等诸多事项是否均已落实,这对项目管理者来说是至关重要的,只有这样才能确保项目顺利实施。

3. 开发项目合同管理工作

开发项目在实施过程中,要签订诸如征地拆迁合同、勘察设计合同、工程承包合同、材料和设备供应合同等一系列的合同。这些合同是开发项目管理的重要依据,合同管理也是开发项目管理的主要任务之一,包括了起草合同文件,参加合同谈判、签订、修改,在执行合同期间处理合同纠纷、索赔事宜等。另外,开发项目管理人员还要清楚工程量清单情况及整个工程费用中工程款的支付情况。

4. 选择承包商

采用公开招标方式发包建设工程,通常将工程承包权授予报价最低的承包商;采用邀请招标的方式发包建设工程时,项目经理应与监理工程师在承包对象选择上达成一致。项目经理还应确定是否要承包商提供履约保函,如果承包商提供的条件均能满足要求,就可以签署承包合同。

5. 施工现场监督

在施工阶段,项目经理要安排监理人员对施工现场进行监督,不管承包商信誉多好,项目经理都要安排专业人员或监理工程师与承包商的工作人员共同完成这项工作。

6. 施工阶段

一旦承包商的施工队伍进入现场,开发项目管理人员的责任就是保证各种进度计划实施,费用支出保持在合同有关条款规定的范围之内。为使项目经理有效地履行职责,全体项目管理人员要定期举行会议。根据工程的规模、复杂程度及所处地段,确定会议的频繁程度和出席人员。项目经理也可根据具体情况召集临时会议。项目经理、监理工程师、造价工程师是项目管理队伍的核心。若项目经理同时负责开发项目的租售事宜,则估价师、物业代理也是项目管理班子的成员。

7. 开发项目竣工验收工作

竣工验收是开发项目管理的重要环节,是全面检验设计和施工质量,考核工程投资的重要依据。要严格执行标准,保证验收质量。同时,要及时验收,抓紧投入经营和交付使用,使开发项目尽快发挥投资效益。

在承包商将建成的建筑正式交予开发商之前,监理工程师应准备一份隐患清单,要求承包商在正式交工前予以修复。为确保承包商对缺陷的修复,通常由开发商指定的检测人员、政府质量监督部门代表、项目经理、未来使用者的代表联合对缺陷修复情况进行检查。项目完工后,开发商要根据建设工程承包合同的规定,扣下一定比例的工程款作为承包商缺陷责任的滞留金,确保承包商在缺陷责任期内,对非设计原因导致的建筑物缺陷负责修理。另外还要注意,不仅要对主体工程进行检查验收,还要对附属工程进行检查验收。同时,对承包商在施工过程中给周围道路及其他设施的损坏,也应令其修复。

8. 开发项目管理队伍的管理

对项目管理的最基本要求是,在项目进行过程中,项目管理队伍中每一名成员都清楚自己的责任,并确保履行自己的职责。明确各自的授权范围,确保财务控制的有效性。

三、工程项目管理

工程项目管理是开发项目管理的主要组成部分。开发项目在完成规划设计、征地拆迁后,就进入了开发建设项目施工阶段,这个阶段的管理通称为工程项目管理。工程项目管理的目标,是在预算成本和计划工期范围内,高质量地完成施工任务。工程项目管理的实施,可由开发商自己组织的管理队伍管理,也可委托监理机构负责管理。工程项目管理的内容主要有,工程质量、进度、成本控制;工程合同、施工安全、信息管理;开发商、建筑承包商、建筑工程师的关系协调等。

(一)工程质量控制

1. 工程质量控制的概念

质量控制是指项目管理机构以合同中规定的质量目标或国家标准、规范为目标所进行的监督与管理活动,包括决策阶段、设计阶段、施工阶段的质量控制。工程质量控制的主要任务是在施工过程中及时发现施工工艺是否满足设计要求和合同规定,对所选用的材料和设备进行质量评价,对施工全过程的工程质量进行评估,并根据国家规范、技术标准、规定做出评判。

2. 工程质量控制的环节

工程质量控制一般包括三个环节,一是确立控制计划与标准,即对影响质量的各种因素制定计划;二是按计划实施,并在实施中进行检验和评定;三是对不符合计划的情况进行处置,及时纠正。

3. 工程质量控制的内容

(1)对原材料的检验

材料质量好坏直接影响工程质量。为保证材料质量,应在订货阶段就向供货商提供检验的技术标准,并将这些标准列入订购合同。有些重要材料应在签订购货合同前取得样品,材料到货后再与样品对照检查。未经检验或检验不合格的材料不得入库。

(2) 对工程中的配套设备进行检验

在各种设备安装前均应进行检验和测试。确立设备检查和试验的标准、手段、程序、记录、检验报告等制度;对于主要设备的试验和检查,可采取到制造厂监督和检查的形式。

(3) 确定施工中控制质量的具体措施

检查各项施工设备、仪器、保证在测量、计量方面不出现超标误差;严格控制混凝土质量,设立水泥、砂、石和水灰比的严格计量手段,专人负责检验混凝土试块制作以及挖方、定位、支模和钢筋绑扎等工序;制定有效的质量检查和评定方法,以保证砌筑工程、装饰工程和水电安装工程质量符合合同中规定的技术要求。

(4) 建立有关质量文件的档案制度

(二) 工程进度控制

1. 工程进度控制的概念

工程进度控制是对工程建设项目的各建设阶段的工作顺序和持续时间进行规划、实施、检查、协调及信息反馈等一系列活动的总称。工程进度控制是施工现场管理最为重要的工作,其最终目的是确保项目时间目标的实现。

2. 工程进度控制的内容

(1) 对项目施工总周期进行具体的论证分析;

(2) 编制项目施工进度计划;

(3) 编制项目其他配套进度计划;

(4) 监督项目施工进度计划的执行;

(5) 施工现场的调研与分析。

3. 工程进度计划的编制

(1) 根据工程规模大小和复杂程度,将全部工程内容分解和归纳为单项工程和工序。一个施工项目首先可分为房屋建设工程、道路和室外管道工程等较大的分项工程,然后将每一分项工程进一步分为土方工程、基础工程、主体结构工程、设备安装工程、其他建筑工程等分部工程。

(2) 统计计算每项工程内容的工作量。一般用工程量表中的计量单位来表示工作量。另外,工程进度也可用完成的投资额占总投资额的比例来表示。

(3) 根据每项工程的工作量计算所需时间,用天数表示。

(4) 按照施工的工艺顺序和逻辑关系排列各工序的施工顺序,从每项工序的最早可能开工时间推算下去,可得出全部工程竣工日期;再逆过来,从竣工日期向前推算,可求出每一工序的最迟开始日期。如果某工序的最早可能开工日期早于最迟开工日期,说明该工序有机动时间,该工序只要在最早可能开工日期和最迟开工日期之间任何时间开工,均不会影响项目的竣工日期;但如果某工序的最早可能开工日期与最迟开工日期相同,则说明该项工作没有可调节的机动时间,是一项关键工作,必须按时开工,按时完工,否则将会影响项目的竣工日期。

4. 工程进度控制的方法

(1) 横道图法

这是一种用直线线条,在时间坐标上表示某项工作的计划时间的方法。横道图法有直观、易懂、绘制简便等优点。在图上可以清楚地反映各项工作的起止时间,适合于一些不太复杂的建设工程。横道图的缺点是不能反映各项工作之间的相互依赖和相互制约关系,不能反映哪些工序是关键工作,且不能利用计算机进行调整和优化。

(2) 网络图法

这是一种以网络图的形式来表达工程进度计划的方法。其基本原理是:首先用网络形式来表示进度计划中各项工作的先后顺序和逻辑关系;然后通过计算找出计划中的关键工作和关键线路,在计划执行过程中进行有效的控制和监督,合理安排人力、物力、财力完成目标任务。网络计划可以进行调整、优化,从而求得各种优化方案。网络图有单代号网络图;双代号网络图和时标网络图三种表现形式。

5. 其他配套进度计划

除了工程进度计划外,还有材料供应计划、设备周转计划、临时工程计划等。这些计划的实施情况也会影响整个工程进度。

(三) 工程成本控制

工程成本控制是在不影响工程进度、质量、安全施工的前提下,将工程的实际成本控制在预算范围内。是监督成本费用、降低工程造价的重要手段。

在项目的投资决策、设计和工程发包阶段都要进行成本控制,这里主要讨论项目施工阶段的工程成本控制。

1. 施工阶段成本控制的主要内容

(1) 编制成本计划,确定成本控制目标

工程成本费用是随着工程进度逐期发生的,根据工程进度计划可以编制成本计划。成本计划的主要内容包括材料设备成本计划、施工机械费用计划、人工费成本计划、临时工程成本计划、管理费成本计划。根据以上几个成本计划的总和,即可得出成本控制总计划。在工程施工中,应严格按照成本计划实施,严格控制计划外开支。

(2) 审查施工组织设计和施工方案

由于施工组织设计和施工方案对工程成本支出影响很大,所以制定科学合理的施工组织设计和施工方案,将能有效地降低工程建设成本。

(3) 控制工程款的动态结算

工程款的支付方式有按月结算、分段结算、竣工后一次结算和双方约定的其他方式等。工程款结算方式不同,对工程成本支出款有较大影响。从开发商角度讲,工程款支付越晚越有利,但应考虑到建筑承包商有可能由于自身垫资和融资能力有限而影响工程质量和进度。

(4) 控制工程变更

在项目实施过程中,由于实际情况发生变更,经常会出现工程量变化,施工进度变化,及开发商与建筑承包商在合同执行中产生争执等,都可能使建设成本超出预算成本。因此,应尽量减少和控制工程变更的数量。

2. 控制工程成本的方法

(1) 加强全面管理,强化成本意识

应事先听取现场管理人员的意见和建议,制订切实可行的成本计划。在实施成本计划中,及时掌握施工管理人员的反馈,以便进行必要的修改或调整。强化成本控制意识,协调各部门共同参加成本控制工作。

(2) 确定成本控制对象

在制订成本控制计划之前,要根据工程规模和项目性质详细分析成本构成,分清主要费用与次要费用,变动费用与固定费用。成本控制的主要对象是主要费用中的变动费用。

(3) 完善成本控制制度

为确保计划的实施必须有完善的制度来保证。成本管理人员应首先编制一系列标准的报表并规定报表的填表内容和方法,其次,还应规定和成本控制相关的各级管理人员的职责,明确成本控制人员与现场管理人员的合作关系和职责划分。为调动各方面有关人员降低成本的积极性,制定有效的奖励措施。

(四) 合同管理

合同的设立,是为使合同各方在经济法规约束下,各自履行一定的责任,以达到各自的经济目的。为实现合同的规定目标,对合同进行管理是十分必要的。

1. 合同在工程管理中的作用

(1) 确定了工程实施和管理的工期、质量、价格等主要目标,是合同双方在工程进行中各种经济活动的依据。

(2) 规定了双方的经济责任、利益和权力,是调节双方在合同实施过程中责、权、利关系的主要手段。

(3) 合同一经签署,即成为一个法律文件,具有法律约束力。履行合同按合同办事,是合同双方的最高行为准则。

(4) 项目的合同体系决定了该项目的管理机制,开发商通过合同分解或委托项目任务,实施对项目的控制。

(5) 是合同双方在工程实施过程中解决争执的依据。

2. 合同管理的主要工作内容

(1) 建设工程合同的总体策划

合同双方要认真研究确定影响整个工程,整个合同实施的根本性、方向性等重大问题,确定工程范围、承包方式、合同种类、合同形式与条件、合同主要条款、合同签订与实施过程中可能遇到的重大问题及相关合同的协调等。

(2) 招标投标阶段的合同管理

由于招标投标是合同的形成阶段,这个阶段合同管理的主要任务是通过对招标文件、合同风险、投标文件等的分析和合同审查,明确合同签订前应注意的事项。

(3) 合同分析与解释

通过合同分析具体落实合同执行战略,还要通过合同分析与解释,使每一个项目管理人员,都明确自己在整个合同实施过程中的位置,应起的作用,这是合同执行的基础。

(4) 合同实施过程中的控制

这个阶段的主要工作包括合同实施监督、合同跟踪、合同措施的决策等立足于现场的合同管理。建立合同实施保障体系、完善合同变更管理、合同资料的文档管理,是搞好合同实施过程控制的关键。

(五) 安全管理

安全问题是影响工程建设进度、质量和成本的重要方面,工程建设中安全管理应遵循的原则是安全第一、预防为主。加强安全管理对提高开发项目的经济效益和社会效益有着重要的意义。对不同阶段的安全管理有着不同的要求。在规划设计阶段,要求工程设计符合国家的建筑安全规程和技术规范,保证工程的安全性能;在施工阶段,要求建筑承包商编制施工组织设计时,应根据工程特点制定相应的安全技术措施;对特殊的工程项目,应编制专项安全施工组织设计,采取相应的安全技术措施。为达到安全生产的目的,承包商要在施工现场采取维护安全、防范危险、预防火灾等措施。还应遵守有关环境保护和安全生产的法律、法规。施工现场的安全由建筑承包商负责。开发商或其委托的监理工程师应监督承包商建立安全教育培训制度,对危及生命安全和人身健康的行为有权提出批评、检举和控告。

第三节　工程竣工验收

工程竣工验收是项目建设全过程的最后一道程序,是考核工程成本,检验设计和工程质量的重要环节。开发商对确已符合竣工验收条件的开发项目,都应按有关规定和国家质量标准,及时进行竣工验收,并抓紧投入经营和交付使用,使项目能尽快发挥经济效益和社会效益。竣工验收阶段的主要任务是:对项目施工管理的全过程进行系统总结;对工期、质量、成本进行分析,安排好竣工计划及收尾工作;办理竣工结算、工程档案资料移交、保修手续等有关竣工验收准备工作。

一、工程竣工验收的条件

建筑工程竣工验收,必须具备以下条件。

(一) 必须符合建筑工程质量标准

这里的工程质量标准包括依照法律、行政法规的规定制定的保证工程质量和安全的强制性国家标准和行业标准;建筑工程承包合同约定的对该项工程特殊的质量要求;在工程设计文件中提出的有关工程质量的具体指标和要求。

(二) 有完整的工程技术经济资料

主要包括工程承包合同、项目用地批文、设计图纸和文件;工程所用主要建材、构配件和设备的出厂检验合格证明与进场检验报告;申竣工验收的报告及相关技术档案等。

(三) 有工程质量保修书

工程竣工验收合格交付使用后,承包商应对其施工的建筑工程质量在一定期限内承担保修责任。为此,承包商应按规定提供工程质量保修书,作为其承担质量保修责任的书面凭证。

(四) 具备国家规定的其他竣工条件,对国家规定的其他竣工条件,如住宅小区公共配套设施、市政公用基础设施工程等也均应符合竣工验收条件的要求。

二、工程竣工验收的依据

工程竣工验收的依据主要有经过审批的项目建议书、年度开工计划、施工图纸和说明文件、设计变更洽商记录、施工技术规程、施工验收规范、质量检验评定标准、合同中关于竣工验收的条款等。

三、竣工验收的工作程序

当工程项目具备竣工验收条件,由承包商按国家工程验收有关规定,向开发商提供完整竣工验收资料及竣工验收报告,并提出竣工验收申请。开发商负责组织验收工作,并对验收给予认可或提出修改意见,承包商按要求修改,并承担由自身原因造成修改的费用。竣工验收的工作程序主要为以下几步。

1. 工程竣工后,承包商向开发商递交竣工报告。

2. 开发商根据设计资料、图纸、隐蔽工程验收资料、关键部位施工记录等初步检验工程施工质量。

3. 由开发商组织承包商、设计单位、使用方、质量监督部门等共同检查,评定工程质量、技术资料和竣工图纸,进行共同验收。

单项工程经过共同验收,验收合格者由验收单位开具竣工证书。

总体开发项目建设完毕后,经过共同验收后,还要进行综合验收。由开发商向主管部门提出验收报告,主管部门组织建委、银行、人防、环保、消防、开发、规划等相关部门进行综合验收,签发验收报告。

4. 编制工程决算

竣工决算是反映项目实际造价的技术经济文件,是开发商进行经济核算的重要依据。每项工程完工后,承包商在向开发商提出有关技术资料和竣工图纸的同时,都要编制工程决算,进行财务结算。工程决算应在竣工验收后一个月内完成。

5. 编制竣工档案

技术资料和竣工图是开发建设项目的重要技术管理成果,是使用者正常使用、管理和进一步改造、扩建的依据。因此,开发项目竣工后,要认真组织技术资料的整理和竣工图的绘制工作,编制完整的竣工档案,并按规定移交给开发项目产权所有者和城市建设档案管理机构。

竣工档案中技术资料的内容主要有:前期工作资料,土建资料,安装方面的资料,而竣工图是真实记录各种地下、地上建筑物、构筑物等详细情况的技术文件,是对工程进行验收、维护、改造、扩建的依据。技术资料齐全、竣工图准确、完整、符合归档条件即为工程竣工验收提供了有效的保证。

复习思考题

1. 招标投标的概念是什么?有哪几种招标方式?主要程序是什么?
2. 项目管理的概念、特征及基本职能是什么?房地产开发项目的主要特征有哪些?
3. 开发项目管理程序及主要工作内容,工程项目管理包含哪些主要内容?
4. 工程竣工验收的条件及验收的依据是什么?竣工验收有哪些主要工作程序?

第八章 房地产市场与价格

房地产价格是土地和建筑物价格的总称,它是调节房地产开发经营促进房地产经济发展的有力杠杆。就房价与地价的关系来说,地价是房价的组成部分和基础,同时地价又要通过房价来实现。本章将分别从土地价格、建筑物价格和房地产价格不同的层面来进行分析。

第一节 土 地 价 格

在房地产开发活动中,土地既可能是投入,又可能是产出,它的价格属性具有一定的复杂性,因此我们研究土地价格首先从土地的经济属性入手。

一、土地的经济属性

不论是农村土地,还是城市土地就其本身来讲,都是一种自然资源。而现实中的土地,都是一种经过加工的土地。这种经过人类的开发、加工、改造,凝结了人类劳动,成为资本化的土地就是地产。土地在地产形态上包含土地本身和土地资本两个方面。因此完整的土地是商品化的土地和土地资本商品之和。

1. 商品化的土地

土地本身是一种自然物,它不是劳动产品,因此没有价值。所以土地不是商品。

但是土地具有特殊的使用价值,利用得当,可以为人类永续提供产品和服务,土地作为一种生产要素,它的数量是有限的;在一定的社会经济条件下,产生了土地所有权的垄断。因而土地权属关系成为一种经济关系,土地不能无偿让渡。受让土地者要向出让者支付一定的经济代价,即地价。这样本来不是商品的土地,由于获得了价格,可以交换,在形式上也就成了商品,成了商品化的土地。

土地的商品化由来已久,它在土地资源的流动中发挥着实际作用。在当今社会中也是调节人们之间的土地关系的重要内容。

2. 土地资本商品

土地资本是指为了提高土地生产率而投入土地并固定在土地内的资本。城市土地资本包括平整土地、铺筑道路,敷设供水排水、供电、供气、通讯等管道线缆设施的建设投资。土地资本商品是人们在土地开发中投入的物化劳动和活劳动,形成固定资产,成为新的具有使用价值的商品。

土地资本与商品化土地之间,经济特征是不同的。从实物形态看,土地资本所形成的固定资产会随着损耗而逐渐消失,商品化土地则不然,它将永续存在。从价值补偿方面看,土地资本所形成的固定资产按照资金占用利息的方式实现价值补偿。土地本身的补偿,通过地租或地租资本化价格来实现。

由于城市土地都是经过开发的,因此城市土地是土地本身和土地资本的统一体,是商品化土地与土地资本商品的统一体。二者作为一个共同的地产商品来流转。通过交换形成了价格,如果使用上面的分析方法,则地产的价格可以分为商品化土地的价格和土地资本商品的价格这样的两个部分。

二、商品化土地的价格与土地资本商品的价格

1. 商品化土地价格

(1) 土地的自然资源价格

商品化土地价格,它是土地作为自然资源的价格,因此它不是商品价值的价格,是土地所有权或使用权垄断条件下获得土地的所有权价格或使用权价格。

(2) 地租的购买价格

土地权属关系转换中最基本的形式是土地经营使用权的转换,即土地经营使用权的租赁,承租者要向租赁者支付地租,而土地所有权的买卖实际就是收取地租的权力的买卖,所以土地价格实际是地租的转化形态,叫做地租资本化价格。公式是:

$$V=\frac{R}{r}$$

式中 V——土地价格;

R——地租;

r——利息率。

从上式可以看出地价与地租成正比,与利息率成反比。这个公式是土地价格的最基本公式。

土地价格是土地所提供的地租的购买价格,地价是根据地租计算来的。先有地租,后有地价。地价是地租的资本化价格。

2. 土地资本商品价格

城市土地是经过开发过的土地,也就是说,城市土地的自然物质是凝结着人类劳动的成果,形成一定的土地资本商品,它的价格叫做土地资本商品价格。土地资本商品的价格是由投入土地的物化劳动和活劳动的价值决定的,它来源于土地开发的基础设施投资。土地资本属于固定资本的范畴,它的价值会随着土地的使用而逐渐损耗。它损耗的部分以固定资产的折旧形式来获得补偿,同时其余的实物形态上的价值,以资金占用利息的形式来补偿。

三、完整的土地价格

完整的土地价格由商品化的土地价格加上土地资本商品价格共同组成。这样,城市土地价格的构成要素主要有:

(1) 征地费用,它应当由反映农用土地所有权价格的因素和土地资本商品价格因素构成。

(2) 拆迁补偿费,它是旧城市土地开发中的土地价格构成要素。

(3) 土地出让金。

(4) 城市土地再开发费:

1) 七通一平费;

2) 基础设施费。

四、土地征用费

农用土地的征用包括两个过程:一是政府从集体土地所有者手中强制取得土地所有权;

二是政府把强制取得的土地使用权出让给土地的需要者。土地征用的全过程可以表示为

集体土地所有者 $\xrightleftharpoons[\text{补偿}]{\text{征收土地所有权}}$ 政府（保留土地所有权）$\xrightleftharpoons[\text{支付土地出让金}]{\text{出让土地使用权}}$ 土地需要者

一般来讲，农村土地的征用是土地所有权转移的过程，在土地征用过程中随同土地转移的还有土地附着物。土地征用的补偿就是对转移土地所有权及土地附着物的补偿。在土地征用中，虽然集体经济组织必须服从政府对土地的征用，即土地的征用具有强制性，但他们作为自主经营的独立的经济实体在经济上有权要求按市场价格转移其土地所有权。

在我国的土地征用中，按照新的《中华人民共和国土地管理法》对征用耕地的补偿费用包括土地补偿费、安置补助费以及地上附着物和青苗的补偿费。征用耕地的土地补偿费，为该耕地被征用前3年平均年产值的6至10倍。征用耕地的安置补助费，按照需要安置的农业人口数计算，每一个需要安置的农业人口的安置补助费标准，为该耕地被征用前3年平均年产值的4至6倍，但每公顷被征用耕地的安置补助费，最高不得超过被征用前3年平均年产值的15倍。土地补偿费和安置补助费的总和不得超过土地被征用前3年平均年产值的30倍。被征用土地上的附着物和青苗补偿标准，由省、自治区、直辖市规定。新的土地管理法对征用耕地的补偿尽管比以前有所提高，但用该补偿办法确定的土地征用价格实际上仍属于计划价格的范畴。这种补偿思路是与土地商品化的改革方向相悖的，也是当前征地难的原因所在。

从补偿费构成要素的性质上划分，土地补偿费、安置补助费属于原土地所有者土地所有权转移的价格，因为土地是农民赖以生存的生产资料和生活资料，失去土地就等于失去了劳动对象，因此土地补偿费、安置补助费属于土地资源价格，而地上附着物和青苗的补偿费属于原土地所有者对土地的投资，对这部分投资的补偿应为土地资本价格的范畴。我国的征地中更多地注重对土地资本价格的补偿，忽视对土地资源价格的补偿。

从我国的土地征用现实状况看，土地征用价格差距很大，一种情况是土地征用价格过低，农民抵触情绪很大；另一种情况是土地征用价格上涨过高，征地过程很艰难。

五、土地价格的形成机制

作为土地一级市场垄断者的政府如何确定待招标或拍卖的土地底价和保留价格呢？即出让土地使用权的价格如何决定呢？

原则应是社会福利的最大化。也就说，国家在追求经济效益的同时，还要兼顾社会效益和环境效益。

一般来说，垄断企业面对的需求函数是一个连续的单减函数，设市场的反需求函数为 $p=p(y)$，其利润最大化为 $MAX\, y \times p(y) - c(y)$，其中 y 为产量 $c(y)$，为成本函数，其一阶导数为

$$p(y)+y\times dp(y)/dy=c'(y) \tag{1}$$

这就是垄断企业利润最大化的条件。而作为土地垄断者的国家，其所追求的目标是社会福利的最大化。社会福利函数为

$$w(y)=u(y)+w-c(y)$$

其中 $w(y)$ 为社会福利函数，$u(y)$ 为效用函数，w 为原始禀赋，其社会福利最大化为

$$MAX\, u(y)+w-c(y)$$

其一阶导数为

$$u'(y) = c'(y) \tag{2}$$

把(2)代入(1)得：

$$p(y) + y \times dp(y)/d(y) = u'(y) \tag{3}$$

要使社会福利最大化得以实现，必须使 $y \times dp(y)/d(y) = 0$ 即 $p(y) = u'(y)$，实际上是完全竞争市场上利润最大化的定价原则。

上述分析表明，虽然国家垄断着城市土地，但为了社会福利的最大化，其土地使用权的出让的基准价格也应遵循完全竞争的市场经济原则来制定。

土地价格包括土地资源价格和土地资产价格。土地资产价格与一般商品的价格形成大体相同。土地资源作为商品与其他商品不同。一般商品的价格是由价值所决定的。并随着供求关系的变化而波动，土地资源不是人类劳动的成果，不包含价值，其使用价值在价格决定中起重要作用。因为土地的用途不同，其收益就不同，价格差别很大。据西方学者估算，农业、工业和商业用地的经济效益之比是 1∶100∶1000。土地价格是这样一笔资金，把它存入银行能带来与地租相等的利息。亦即土地价格是土地在使用期间土地纯收益的现值之和。可见，预期的土地纯收益是土地价格形成的基础，影响土地价格的其他因素决定了现实交易地价。与土地价格形成相关的因素如下。

1. 地租

土地价格与地租成正比，当银行利息率不变时，地租越大，土地价格就越高，反之，地租越小，土地价格就越低，地租中的级差地租的大小，主要受土地所处的区位、土地的用途等影响，一般城市中心的地租高，土地价格就高，偏僻地区地租低，土地价格就低，土地用于商业经营效果高，土地价格也高，土地用于建住房，经营效果相对较低，土地价格也较低。

2. 利息率

土地的价格与利息率成反比。在地租量一定时，利息率越高，土地价格就越低。反之，利息率越低，土地价格就越高。

3. 土地使用权的出让期

土地价格是若干年地租贴现值的总和，因而土地价格的高低与土地使用权的出让期正相关，同一块土地，在用途相同的条件下，其出让期越长，则土地价格越高，反之，出让期越短，土地价格越低。

4. 土地的供求状况

就总量而言，土地的供给是无弹性的，土地价格主要由需求状况决定。经济繁荣，对土地的需求增加，土地价格就会上升，经济衰退，土地的需求量减少，土地的价格就会下降。

5. 政府的土地利用规划和区划制度

土地的特性决定了土地资源的配置，调整要由政府直接参与。政府的土地利用规划区划制度对土地价格产生重大影响，当一个城市把某一片土地规划为城市新区时，这片土地的价格就急剧上升，当新区规划为不同用途的功能区时，此潜在效益最高的功能区如划为商业区用途的土地价格便扶摇直上。

6. 国家的法律法规和方针政府

世界上每个国家对有限的土地都十分珍惜，为管好、用好土地，各国都制定了相应的法律法规和方针政策，这些都对土地价格产生直接或间接的影响。

第二节 建筑物价格

在房屋开发建造过程中发生的一切合理必要费用加利润与税金形成建筑物的理论价格构成房地产价格的组成部分。按照现行制度的规定,建筑物价格由下列因素构成。

一、新建建筑物价格

1. 地质勘察与设计及前期工程费

主要包括总体规划设计费,水文与地质勘察测绘费、可行性研究费等。该项费用在财务核算中称作专业费用。

2. 建安工程费

包括建筑工程费和设备及安装工程费二大项内容。其中建筑工程费,是指在房屋开发过程中为建造房屋所支出的建筑工程、装修工程、房屋设备和管线敷设工程费用的统称。具体细分,包括土建工程、给排水工程、采暖通风工程、电气照明工程、装饰装修工程等的费用。设备及安装工程费用。按照现行的会计换算方法,建筑安装工程费分为三大类费用即:直接工程费、其他直接费和现场经费组成。

(1) 直接费。指在施工过程中直接耗费的构成工程实体或有助于工程实体形成的各项费用。包括材料费、人工费和施工机械使用费。

(2) 其他直接费。除了指直接费以外在施工过程中直接发生的其他费用。如冬季、雨季施工增加费、夜间施工增加费、材料二次搬运费,仪器仪表使用费、特殊工程培训费,特殊地区施工增加费、工程定位复测和场地清理费用等。

(3) 现场经费。指为施工准备、组织施工生产和管理所发生的费用。包括临时设施费和现场管理费两方面内容。临时设施费是指施工企业为进行建筑安装工程所必须的生活和生产用的临时建筑、构筑物和其他设施的搭设、维修、拆除费用,如工棚、材料库、办公室、加工棚等。现场管理费,指发生在施工现场,针对工程的施工建设进行组织经营管理等支出的费用,包括现场管理人员工资、福利费、劳保费、办公费,差旅交通费、固定资产使用费、工具命名用费、施工用财产和施工安全保险费、工程保险费等。

3. 间接费

指不直接施工的工艺过程所引起,但却与工程的总体条件有关的建筑安装企业为组织施工和经营,以及间接为建筑安装生产服务的各项费用。具体内容包括建筑企业管理费、财务费、设计费,招标费、概预算编制费、合同预算审查费、监理费、不可预见费、销售费、其他费等组成。

4. 利润

指建筑安装工程投资的利润。计算利润的方法,是用直接工程费加上间接工程费之和乘以计划利润率。用公式表示为

$$土地建设工程利润 = (直接工程费 + 间接费) \times 计划利润率$$
$$安装工程利润 = 人工费 \times 计划利润率$$

5. 税费

建筑安装工程税费是指按国家税法规定的应计入建筑安装工程费用的营业税、城市建设维护税、教育费附加。

二、房屋价格的主要评估方法

房屋估价必须按照国家法令，根据房屋建筑物的物理性能、技术指标、使用价值和市场现状等条件科学合理地确定评估旧房的价值。评估房价的方法也很多，常用的有四种：成本法、重置法、市场比较法、收益还原法。

（一）成本法

房屋估价的成本法以房屋的建造原值为基础，按平均年折旧计算出房屋现存值的估价方法。其计算公式是：

$$房产现存值 = 原值 - \frac{原值 \times (1 - 残值率)}{耐用年限} \times 已使用年限$$

按成本法评估房屋价格，是以营建房屋当年的物价与工资水平所决定的建造房屋的原值为基础，不与现实的物价联系，不受物价指数的影响，只是直接与建房时的物价挂钩。因而采用成本法评测房价的范围有限。只是在征收房屋税、核定企事业单位的固定资产、提取固定资产折旧基金、系统内部各单位有偿转让等小范围适用。

（二）重置法

重置法又称重置成新折扣法。在对旧房进行价格评估时，按现时的房屋建筑技术、工艺水平、建材价格、工资水平、运输费用和其他收费标准，确定建造与旧房同类结构、式样、质量、设备、装修的新房所需要的费用，再打折扣计算出房屋价格。国务院在 1988 年《关于印发在全国城区分期分批推行住房制度改革的实施方案的通知》中规定："旧住房标准价，按重置价成新扣除环境因素等按质计价。"目前我国在旧房估价中广泛应用重置法。它的计算公式是：

$$房产现价 = 重置价 - 折旧价 \pm 环境因素价 + 残值率$$

$$或 = 重置价 \times [(1 - 残值率) \times 成新率 + 残值率] \times (1 \pm 环境因素价)$$

$$或 = 每平方米重置价 \times [(1 - 残值率) 成新率 + 残值率]$$
$$\times (1 \pm 环境因素率) \times 建筑面积(平方米数)$$

其中旧房屋的重置价、折旧费、环境因素价的确定方法如下。

1. 旧房屋重置价的确定

确定旧房屋的重置价，是以现时建造该建筑物平均应支出的各种费用为标准。首先找出不同建筑结构所共有的几个部分，即屋顶、房架、墙身、地面、装修五个部分，然后根据五个构成部分的不同质量和不同等级估算出造价。确定不同的分数值。分数值是决定房价的关键，它由国家根据当时的建材价格、人工费用、运输费用计算确定。将五个部分的分数值相加，得出售房结构五个部分的分数之和，乘以房屋体积(层高 X 建筑面积)与标准体积(建筑面积 20 平方米、层高 3 米)之比，加上设备分，最后与该类结构房屋的分数值相乘，得出重置价。其计算公式是：

$$房产重置价 = \left(该结构房五个组成部分分数之和 \times \frac{房屋体积}{标准间体积} + 设备分数\right) \times 分值$$

例如，现有一幢钢混结构的房屋，建筑面积 60 平方米，柱高 3 米，房屋结构的五个部分估测得分为 60，设备分为 10。国家规定钢混结构的标准建筑物为建筑面积 20 平方米，柱高 3 米，一分值为 1000 元。这所旧房的重置价为：

$$重置价 = \left(60 \times \frac{60 \times 3}{20 \times 3} + 10\right) \times 1000 = 190000(元)$$

2. 房屋折旧费的确定

房屋折旧费的计算和确定,是评估房价的重要内容,也是影响房屋现价的重要因素。房屋折旧计算中重要的是确定折旧率。折旧率的计算一般采用平均年限法,亦称直线法,是一种房屋折旧随年限按等量折旧的方法。它根据房屋的正常使用年限、已使用年限、尚可使用年限和残值来测算旧房的新旧程度。这一折旧率的计算公式是:

$$折旧率 = \frac{房产价格 - 残值}{耐用年限} \div 房产价值$$

房屋折旧率的计算除了可以采用平均年限法外,还可使用定律递减法、年数比较法、新旧程度折旧法。

3. 环境因素的影响

关于环境因素对房屋价格的影响,主要是指噪音、空气污染、清洁、绿化等因素对房屋价格的影响。在评估房屋价格时,要根据这些环境因素对房屋价格影响程度的大小,对房屋价格加以修正调整。

(三)市场比较法

市场比较法是以市场上类似的房屋买卖实例同所要评估房屋互相比较来估算房屋价格的方法。其估价基本原理与土地估价的市场比较法相同。采用这种方法评估房屋价格时要求如下:其一,房屋买卖实例的资料要科学正确,丰富多样,具有可比性。如果房屋售价过高或过低,就没有可比性。资料缺乏,也不能作为比较的实例。其二,具有时间接近性和房屋同类性。房屋买卖实例的成交时间,与待评估房屋的时间愈接近,则买卖房屋实例的价格在评估房价中愈有用。另外,两种房屋的建筑年份、建筑面积、建筑结构、设计标准、装修设备以及地段、层次、朝向等要尽量是同类型,如二者稍有差异,应酌情确定差异调整率。如果是功能完全不同的房屋,则无法用此法加以比较。其三,要注意时间差带来的市场价格的变动性。房屋买卖实例的成交时间总是先于房屋评估时间,二者价格有时间差,因此,估价时要考虑时间差带来的物价变动因素,并作出相应调整。市场比较法主要适用于企事业单位之间、私人之间的房屋买卖。其计算公式是:

$$房产价格 = 买卖实例每平方米价格 \times \frac{评估时的物价指数}{买卖实例成交时的物价指数} \times (1 \pm 房屋差异调整率) \times 建筑面积$$

(四)收益还原法

所谓收益还原法,简称收益法,是将估价房屋在所有未来各期的正常纯收益运用适当的还原利率折算到估价时点上得出一系列现值,求出各现值之和,即得到估价房屋价格的一种估价方法。使用收益还原法来估算房屋价格的基本原理是:由于房屋使用时间较长,因此当人们拥有某宗房屋时,不仅现在能取得一定的纯收益,将来也能源源不断地获取纯收益。于是房屋的价格或现值就相当于源源不断地获取的房租收入的现值。收益还原法的计算公式是:

$$v = \frac{a_1}{1+r_1} + \frac{a_2}{(1+r_1)(1+r_2)} + \frac{a_3}{(1+r_1)(1+r_2)(1+r_3)} + L + \frac{a_n}{(1+r_1)(1+r_2)L(1+r_n)}$$

式中 v——房屋价格;

a_i——未来第 i 期的纯受益;

r_i——未来第 i 期的还原利率。

用收益还原法评估房价的步骤可分为三步。首先估算出房屋每一期的收益,并估算取得收益所支出的维修费、管理费、税收、保险金等的费用,从收益中扣除费用得出纯收益。其次确定每一期还原利率,还原利率构成的因素有:真实报酬,通货膨胀的补偿,风险补偿,投资回收补偿。当纯收益有较大风险或预期会出现通货膨胀时,还原利率可选高一些,相反则选低一些。最后利用具体计算公式求得估价房屋的价格。这一估价方法只适用于有收益或有潜在收益的房地产的价格评估。目前也是在我国房地产估价工作中人们经常运用的方法。

第三节 房地产价格

房地产价格是建筑物连同占用的土地价格组成。对于新建房屋,它是建造成本加土地价格;对于已使用的房地产,它是土地价格加建筑物折旧后的余额。另外,由于经营形式的不同,房地产价格形式又可分为出售价格和租赁价格,而这两种价格之间又应当形成合理的比价关系,促成房地产商品在出售市场和租赁市场之间的合理流动。

一、房地产出售价格构成要素

房地产开发经营,终极目标应当以房地产价格实现来进行研究。因此本节的内容涵盖了房地产从取得土地、建造房屋到售出房屋的开发经营全过程,在此将房地产价格构成分为土地取得成本、开发建造成本、开发管理费用、财务费用、销售费用、销售税金和开发利润七部分组成。

1. 土地取得成本

土地取得成本指购置土地的价款和相应征纳的税费。土地取得的成本按照房地产开发取得土地的不同途径分为三种类型:

(1)农地征用费用、土地使用权出让金。农地转为建设用地,取得土地时要支付农地征用费和土地使用权出让金。

农地征用费是指国家征用集体土地时,支付给农村集体经济组织的费用。农地征用费按照政策规定内容包括土地补偿费、青苗补偿费、集体财产补偿费、拆迁人员安置费、农转非人员补贴、菜田基金、安置劳动力补偿、平地补助费和私人财产补偿费。各项费用标准制定,应当按照土地管理法和当地实际情况来确定。

按照土地征用管理政策,农田的征用采取"五统一"的管理制度,政府统一征地,统一规划、统一开发、统一出让、统一管理。但在农地转为市地的权属关系的变更中,土地征用的补偿往往变成土地需要者对被征地者的直接补偿,政府的职能,实际上变成中介作用。土地征用过程完成后,农村集体土地变为国家所有土地。房屋开发单位还需要按照规章缴纳土地使用权出让金。办理土地使用权出让的手续。

(2)房屋拆除补偿费,土地使用权出让

当取得土地需要进行房屋拆迁时,土地取得的成本中要包括房屋拆迁补偿费,土地使用费办理出让手续的,要缴纳土地使用权出让金。这种获得土地途径,主要指城市旧居民区的拆迁改造。随着城市化进程的发展,城市规模的扩大,在对农村集体土地的征用中,也出现了居住房屋拆迁的补偿问题,在这种情况下,征用农村集体土地的费用构成中,也应当加进房屋拆迁补偿费。另外,在城市旧居民区拆迁改造中,开发商通过拆迁获得的土地有可能不办理出让手续,仍然按照划拨方式使用。在这种情况下,土地的成本中就不包括土地使用权出让金。

城市房屋拆迁费用包含项目主要有：原有房屋及附属物的补偿费、原有房屋使用人的搬迁补助费、临时安置补助费，还有房屋拆迁管理费、拆迁过程的税费等。

(3) 购买土地的价款，应缴纳税费

通过土地市场出让、转让形式获得的已完成土地征用改变原有用地性质或已完成"三通一平"或"七通一平"的熟地。这样的土地，其成本应包括购买土地的价款和应付的税费（如交易手续费、契税）。

2. 建筑物开发成本

开发成本指在取得开发用地后进行土地开发、房屋建造开发所发生的费用、税金。土地开发所发生的费用称做土地开发成本，建筑物开发所发生的费用称做建筑物建造成本。建筑物建造成本的内容有下列几项：

(1) 勘察设计和前期工程费，称专业费用。具体内容有可行性研究，水文与地质勘察测绘、规划设计、"三通一平"、招投标、预算编审、工程量报价等工程前期所发生的费用。这类费用属于技术性很强的专业费用。

(2) 建筑安装工程费。包括建造房屋及附属设施所发生的费用。该部分费用是构成房屋价格的主要组成部分，一般占房屋价格的60%以上，这部分费用主要是施工建造阶段为形成工程实体而发生的人工，建材与水电暖卫煤气设备的建筑安装费。高层建筑还包括电梯、水泵及其他专用设备安装费。除此之外，还应包括建筑商应计取的利润与税金。

(3) 室外工程费

开发项目红线内外的上水、雨污水、电力电信、热力、煤气、天然气、绿化、围墙、人防出入口工程费。

(4) 公共配套设施建设费（小配套费）指为小区居民服务的商业网点、卫生院、托儿所、幼儿园、学校、文化站、邮局、派出所、街道办事处和居委会等非经营用房的配套建设费用。该类费用进入商品房成本。

(5) 市政建设配套费（称大配套费）用于市政基础设施的建设，含道路、桥涵、给水、排水、变电站、供电线路、路灯、通讯线路、煤气管道、园林绿化等。大配套费按统一单价按建房面积征收。

(6) 资金占用利息与管理费

不仅是借入资金，即使自有资金也要计算利息，因此应将资金占用利息记入房地产成本。管理费指建设过程所支付的各项管理费，如职工工资，工资附加费，办公费，差旅交通费，固定资产使用费，车辆使用费、低质易耗品购置费、劳动保护用品费、教育费、广告费、合同鉴征费、公证费、诉讼费等。

3. 管理费

管理费是指企业行政管理部门为管理和组织经营活动而发生的各种费用，包括公司经费、公会经费、职工教育培训经费、劳动保险费、待业保险费、董事会费、咨询费、审计费、诉讼费、排污费、房产税、土地使用税、开办费摊销、业务招待费、坏账损失、报废损失及其他管理费用。管理费可按项目投资或前述二项直接费用的一个百分比计算。

4. 销售费用

销售费用是房地产开发过程中为预售和项目竣工完成后售房所发生的费用。

1) 销售费用。包括广告宣传费、销售代理费、销售人员办公费、销售人员工资、商品房销售设施费。

2）其他销售费用，售出前保管、养护费用、房地产交易手续费、产权转移登记费。

5．财务费用

财务费用是指企业为筹集资金而发生的各项费用，主要为借款或债券的利息，还包括金融机构手续费、融资代理费、外汇汇兑净损失以及企业筹资发生的其他财务费用。

6．销售税费

销售税费包括二税一费，即营业税、城市建设维护税、教育费附加。其他还有印花税等销售费用。

7．开发利润

开发利润一般按成本利润率计算为成本的5‰~10‰，其中包含建筑企业利润2.5%和销售利润。

二、房地产价格构成要素表列（见表8-1）

房地产价格构成 表8-1

生产过程	土地价格或土地出让金	农地转市地地价	耕地占用税
			土地补偿费
			安置补助费
			地上附着物及青苗补偿费
			土地开发费
			投资利息
			管理费
			土地开发利润
		市地地价	拆迁安置费
			土地再开发费
			投资利息
			管理费
			土地开发利润
	房屋建造价格		勘察设计费
			建筑材料费
			建筑施工费
			投资利息
			管理费
			房屋建筑利润
流通过程	房地产销售成本及利润		推销费（广告费）
			保险费
			投资利息
			管理费
			住房销售税
			经营利润

三、房地产租赁价格构成要素

住房租赁价格是零星售住房使用权的价格。它所要特别考虑的因素：一是时间因素。房主在出租住房时就要考虑房屋的折旧，投资利息。二是住房的完好性因素。为了使住房保持完好，在其寿命期内永续使用，房主就必须对房屋适时地进行维修和管理，为防止自然灾害和不可抗力对房屋造成的损害，房主对房屋还要进行保险。三是租、税、利因素。住房建立在土地之上，使用土地必须支付费用，房主作为房屋产权的所有者，他也要求获得经营利润，如恩格斯在《论住宅问题》中指出"租价，即所谓的租金的构成部分是(1)地租，(2)建筑资本的利息，包括承造人的利润在内，(3)修缮费和保险费，(4)随着房屋逐渐破旧无用的程度以每年分期付款方式支付的建筑资本补偿费(折旧费)，包括利润在内"。(《马克思恩格斯全集》第18卷、1964，第256页)恩格斯的有关论述基本概括了房租的主要构成因素。

综上所述，住房的租赁价格即房租应该包括以下几个要素：

1. 折旧费。是对房屋使用过程中因自然或人为的损耗引起房屋价值减少的补偿，目的是为了维持简单再生产。

我国折旧费的计算方法一般采取直线折旧法，计算公式为：

每月每平方米折旧费成本价格(1－残值率)/折旧年限×12

折旧年限一般取50年，残值率取2%。

2. 维修费，是在正常使用和定期维修的前提下，按年计算的平均维修支出。

我国住房维修费的计算公式为：

每月每平方米维修费＝折旧费×维修费率

一般来说，维修和管理费之和为折旧费的80%，其中维修费占85%，管理费占15%，因此维修费率为68%。

3. 管理费，为了维持房屋出租的正常运转，所付出的管理人员的工资，办公经费等，我国管理费的计算公式为：

每月每平方米管理费＝折旧费×管理费率，管理费率为12%。

4. 投资利息，是对住房产权人在住房出租期间出让资金使用权的一种补偿，它是资金时间价值的表现。

5. 房产税，按照国家税法有关规定，住房产权人向国家缴纳的税收，一般按房产评估价格的12%计征。

6. 保险费，是住房产权人将住房投保而向保险公司支付的费用。它属于住房使用过程中住房产权人追加的开支，理应计入房租。

我国保险费的计算公式：月保险费＝(投保金额×年保险费率)/12

7. 经营利润，住房出租人在租赁经营活动中应得的经营利润。

8. 地租，住房产权人向房屋承租人收取的土地费用。公式是：月地租＝(土地价格即住房产权人已缴纳的土地费用×年利息率)/12

我国的住房租赁价格的构成与住房出售价格构成不同，住房出售价格的构成中加入了一些不合理要素，这些要素是今后改革中要不断剔除的；而住房租赁价格却是构成要素不完整，理论界有三项因素租金，五项因素租金(成本租金)，八项因素租金(商品租金)之分。

三项因素租金包括折旧费，维修费，管理费。三项因素租金可以使住房产权人通过租金收入维持被出租住房的日常维修，管理费用，从而维持住房使用期内租赁经营的简单再生产。即通常所说的以租养房,这种租金水平低于正常的房屋租赁经营成本,还不能使住房产权人保本出租,因而也就收不回建房或买房投资。

五项因素租金包括折旧费,维修费、管理费、投资利息、房产税。五项因素租金可以使住房产权人通过收取租金补偿全部租赁经营成本,进行房屋租赁经营的简单再生产。

八项因素租金是在成本租金之上加上保险费,地租和经营利润。八项因素租金不仅可以使住房产权人收回建(买)房投资和经营成本,还可以获得盈利。从而可以购买比原有出租住房数量更多的新房,进行住房租赁经营的扩大再生产。八项因素租金基本体现了住房租赁价值,其构成要素才是完整租金的全部内容,我国目前住房租金水平偏低,尚未达到三项因素租金的水平距成本租金和商品租金水平仍有较大差距。住房租金改革的目标就是要向商品租金过渡,并与住房商品化,价格市场化相衔接。

以1998年为例在城镇居民家庭中,住房(房租)占消费性支出的比重的情况便能反映出我国房租构成的不完整性(表8-2)。

城市居民平均每人房租支出占消费性支出的比重　　　　单位:元　表8-2

项　目	平均每人消费性支出	平均每人房租支出金额	房租占消费性支出的比重%
总　平　均	4331.61	172.96	3.99
最高收入	7593.95	399.10	5.26
高收入户	6003.21	271.94	4.53
中等偏上收入户	4980.88	192.04	3.86
中等收入户	4179.64	149.25	3.57
中等偏下收入户	3053.24	124.54	3.55
低收入户	2979.27	92.69	3.11
最低收入户	2397.60	91.99	3.84
困　难　户	2214.47	100.88	4.56

资料来源:《中国统计年鉴》1999年卷。

尽管我国住房制度改革以来,房租占消费性支出的比重在不断提高。由1989年0.73%提高到了1998年3.99%。但增长速度十分缓慢,与国际上通行标准15%还相差甚远。

四、住房价格形成机制

住房价格由供给和需求决定,但供给与需求对住房价格变动的反应程度是不同的。国外许多经济学家都测算过住房需求对价格变动的敏感性。虽然由于所研究的住房市场因时间,地点不同而结果不同,但总体来说住房需求为相对无弹性,即住房的需求价格弹性系数的绝对值小于1,这说明住房类似于食品、医疗服务等,是人类赖以生存的必需品。(见表8-3)。

住房的价格弹性估计　　　　表8-3

研　究　者	价格弹性	收入弹性
H. Rosen,1979	−0.67	0.35
Mac Rae and Turner,1981	−0.89	0.26
Cronin,1983	−0.63——−0.79	0.53—0.72
Goodman,Kawai,1986	−0.61——−1.2	0.64—1.1

资料来源:Randall Johnston Pozdena (1988,p.24)

对于住房的供给价格弹性,国外也有学者进行了测算,他们认为,住房服务(房租)的短期供给价格弹性为0.2,长期供给价格弹性为0.5。但许多经济学家都认为0.5是大大低估了住房供给价格的弹性,西方国家学者一般都认为住房供给在短期内的价格无弹性(见图8-1中的曲线S)而在长期内住房供给完全有弹性(见图8-1中的曲线S')。也就是说,在长期内,住房的供给价格弹性大于需求弹性,住房价格也是一个发散型的蛛网。政府对住房商品价格也进行宏观上的调控。但这种调控又与土地市场不同,它仅限于对宏观住房总量与结构的调控,而不是直接参与微观的价格形成,住房价格的形成仍由市场供求决定。

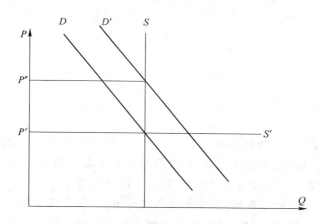

图8-1 住房价格的供给弹性和需求弹性

从市场结构上看,住房市场是垄断竞争的市场。形成完全竞争市场一般要具备四个条件:信息充分,商品同质,厂商自由出入和交易双方人数众多。在住房市场上,不仅信息欠充分,因房屋区位的差异,住房商品不可能是完全同质的,加上土地的有限性和稀缺性以及房地产投资大,回收期长,限制了厂商的自由进入,所以说住房市场是一个竞争不充分的垄断竞争市场。

住房价格既有一般商品价格特点,其价格随着供求关系的变化由市场竞争形成,又有其特殊性,由于住房不能脱离土地而存在,而城市土地供给是有限的,特别是住房建设周期相对较长,这就导致了在短期内住房价格供给弹性较小,供给曲线近于与横轴垂直的线,住房的价格主要是由需求决定的(见图8-2)。

随着城市经济的发展和城市化进程的加快,住房需求不断增加,需求曲线会由D_1移到D_2,与此相适应,价格由p_1上升到p_2。正是由于住房价格具有不断上升的趋势,房地产的开发商往往受到了上一期价格和预期利益驱使,大量投资于住房的开发建设,而且一旦投入很难退出,最终结果往往会造成房地产的大量积压(见图8-3)。可见,房地产业是最容易导致"泡沫经济"的行业之一。

图8-3的内容是基于这样一种认识,即在长期内,住房的供给量是可以变化的,不同用途土地之间也是可以互相转化的,因此住房的供给是有弹性的。这时,供给曲线S与需求曲线D_2相交,其所决定的均衡价格为p_1。当住房价格被非理性炒作或人为抬高到p_2时,p_2所决定的住房供应量为S_2,此时,住房的有效需求量却从d_1降到d_2,造成供求失衡,住房的可供应量大大超过有效需求量,过剩量为S_2-d_2,住房市场出现疲软状态,住房的空置率不断上升。如果再加上由于价格的提高所产生的收入效应,又会使需求曲线由D_2移到D_1,

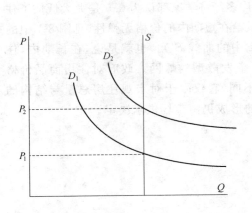

图 8-2　短期内住房价格主要由需求决定

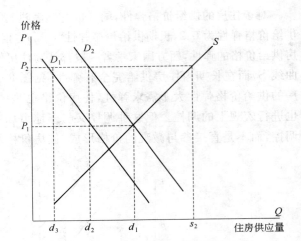

图 8-3　住房空置的生成机制

有效需求量会降低到 d_3,市场疲软状况会更加严峻,如果这种情况发生在发达市场经济国家中,住房价格的"泡沫"就必然破灭,住房价格会大幅度向下调整,一批房地产开发企业也将破产。而我国目前住房市场就面临着供给远远超过有效需求这样一种状况,但由于"双轨"运行机制和住房成本刚性作用,住房价格居高不下,住房大量空置。这就说明,在住房市场上,必须有政府进行宏观调控。政府的作用就是在总量和结构上控制住房的供给量。

可见,住房价格形成机制也应是在政府的宏观调控下由市场形成价格为主的经济机制。

第四节　房地产价格体系及特点

一、房地产价格体系的概念及特点

房地产价格体系是地产价格与房产价格组成的相互联系,相互影响,相互制约的有机整体。在房地产价格的研究中,既要把握房地产价格本身的研究,又要重视房地产价格体系相互关系的研究,进行横向纵向相互关系的比较。

房地产价格体系是一个对立统一的有机整体,具体表现为:

1. 具有统一性和不可分割性,房屋不可能脱离土地而存在,它必须根植于土地之上,房屋再生产的各个环节也是统一的整体,这就决定了地价和房价之间是统一的不可分割的整体。房价和地价都是房地产价格链条中的五个环节。前导价格之间是不可分割的。

2. 具有系列衔接性和连锁反应性,土地部门和房屋部门是首尾相连的两个部门,土地部门的基础性和房屋部门的连锁性使房地产价格体系呈现系列衔接性和连锁反应性。地价的变动直接影响着房价的升降,房价的涨落也会带动地价的浮沉,二者相互影响,相互制约。

3. 具有竞争性和互相制衡性。地价与房价是直接存在的连锁关系的两个价格,两者之间不仅存在统一性,更具对抗性。一方面是因为这两个价格的变动必然牵涉到土地经营者和房屋经营者两个经济主体之间的利益分配,从而形成互相对抗的力量;另一方面,任何一个价格的形成都是供需双方竞争均衡的结果,任何一方的要求都受到对方的制约。因此,在房地产价格体系中各种价格既存在竞争,同时又处于相互的制约之中。

二、我国房地产价格体系

我国在对住宅价格的研究中,往往只注重住宅价格本身的研究,忽视对房地产价格体系的研究与运用,没有把它从体系的角度进行横向和纵向的分析。

房地产价格形式应该包括两部分,一是地产价格、二是房产价格。房产和地产价格都有多种划分类型(见表8-4)。

我国房地产价格体系　　　　　　　　　　　　　　　表 8-4

地产价格	按交易权能分	土地使用权出让价格	按出让方式分	协议价格
				招标价格
				拍卖价格
			按出让的期限分	土地批租价格
				土地租赁价格
		土地使用权转让价格		
		土地使用权抵押价格		
	按交易管理层次分	基准地价		
		标定地价		
		市场交易地价		
房产价格	按销售对象分	外销产品房价格		
		内销	商品房价格	
			经济适用房价格	
			廉租房价格	
	按交货期限分	期房价格		
		现房价格		
	按使用用途分	工业用房价格		
		商业用房价格		
		住宅用房价格		
		事业性用房价格		
		军队用房价格		
	按出售方式分	出售价格		
		出租价格		

右侧附加栏:
- 房地产比价关系:房地比价、地地比价、租售比价
- 房产与地产差价关系:时间差价、地区差价、质量差价

三、房地产价格体系的内在耦合

在房地产价格体系中,从横向可分为比价关系,从纵向分为差价关系。

1. 比价

商品比价是指在同一市场、同一时间、不同商品价格之间的比例关系。房地产价格体系中的比价关系包括:

地价与房价之间的比价关系。地价是房价的重要组成部分,为了使房地产资源得到最佳配置,地价与房价之间应保持合理的比价关系。一般经验数据为 20:100。

不同用途土地之间的比价关系。土地按其用途可分为商业用地、农业用地,工业用地,

居住用地等,不同用途土地之间价格应保持合理的比例,只有如此,土地的功能分区才能得以实现。农业用地、工业用地、商业用地价格之间的比例。一般经验数据为1∶100∶1000。

同一所住房出租和出售的价格之间的比价关系。租售价格之间保持合理的比价关系,可使买房者和租房者在自己经济条件许可的范围内做出最佳选择。如果按月租计算,经验数据为1∶100。如果按年房租计算,经验数据为1∶8。

2. 差价

商品差价是指同一商品在流通过程中由于购销环节、购销地区,购销季节和商品质量不同而形成的价格。房地产价格体系中差价关系包括:

同一用途的土地或相同质量的商品房在不同地区价格也不同,经济发达地区地价高,经济落后地区地价就低,这是空间因素作用的结果,是地区差价。

不同质量、不同标准的商品房的价格要保持合理的差价关系,使房价与各收入阶层之间的承受能力相适应。

同一块土地、同一所住房在不同的经济发展阶段价格不同,这是时间因素在起作用,是时间造成的差价。

上述房地产的差价,比价关系的形成并不是人为的,而是市场机制作用的结果,是各经济主体从自身利益最大化的目标出发,在市场上竞争的结果,当然这种结果必须以符合国家土地利用总体规划为前提,在政府的宏观调控下形成的。在研究房产价格时应从纵向和横向的角度进行分析,只有如此,才能更完整,更全面把握房地产价格的形成和运行。

复习思考题

1. 如何解释住房价格形成机制?
2. 如何解释土地价格形成机制?
3. 试对住房价格构成因素分析。

第九章　房地产经营模式 I

第一节　房地产出售经营

房地产出售经营是指房地产所有者采取一次收回房产价值的方式,把房产所有权和土地使用权一并转移给买方。

目前我国房产出售经营包括办公用房、宾馆、住宅等多种形式。

(一) 房地产的预售经营

商品房出售从交货的期限来看,分为现房和期房。现房即现实存在的房地产品;期房即正在开发建设中,尚未竣工的商品房。从事现房房产业务称做现房经营;从事期货房地产业务称做予售经营。

1. 商品房预售内容

商品房预售也叫做卖楼花,是指房地产开发公司将已在开发建设中的尚未竣工的商品房推向市场,在收取定金后,出售给买受人。房地产预售的标的不是现实的房地产,而是房地产的期货合约。商品房预售可以实行分期付款的经营模式,购房时支付 30% 以上房价款的定金,余款在交房时付清。其二是办理住房抵押贷款。即购房者先交部分房价款,接到入住通知时,以所购房合同作为贷款的抵押品,向指定银行办理公积金贷款或按揭贷款手续。银行向购房者提供其余的房价款,直接给付房地产开发公司,购房者在规定的时间内,以一定的年利率,按时向银行分期偿还借款。

2. 商品房预售

一般应具备下列条件:

(1) 已交付全部土地使用权出让金,取得土地使用权证书。

(2) 持有建设工程规划许可证和施工许可证。

(3) 按提供预售的商品房计算,投入开发建设的资金达到工程建设总投资的 25% 以上,并已经确定施工进度和竣工交付日期。

(4) 开发企业向城市,县人民政府房产管理部门办理预售登记,取得《商品房预售许可证》。

3. 商品房预售的优缺点

商品房预售是目前普遍流行的商品房销售办法。

优点:

(1) 它是房地产开发商资金实力不够强大的条件下,技术开发建设的一条途径。

(2) 商品房买主中途有了更多考虑的机会。

缺点:

(1) 没有房产成品,买主不太放心,降低了成交动力。

(2)预售到竣工,等待期间越长,存在市场变数越多,风险性、投机性越大,容易产生损坏购房者利益的情况,出现纠纷。

(二)现房经营

房地产的出售经营是以现房为标的进行的销售。出售经营是与予售经营相对应的二个概念。现房指新建房产。现房即现货房产。

1. 现房经营具有的优点是:
(1)能够及时满足急需用房的买主。
(2)房产的个别性能,形象地出现在用户面前。房地产的差异易于比较。

2. 现房经营的缺点

现房价值大,分期付款时,还款压力大。

(三)房产买卖经营的程序

1. 介绍项目情况

对商品房位置、环境、户型、价格进行介绍,确定所选项目。

2. 查验"七证"

购房人确定所选项目合法性。查验七证,即《国有工地使用权证》、《建设工程用地许可证》、《建设工程规划许可证》、《建设工程开工许可证》、《内(外)销售预售许可证》、《住房质量保证书》及《住房使用说明书》。七证中内容与所购商品房屋口径要一致。

3. 签订认购书,缴纳定金。
4. 签订商品房买卖合同(契约)
5. 办理预售登记手续
6. 办理银行贷款
7. 办理入住手续
8. 申领产权证 立契过户、缴纳税费

(四)房屋出售合同的内容

由于房屋出售是一种契约式交易,所以出售合同的签订是十分重要的,房屋出售合同应包括以下一些内容。

1. 合同双方当事人的名称,法定地位。
2. 购买或卖出房屋的地点、幢数或层数、单元数。
3. 房屋建筑面积。如果不是整幢购买,应把楼梯、公共走道、公共用房的建筑面积分摊计算。
4. 价格及金额。如同时购买不同楼层、单元,应分别按不同价格进行计算,如一次付清房价有优惠的,应按优惠价格计算。
5. 付款方法。一要明确付款方式,二是明确付款日期。
6. 房屋建筑标准。包括房屋结构、内外墙面材料、门窗用料、卫生间及其他设施的要求。
7. 房屋交付使用时间,在时间上一般应留有余地。因土建工程竣工后,室外清场、市政工程、供水、供电还要有一段时间才能完成。为了保证能按合同规定交付房屋,双方也可以签订奖罚条款。
8. 拖延付款或违约赔偿办法。购房单位(或个人)拖延付款,应交纳按银行贷款利率计算的利息。如违约,则应按合同总额的一定比例支付赔偿金。

9. 其他有关事项。

(五)房屋出售的限制条件

房屋不同于一般商品,交易是一种极为复杂、涉及面广的民事法律行为,所以在法律上,对房产的出售作了以下规定:

1. 司法机关和行政机关依法裁定、决定查封或者以其他形式限制房产权利的,房产不得出售;

2. 依法收回土地使用权的,其地上房屋不得出售;

3. 共有房产,未经其他共有人书面同意的,不得擅自出售;

4. 权属有争议的,不得出售;

5. 未依法登记领取房屋产权证书的,不得出售;

6. 法律、行政法规规定禁止出售的其他情况,不得出售。

第二节 房地产委托销售代理

房地产委托销售代理是房地产销售形式之一。它是指房地产中介机构受委托人的委托,按照委托合同的约定,代替委托人销售房地产的行为。房地产销售代理是房地产经记活动的内容之一。随着房地产业在市场经济体制下的发展,房地产市场功能还未成熟和完善,房地产业专业化、社会化程度日益提高,房地产代理业务也会随之扩大。

一、销售代理的特点

1. 代理方要由经过工商登记注册、领取营业执照、具有合格资质的房地产经纪机构来承担。

2. 代理方的权限经合同约定。在委托权限内的责任,由委托方承担;委托权限外的责任,由代理方承担。

3. 房地产销售代理以被代理人的名义进行销售。

二、销售代理的作用

现代销售代理已经从单纯的协助推销发展到对开发过程的全面参与。销售代理作为一个专业化部门,在长期的从业活动中积累了丰富的租售知识和经验,有着对市场情况的充分了解,有着稳定的从业队伍,构成了独到的行业优势。销售代理的作用主要表现为:

1. 协助开发商或业主进行市场定位。

借助于对市场情况的了解,能够对当前市场潜在需求进行准确判断,对今后发展趋势进行测估。协助业主或开发商进行投资时,作好市场定位。

2. 在房地产开发过程的各个阶段从营销角度参与开发全过程。

例如:制定广告宣传方案,选择推销的恰当时机;帮助专业人士,选择恰当的房型结构;向开发商提出设计上的修改意见;帮助开发商解决融资上的困难。

3. 提高市场运营效率

开发商自己销售,销售部门人员难以稳定,素质难以提高。销售地点局限性大,对寻找潜在买主有很多不便。代理商信息灵通,实力强的代理商,有自己的连锁网,可以帮助潜在的买主和卖主实现交换。

4. 降低市场运营成本

专门的销售代理网络的形成,社会化程度高,可以为众多的业主、开发商提供服务,保持经常性满负荷运转,从而降低交易成本。

三、销售代理的类型

(一) 房地产销售代理涉及的房地产从其内容看,有商品房、私产房和房改房,公产房。不同的房产类别,其交换关系的主体不同,从市场交换的层次划分,可分为:

1. 二级市场销售代理

二级市场销售代理即房地产经纪机构根据与房地产开发商委托合同的约定依法进行的商品房销售活动和收取代理佣金的行为,按照商品房销售对象的差别,可分为内销商品房代理和外销商品房代理,按照商品房销售阶段,可分为商品房予售代理和商品房现房销售代理。二级市场销售代理完成了新房上市的过程。

2. 三级市场销售代理

三级市场销售代理指房产经纪机构受房屋所有人或公有房屋使用人的委托,根据委托会同依照相关法律法规的要求进行的二手房屋销售或公产房屋置换行为。

(1) 二手房销售代理

二手房屋包括范围很广,其中有已购公有住房,已购商品房(包括经济适用住房),存量私产房。这类销售代理,一般服务对象为个人房产主,销售代理机构按照公司的约定提供服务,成交后收取代理佣金。

(2) 公房置换代理

公房置换是指公产房产权人委托的置换机构,回收承租人住房,并在给承租人调剂它处住房或由承租人购置新建住房时,给予经济补偿的行为。公房置换过户手续必须经特定的部门来办理,公房置换代理则是指房地产经纪机构,受房产使用人的委托,为实现公房使用权置换过程而进行的代理服务,并收取佣金的形为。

(二) 销售代理从代理人的角度,又可分为不同代理类型

1. 独家代理

独家代理是指房地产开发企业或产权人,将房屋的出售权单独委托给某一家具有销售此类房地产经验的代理公司。风险和收益由开发企业和代理公司事先达成的协议共同分担。独家代理根据代理权限又可分为二种:(1)独家销售权代理(或称买卖权委托代理),这是一种排它性独家代理,在代理的期限内,未通过代理途径进行的出售,代理方享有委托合同中规定的佣金,作为给代理方的补偿。(2)独家代理权代理。代理权只给一家代理公司,业主或开发商仍保留务业的自销权。

2. 共同代理

共同代理指房地产开发企业或房地产所有权人将房屋出售权同时委托数家具有房地产经纪资格的机构。并按代理成果给付佣金的行为。

3. 首席代理和分代理

大型房地产开发项目或物业,可以委托一个销售代理公司作为首席代理,全面负责项目的销售代理工作。首席代理再去委托分代理,负责某些部分的销售代理工作。

不论采用哪种代理形式,都应当在开发项目前期确定下来。使得销售代理公司能够尽早介入到开发过程中来。对于项目的开发、设计,提供一些专业意见。使得产品的设计和功

能尽可能满足未来入住者的要求;同时代理公司也会就市场的状况,销售的总体方案策划,价格的制定,广告宣传开展时机提出参考意见。同时,让代理公司参与开发过程,熟悉未来要推销的房屋,有利于开展推销活动。

四、销售代理佣金收取的原则

销售代理收取佣金的标准一般按销售额的 2‰～3‰ 比例提取。代理商有时只收取单方面的佣金,有时则向双方收取,起决定作用的因素,往往是要根据市场情况来确定,主要看哪一方更需要代理商的帮助。

五、销售代理的相关规定

1. 代理销售的中介服务机构,应当具有行业行政主管部门确定的资质条件,同时应取得工商部门营业执照上的印章。

2. 受托房地产中介服务机构销售商品房时,应当向买受人出示商品房的有关证明文件和商品房销售委托书。受委托的房地产中介服务机构不得代理销售不符合销售条件的商品房。

3. 受委托的房地产中介服务机构,在代理商品房时不得收取佣金以外的其他费用。

4. 商品房销售人员应当经过专业培训,方可从事商品房销售业务。

第三节 房地产市场营销策略

现代房地产企业在对房地产市场进行充分的调研、细分、选定了目标市场并明确了市场定位之后,就应根据房地产产品在目标市场的定位,制定相应的房地产市场营销策略,以使产品尽快实现销售,为企业收回投资并获取利润。

所谓房地产市场营销策略,是指房地产企业针对选定的目标市场的需要,对企业可控制的各种营销策略进行优化组合和综合运用,组成企业系统化的整体策略,以发挥企业优势,取得最佳的经济效益和良好的社会效益。

传统的房地产营销策略即 4Ps(产品、价格、渠道、促销)(Product Price Place Promotion)营销策略是 20 世纪 50 年代末由美国人 Jerome McCarthy 提出来的,被营销经纪们奉为营销理论中的经典。如何运用 4Ps 理论实现营销组合,成为房地产市场营销的基本运营方法。到了 80 年代,美国的劳特明针对 4Ps 存在的问题提出了 4Cs(满足顾客 Consumer、研究顾客应付成本 Cost、方便顾客 Convenience 加强与顾客的交流 Communication)营销理论。虽然 4Cs 营销理论与 4P 相比有了很大进步和发展,传统的 4Ps 营销策略组合自然是实施营销战略的主要内容。因此本书将全面介绍 4Ps 营销组合理论。

房地产产品策略是营销组合策略中最重要的策略。在房地产市场活动中,企业满足顾客需要是通过开发不同用途的房地产产品来实现的。

房地产产品是人们通过交换而获得的需求的满足,包括各种物质产品和有形、无形的服务。房地产产品是买卖双方交易的基础,因此也是房地产企业市场营销活动的核心,是制定其他市场营销策略的基础。

一、房地产产品的层次

按照市场营销学理论,产品是指能提供给市场以引起人们注意、获取使用的消费,从而满足消费者某种欲望和需要的一切东西。它既包括有一定物质形态的产品,也包括信息和劳务。通常，人们将房地产产品理解为具有某种特定的物质形状和不同用途的建筑物，如住宅、商场等。其实不然，房地产产品有更广泛的含义。它是一个包含多层次内容的整体概念，而不单纯是指开发企业提供给消费者用以满足其需求的各种有形的建筑物或土地等。它还应包括开发企业在营销过程中提供的给消费者带去满足感和信任感的服务、保证等。即房地产产品整体概念包含三个层次的内容：核心产品、有形产品和附加产品，如图9-1所示。

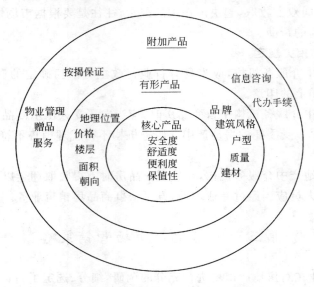

图9-1　房地产产品整体概念的三个层次

（一）核心产品

核心产品是房地产产品在被消费使用过程中所体现出的基本功能和效用。它是房地产产品整体概念中的最基本层次。满足消费者最基本的需要。如办公楼宇，须要配套必要的、快捷、方便的各种服务。因此，开发企业对房地产产品的核心层应进行深入分析，及时了解消费者偏好变化的趋势，并针对核心需要搞好房地产产品的市场定位及优势宣传，才能使之畅销。

（二）有形产品

有形产品即产品的物质表现形式。它是消费者可直接观察和感觉到的内容。一般从房地产产品的质量、户型、建筑风格、品牌等不同的侧面反映出来。产品的核心只有通过精心设计且质量过硬，才能激发消费者的购买欲望。事实上，人们在购买房地产产品时，越来越注重房屋的布局、楼层、朝向、品牌等因素。

（三）附加产品

附加产品是消费者在购买房地产商品过程中可以得到的各种附加利益的总和。通常是指消费者在购买过程中所得到的售前咨询和售后服务。如代办手续、按揭保证及物业管理等。附加产品能给购房者带来更多的利益和更大的满足感。在日益激烈的市场竞争中，附加产品已成为重要的竞争手段。

物业管理作为房地产产品附加层次中的新内容，已成为房地产产品不可分割的一部分，而且在市场促销中占有越来越重要的地位。

二、经营策略

通过对产品的分析,说明房地产企业要生产适销对路的产品,就要研究市场,迎合消费者的需要,同时要突出本企业的特色和优势,对各层次产品因素进行优化组合,进行产品的全方位设计,满足不同消费群体的需要。

(一)结构优化策略

房地产产品结构优化策略是指通过进行房地产项目各要素的优化组合,使房地产产品的开发经营更能适应市场需求和提高企业竞争力,扩大销售的市场营销策略。

1. 纵向延伸策略

产品延伸策略是指房地产产品的开发、经营、销售,改变原有产品的市场定位,转而生产高于或低于原产品系列的品种。比如原先定位低,专门生产低档民间住宅,转而生产市场需要的中档住宅。

2. 横向扩充策略

横向扩充战略,是指扩大产品要素的广度,加深产品要素的深度,提高原有产品的内涵水平。比如,加强配套设施的建设,提高现代化程度,增加环境设施建设的投入。

(二)新产品开发策略

随着社会的进步,经济的发展,人们消费水平提高,房地产企业也要不断开发新产品来适应人们求新的消费欲望。

新革创新主要表现在对原有产品进行改进(如在样式、色彩、形状、材料、房型等方面)和更新型新产品开发(如采用新工艺新材料、新技术等),使其使用功能有很大改进。

三、房地产品牌策略

(一)品牌的选择

品牌是房地产产品整体概念的重要组成部分。房地产品牌是指房地产企业给自己开发或管理的房地产规定的企业或名称,它通常是文字、标记、符号、图案和颜色等要素组合构成的。它是一个集合概念,包括品牌名称、品牌标志、商标等概念在内。房地产企业品牌选择策略主要有:

1. 品牌有无决策

品牌有无决策是指是否给企业或其他产品建立一个牌子。建立品牌,企业需进大量的广告、包装策划,耗资较大,因而为了降低成本,使房地产产品价格降低,增强竞争力,企业不愿意建立品牌。随着市场竞争的加剧及消费者品牌意识的增强,企业越来越重视企业品牌的建设。

2. 品牌归属决策

品牌归属对房地产企业来说,可有两种选择:

(1)自建品牌。自建品牌投资大,创立品牌时间长,是否能被接受取决于市场的反应,风险较大;

(2)选用中介代理机构为其代销。选用这种方式,项目使用代理公司品牌上市销售。借用中介机构品牌,需支付较高的代理佣金。

3. 品牌统分决策

房地产企业往往同时着手多个项目,是全部使用同一品牌,还是分别使用不同品牌,有以下两种方法可供选择:

（1）个别品牌。即开企业每推出一个房地产项目,分别给予单独命名的方法。这种方法的优点是可把个别项目的成败与企业声誉分开,不致于因为一个项目的失败而损坏企业形象。缺点是为每个项目推广都需作广告宣传,费用开支较大。

（2）企业名称加个别品牌。即房地产开发企业为其推出的每个项目命名时,均在每个项目具体名称前冠以企业名称的方法。这样既可通过企业推出原有项目的声誉推广新的楼盘,缩短消费者了解和感受产品的过程,有利于迅速打开销路,节省广告宣传费用,又可以使每个项目的品牌在市场中保持相对独立,便于消费者识记。

4. 品牌命名和设计决策

品牌设计与命名是一项专门的技术,考虑广告的宣传效果,房地产命名应遵循以下原则：

（1）易于认读,识记。切记选用生、冷、偏、怪的文字；

（2）与房地产品质、环境、价格相适应,做到名副其实；

（3）符合时代潮流和民族传统。过土、过洋及带有迷信色彩的词语应尽量避免。

房地产商品命名应注意强调物业的意境、特色及开发企业策划人员独特的创意。最重要的是优雅高贵的命名常起到"锦上添花"的作用,甚至可提升房地产商品的档次,从而提高销售率。

目前,对房地产商品命名的方法可归纳为以下类型：

（1）路名型。这是最广泛使用的方法,如民生大厦、长江南里等；

（2）地域型。与路名型相似,只是采用地区名称。如天津宾馆、金陵饭店等；

（3）企业型。如远洋宾馆、长信大厦等；

（4）名人型。如世界名人、英雄或捐资建造物业的人的名子命名,如马可·波罗广场；

（5）古典型。如罗马花园；

（6）景观型。以物业周围的景观命名。如水上村；

（7）职业或行业型。用名称直接体现房地产的使用者和服务特色。如国展中心、奥林匹克大厦；

（8）吉利型。如吉利大厦；

（9）财利型。如富贵名厦；

（10）优雅型。如水蓝花园；

（11）植物、花卉型。如芳竹园、玫瑰苑等。

5. 品牌重新定位决策

由于市场环境的变化或是初始定位不准,品牌往往要重新定位,以保持企业原有声誉和吸引新的购买群体。如全国驰名的某企业在初涉某城市房地产市场时,开发一城市花园。在市场最初发售阶段,将项目定位于大众社区,销售价格为 3500 元/m^2。由于该项目定位于大众,而在当时的市场环境下(1995 年),其定价明显又脱离该市大众承受能力,因而销售不畅。为此公司从深圳请专业策划公司为该项目进行品牌的重新包装定位,在增加一些新的配套设施基础上,将其定位于成功人士的商尚社区,售价也相应提高到了 6500 元/m^2。在当时该市高档居住物业较少的情形下,这一定位正迎合了一部分高收入人士的需求。经过这次重新定位与包装,该物业以其专业化、人性化、高尚化的新设计理念和社区形象一炮打响,取得了骄人的销售业绩,也使该公司在这一城市建立了地产先锋的形象。

第四节 房地产定价策略

一、定价目标

在对房地产产品定价之前,房地产企业必须先明确定价目标。定价目标是房地产企业通过对一定水平的价格的判定和调整所要达到的最终目的。房地产企业的定价目标主要有:

1. 追求利润最大化

最大利润目标即房地产企业以获取最大限度的利润为定价目标。以此目标定价,必须具备一定的条件。当公司声誉卓著,在目标市场上占有竞争优势地位时,或当公司推出精品项目时,可以采用此种定价目标。而同时选择一个适应当期环境的短期目标来制定价格。

2. 提高市场占有率

市场占有率是指在一定时期内房地产企业产品的销售量占同类产品销售总量的百分比。它是企业的经营状况和产品竞争力的直接反映。许多企业宁愿牺牲短期利润,以确保企业产品的销路,利用提高产品的市场占有率。

3. 适应竞争

处于激烈竞争中的房地产企业经常以价格调整为竞争手段。实力雄厚的大企业利用价格竞争提高其市场份额,相对弱小的企业则随行就市。开发企业面对竞争对手的价格调整,可选择以下对策:

(1) 维持原价;

(2) 维持原价,同时增加赠品活动并加强广告宣传攻势;

(3) 降低售价,同时努力保持原有的服务水平和销售网络;

(4) 提高售价,同时推出新的服务措施或改进产品设计结构后推出新楼盘以围攻竞争对手。

4. 稳定价格

房地产商品价值巨大,是关系到国计民生的重要产品。其价格的稳定关系到经济发展与社会稳定。因此,稳定价格的定价目标是企业为维护其良好的社会形象而采取的定价目标。

二、定价方法

房地产开发企业在确定定价目标后,应选择适当的定价方法以实现其目标。由于影响房地产商品价格的最基本的三个因素是项目开发成本、市场需求和竞争状况,因此定价方法可归纳为成本导向定价法、需求导向定价法和竞争导向定价法三种。

(一) 成本导向定价法

成本导向定价法是以房地产产品总成本作为定价基础的定价方法,是企业最常采用的定价方法,具体有三种方式。

1. 成本加成定价法。

成本加成定价法是最简单的会计学定价方法,它着重分析房地产产品直接以货币计算的实际成本,即按单位产品总成本加上一定比例的预期利润,再加税金,计算出产品销售价格。

单位产品的总成本是单位产品的固定成本与变动成本之和。在房地产开发中，固定成本指企业所支出的固定费用，其成本总额不随房地产产量的变化而变化。如固定资产折旧费、配套设施费、房地产企业管理费等。变动成本是总额随产量增减而增减变化的成本，它是在房地产产品物质形态形成过程中逐步投入的。如直接用于房地产开发的建筑工程费、劳务费等。

成本加成定价法的计算公式是：

$$单位产品价格 = \frac{单位成品总成本 \times (1 + 加成率)}{1 - 税金率}$$

上述公式中，加成率的确定是定价的关键。一般地，加成率与房地产产品的需求弹性成反比。如需求弹性大，则加成率宜低，以求薄利多销；加成率与房地产产品的经营风险及投资额成正比关系，如高级娱乐物业，经营风险高，投资巨大，则加成率宜较高。

成本加成定价法的优点是简单易行。正常市场情况下，只要物业销售出去，就能实现预期利润。其缺点是只考虑到开发物业的成本支出，而忽略了市场供求与竞争对物业价格的影响，难以适应市场变化。

2．盈亏平衡定价法

盈亏平衡定价法又称为损益平衡分析法。它是在成本既定、价格既定的前提下，通过确定房地产开发企业的产（销）量以保证企业收支平衡的定价方法。运用此方法可通过计算销售面积或销售收入预测企业的保本、盈利和亏损状况。

如图 9-2 所示，X_0 为盈亏平衡点的产（销）量，此时总收入等于总成本，企业保本无利。

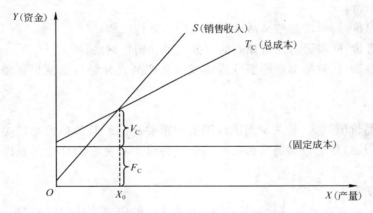

图 9-2 盈亏平衡示意图

W 为单位房地产产品的销售价格；

S 为企业销售收入；

F_C 为固定成本总额；

V_C 为可变成本总额；

T_C 为总成本；

C 为单位产品可变成本。

则：

$$S = W \times X$$

$$T_C = F_C + V_C$$
$$V_C = C \times X$$
当盈亏平衡时:　　　$$S = T_C \quad X = X_0$$
$$W \times X_0 = F_C + C \times X_0$$
$$X_0 = \frac{F_C}{W - C}$$

即:

$$盈亏平衡点产(销)量 = \frac{固定成本总额}{单价 - 单位变动成本}$$

在此售价下实现的产(销)量使房地产企业保本,因此该价格是企业保本价格。

$$W = \frac{F_C}{X_0} + C$$

即

$$售价 = \frac{固定成本总额}{盈亏平衡产(销)量} + 单位变动成本$$

例:某房地产开发项目固定资本600万元,单位建筑面积可变成本2000元,预计项目完成后,可出售面积10000 m²,则该项目的售价为:

$$W = \frac{6000000}{10000} + 2000 = 2600(元/m^2)$$

即盈亏平衡时,该物业售价为2600元/m²。

盈亏平衡定价法的优点是侧重于总成本费用的补偿。由于房地产开发企业产品项目较多,各项盈利水平各异,开发某个项目的高盈利有可能被其他项目的亏损冲抵。因此,定价时从保本入手就显得十分重要。在某种产品预期销量难以实现时,可适当提高其他拟建项目或销售正旺的项目价格,以提高整体盈利能力。但是,如果企业对市场需求动态分析不准确,销售量预测偏差较大,价格定位就会不准。因此,采用这种分析方法时,特别要注重对市场数据的调查和分析。

3. 目标利润定价法

目标利润定价法是房地产开发企业根据所要实现的目标利润来定价的一种方法。它是以项目总成本和企业目标利润为定价标准,定价时,先估算出项目的总投资及预期可能达到的销量,在盈亏平衡分析的基础上,加上预期的目标利润后计算房地产商品的价格。

其计算公式为:

$$单位价格 = \frac{(总成本 + 目标利润额)}{预期销售面积}$$

$$目标利润额 = 投资总额 \times 投资利润率$$

这种定价方法简便易行,可提供共获得预期利润率时最低可能接受的价格和最低销量。但是,采用这种方法定价时,应在综合考虑房地产商品的需求弹性特征对价格的影响,以及价格对销量的影响后,确定适合市场环境的目标利润水平。

(二) 需求导向定价法

需求导向定价法是房地产企业依据消费者对房地产商品价格的接受程度和需求强度来定价的,是现代市场营销观念指导下产生的新型定价方法。

它包括两种形式

1. 价值感受定价法

所谓价格感受是指消费者对商品价值的感受、理解和接受程度。

由于房地产商品价值巨大，因而消费者能在选购过程中总是受理智动机的驱使，要货比三家，选择那些既能满足其消费需要，又被认为是"物有所值"，符合其支付标准的商品。因此，企业应灵活运用各种营销手段，如优美的样板间设计和提供高质量的服务等，来影响消费者的感受，提高消费者对房地产商品的价值认同程度，使企业所定价格顺利被消费者接受。

2. 需求差异定价法

不同的时间地点消费者的购买力和需求强度不同。企业可以以此为依据实行不同的价格。这种价格策略。要运用得当，避免引起消费者的抵触。

（三）竞争导向定价法

竞争导向定价法是企业以市场上相近区域内的同类型商品的价格作为定价的基本依据，并随市场竞争状况的变化确定和调整价格的方法。具体有以下几种方式：

1. 随行就市定价法

随行就市定价法是企业以同行业的同类房地产商品的价格水平作为定价标准的定价方法。

2. 主动竞争定价法

主动竞争定价法是房地产企业根据开发项目的状况与竞争对手的差异来确定价格的方法。这种方法一般适用于独具特色的物业定价。还应继续关注竞争对手的价格变化，及时分析并相应作出价格调整。

3. 招投标定价法

招投标定价法。一般由买方公开招标，卖方竞争投标、买方按择优原则选择最佳方案，到期公开开标，中标者与买方签约成交。

4. 拍卖定价法

一般地，由买方预先发表公告，买方可预先到现场参观，在规定时间公开拍卖，由拍卖师公开叫价，出价最高者得。

三、价格的调整

在房地产产品的基础价格确定之后，为了适应营销环境的变化，处理实际销售数量与预期之间的差异所带来的问题，企业通常运用不同的定价策略对基础价格进行调整，以提高企业产品的竞争力。这些定价策略主要有：

（一）心理学定价策略

心理学定价策略是企业为迎合消费者心理需要，有意识地采取多种价格形式，以促进销售的定价策略。心理学定价策略包括：

1. 尾数定价法

尾数定价法是企业针对低档产品的消费者乐于接受尾数为非整数的价格，认为尾数价格比整数价格更便宜的求实、求廉心理而采取的定价方法。

2. 声望定价法

声望定价法是针对消费者"优质则价高"的心理，利用企业品牌声誉，对企业开发的项目采取比同类项目价格偏高的价格进行定价的方法。

3. 促销定价法

与声望定价相反,促销定价法是开发企业在某一地段的房屋销售不佳或新楼盘上市时,推出少数几套特惠价商品房以吸引顾客的购买力,当先期购买者确认物业物美价廉时,会为企业做宣传、推广,以吸引更多消费者的关注和购买。

4. 系列定价法

系列定价法,企业将其推出的同类型的房地产产品价格有意识地拉开档次,形成系列价格,使消费者能在比较迅速中寻找到价值认同并可以承受的商品房的定价方法。

(二)折扣定价策略

折扣定价策略是房地产企业为吸引消费者购买而在原定价格的基础上减收一定比例的房价款。

1. 现金折扣法

现金折扣法是房地产企业对一次性付款或按约定及时或提早付款的购房者给予一定比例的折扣的定价方法。

2. 数量折扣法

数量折扣法是开发企业根据消费者购买房地产产品的面积或金额达到的不同标准给予的优惠。所购面积越大,优惠幅度越高。这种方法也常用于开发企业向代理销售公司提供的佣金比例的制定。

(三)差别定价策略

由于房地产商品的个案性很强,房地产企业可根据物业的不同地理位置、推出时间、结构等差异决定在基础价格上采用加价或减价策略。

1. 产品差别定价法

产品差别定价法是由于房地产商品在楼层、朝向、户型及在住宅小区或商圈中的位置存在很大差异开发企业针对每种差别在物业起价的基础上提高一定的比例以适应不同消费者的需求的定价方法。

2. 销售时间差别定价法

销售时间差别定价法是开发企业针对消费者购买物业时间上的差别给予不同的加价或减价,以吸引其购买的定价方法。这种方法普遍用于期房销售和酒店的招租上,如楼宇预售。

第五节 房地产营销渠道策略

房地产商品的营销渠道是指实现房地产商品由开发者转移给消费者的途径。是将产品或服务由开发者转移给消费者的过程中,完成产品所有权或使用权转移的机构和个人。

一、营销渠道的类型

营销渠道的类型分为二大类型直接渠道的间接渠道。

(一)直接渠道

直接销售是指房地产开发商自行建立销售部门,直接把房地产商品推销给消费者的行为。它是目前我国房地产销售的主要渠道。其优点是企业可以节省委托代理推销的佣金。缺点是推销人员流动性大,专业技能和经验不足,往往影响到销售的业绩。

(二)间接渠道

间接渠道指房地产开发商通过房地产中间商把产品销售给最终用户。

房地产中间商分为房地产经销商和房地产代理商。

房地产经销商由开发商于中成批购进已开发的房地产商品,然后再加价出售。一般中、小型开发公司,由于资金回收的需要,往往乐于取这种方式。

房地产代理商是指为开发企业代理销售房地产商品的中间商。代理商按照委托代理的协议,向买卖双方或者单方收取一定比例的拥金。代理的性质属于中介行为。

二、影响房地产营销渠道选择的因素

1. 市场因素

房地产市场供求关系状况是影响营销渠道选择的重要因素。房地产市场产品紧缺,开发商乐于自销,房地产品积压,买方市场形式,易选择代理销售。批量购买形式下易于自销,个人消费购买为主,易于代理销售。

2. 企业自身因素

管理能力和管理经验也影响到销售渠道的选择,本企业缺乏有经验的销售人员时,易选择委托代理。

3. 产品因素

当产品质量优良,市场反映好的前提下易采用自营销售。产品质量一般,市场反映平淡时,可考虑采用委托代理形式来推动产品的销售。

三、代理商的选择

（一）代理商的资质

就持有合法执照有丰富的专业和法律知识,经营业绩优良,诚实守信用,职业道德好。

（二）销售能力

销售的组织,销售的方式,促销的手段等。

（三）管理和财务能力

代理商的管理能力,经营的策略,经济实力及财务状况。

（四）形象和社会地位

代理商的知名度,口碑,社会上的影响力,信誉,代理商的背影等。

第六节 房地产促销组合策略

现代市场营销要求开发企业不仅要努力开发适销对路的产品,制定合适的价格,选择合理的销售渠道,还要制定有效的促销组合策略,发掘潜在的需求,尽快销售自己的物业。房地产促销,是指房地产企业(或业主)通过一定的方式向消费者传递房地产商品的信息并与消费者进行有效的信息沟通,以达到影响消费者的决策,促进房地产商品流通的营销活动。常用的促销方式有四种,即广告促销,人员推销、营业推广和公共关系促销。

一、广告促销

广告促销是指房地产企业通过精妙的构思、设计和适当的媒体组合来促进产品销售的形式。主要包括广告定位、广告制作,媒体组合三部分内容。

（一）房地产商品的广告定位

房地产商品的广告定位是指房地产企业确定其产品在同类或竞争性产品中的位置。因

此企业要对物业的功能性、区域性、市场环境有充分的认识,正确确定物业的价格、服务后,通过广告设计给消费者留下,难以忘却的印象。

（二）广告创作

房地产广告创作应当包括广告标题、广告词和广告画面三部分组成。

1. 广告标题

广告标题在创造中一般要遵循七个原则：

(1) 向消费者承诺将获得的利益,即房地产的基本功能；

(2) 包括房地产商品的名称和特征；

(3) 标题词的表达不能单纯追求简短；

(4) 语调要适合消费者的口胃；

(5) 巧妙运用普通而平凡的语调；

(6) 不要强迫消费者读完广告后,才能了解标题的内容；

(7) 不要写繁琐,拗口的标题。

2. 广告词

广告在创作过程中要遵循"五 I"原则：

(1) 新颖的创意（Ided）

(2) 直接的刺激（Impact）

(3) 连续的兴趣（Interest）

(4) 信息资料（Information）

(5) 冲动的意念（Impulsion）

（三）媒体组合

企业要寻找适当的媒体来宣传自己的房地产商品。选择广告媒体时,要进行比较分析确定最适合的媒体组合。

需要考虑的因素是：

1. 产品。物业的优势与卖点是什么？

2. 市场。传播的范围,潜在的客户群体在哪儿？

3. 动机。消费购买物业的原因？

4. 媒体。哪一种媒体较适合上述因素？

5. 测定。通过信息反馈。了解媒体搭配是否合理有效。

二、人员推销

人员推销是指房地产销售人员通过主动与消费者直接进行洽谈,向消费者宣传介绍本企业房地产,达到促进房地产商品租售的活动。

人员推销的作用表面在以下几个方面：

第一,通过与顾客直接接触,可完成信息的双向传递。在推销过程中,一方面推销人员必须向顾客宣传介绍房地产产品的设计、布局、小区环境和物业管理等情况,以达到促销的目的；另一方面,推销人员通过与顾客的交谈,可以了解顾客对企业及所推销产品的态度、意见和要求,不断收集信息,为企业的经营决策提供依据。

第二,推销人员可根据客户的心理动机、需求的迫切程度及对产品的兴趣点,进行针对性的宣传,以迅速激发客户的欲望,促进房地产商品的销售。

第三,可了解消费者对竞争对手产品的态度、褒贬程度,以便企业及时对本企业产品和竞争对手的产品进行比较分析,扬长避短,保持竞争优势。

三、营业推广

营业推广是房地产企业通过各种销售方式来刺激消费者购买(或租赁)。房地产的促销活动。营业推广的主要工具有:商品交易会、有奖销售、优惠销售及购房赠礼等多种方式。

(一)营业推广的主要方式

1. 房地产商品交易会

参加房地产商品交易会是营业推广的有效形式。通过交易会,房地产企业可以展示出新楼盘。参加交易的开发企业、产权交易部门、银行等的一条龙服务及交易会期间的多种优惠措施,均有助于促进销费者的购买。

2. 样板间展示

样板间展示是开发企业推出楼盘的某一层或某一层的一部分进行装修,并配置家具各种设备,布置美观的装饰品,以供消费者参观,使其亲身体验入住的感受的促销方式。除样板间外,对于建筑物的大堂、入口也要进行装修,并保持整洁,尽量给顾客留下美好的第一印象。值得注意的是,样板间的装修应突出个性化设计,切忌简单的豪华装修材料的堆砌。

3. 赠品促销

开发企业为了吸引消费者购买,通常推出赠品活动。

在实际的房地产市场销售中,多种营业推广形式的组合应用在房地产产品营销中正发挥越来越重要的作用。

(二)营业推广方案的制定

营业推广方案的制定由以下几方面构成:

(1)根据营业推广目标,选择适当的营业推广形式。可以是单一的形式。也可以是多种形式的组合;

(2)选择营业推广的对象,营业推广信息可向每个消费者及经地挑选的团体提供;

(3)选择促销宣传的载体。开发企业应及早确定发布营业推广促销活动信息的载体,以尽快传递信息,吸引更多的消费者参与;

(4)确定促销的持续时间和时机。应根据促销的目标和性质决定营业推广活动持续的时间,并选择适当的时机(如节假日之前)推出该活动;

(5)制定促销预算。制定促销预算应包括此次推出的各种营业推广活动方式的各项费用。

四、公共关系促销

公共关系促销是房地产企业为了获得人们信赖,树立企业或房地产的形象,用非直接付款的方式,通过各种公关工具所进行的宣传活动。公共关系促销的特点是不以直接的短期促销为目标,而是通过公共关系活动,使潜在的购买者对企业及其产品产生好感和信任。

(一)发展公共关系的途径

1. 创造和利用新闻

通过报纸等新闻途径传播企业活动的信息,扩大企业影响,树立良好企业形象。

2. 参与社会公益活动

企业积极参与社会公益活动,用以支持体育文化、教育、社会福利和慈善事业的发展。

通过这种活动,可以充分显示企业的实力雄厚,树立企业积极承担社会责任的形象,从而在公众中树立企业关心公益事业的美誉,赢得政府的支持,为企业生存发展创造更大的空间。

3. 开展形式多样的专题活动

企业通过举办大型公关专题活动,吸引新闻媒体的报道,扩大企业的社会影响和知名度。

4. 制作的印发各种宣传材料和宣传品

企业通过自办刊物,组织座谈会,宣传企业文化,塑造企业形象,通过企业内部标志,品牌,建立企业识别系统,树立企业的公众形象。

(二)公共关系策略的实施

1. 确定公共关系活动的目标

公共关系活动目标有四种

(1)传播企业信息

(2)联络感情

(3)改变公众态度

(4)挖掘购买者

2. 设计公共关系方案

活动目标确定以后,应设计公共关系方案。方案内容如下:

(1)确定项目名称和项目目标,并应明确目的;

(2)确定项目负责人,实施者并落实各自的责任;

(3)项目活动主题的确定、项目筹备、程序设计及活动时间安排;

(4)确定项目活动所涉及的范围、参加单位及人选、不同阶段的活动内容;

(5)选取项目所需的传播媒介,准备器材设备,确定场地租用及外部环境布置等;

(6)项目的活动经费预算;

(7)确定项目成果的考核标准及办法。

综上所述,公共关系策略的组织策划与实施的目的就是促使房地产企业通过信息传播渠道向目标公众解释和宣传企业的产品、企业的文化、及时了解公众的意见、看法、态度,促使企业与社会公众之间进行双向沟通,相互支持,以期实现企业的公共关系计划目标,为企业创造经济效益和社会效益。

五、房地产促销房式组合

房地产促销方式组合是指为实现房地产企业的促销目标而将不同的促销方式进行组合所形成的有机整体。企业应根据以下促销组合的特点,对4类促销方式进行有效的组合,使企业能够以最少的促销费用,达到所确定的促销目标。房地产促销组合有以下几个特点:

(一)房地产促销组合是一个有机的整体组合。一个房地产企业的促销活动,是将不同的促销方式作为一个整体使用,使其促销方式进行合理的组合。

(二)促销组合的不同促销方式具有相互推动作用。不同促销方式的相互推动作用是指一种促销方式的发挥受到其他促销方式的影响。没有其他促销方式的配合的推动,就不能充分发挥其作用,合理的组合将使促销作用达到最大。

(三)构成促销组合的各种促销方式既有可替代性又具有独立性。促销的目的就是促进销售,而任何一种促销方式都具有承担信息沟通的职责,也都可以起到促进销售的作用,因此，各种方式均具有可替代性。但是，由于各种方式具有各自不同的特点，因而，不同促销方式所产生的效果有所差异，各种方式又都具有独立性。

（四）促销组合是一种多层次组合。每一种促销方式中，都有许多可供选择的促销工具，进行促销组合就是适当地选择各种促销工具。因此，企业的促销组合策略是一种多层次的策略。

（五）促销组合是一种动态组合。促销组合策略必须建立在一定的内外部环境条件基础上，并且必须与企业营销组合的其他因素相协调。根据环境的变化调整企业的促销组合。

促销组合的以上特点说明，适当的促销组合能达到每种促销方式简半日的相加所不能达到的促销效果。同时促销组合需要不断根据环境条件的变化而不断调整。

复习思考题

1. 商品房预售有哪些要求？
2. 销售代理的类型有哪些？
3. 房地产产品整体概念包含哪几个层次，内容是什么？
4. 房地产价格定位的主要目标有哪些？
5. 试论影响房地产营销渠道选择的因素？

第十章 房地产经营模式 Ⅱ

第一节 房地产租赁经营

一、房产租赁经营的内涵

商品房租赁是指房产所有者将房产使用权出租给承租者使用,承租者按照双方签订的租赁合同向出租者定期支付租金的行为。其实质是承租者以分期付款的方法取得房产的使用价值,相当于以租金作为价格的房屋零星出售,它是房地产经营的一种重要方式。原因在于,商品房租赁适应性强。人们的住房需求随工作条件、收入水平、人口数量而变化,条件变了,住房需求也随之变化,租赁形式容易调换,损失小,再就是人们收入水平低,对低收入阶层来说,与其花一大笔钱购房,不如租房更易接受。

二、租赁双方的权利和义务

1. 承租方的权利

(1) 享有按租赁合同所列房产范围和租赁有效期内的合法使用权。

(2) 对承租的房产,按规定修缮范围要求房产经营者进行修缮,保证在有效期内的使用安全。

(3) 对房产经营者有监督和建议权。

(4) 租赁期满时,承租人有继续承租或购买的优先权。

2. 承租方的义务

(1) 按月交纳房租。

(2) 不得私自转租、转借、转让所承租的房产和改变房产的用途。

(3) 有妥善保管、爱护房屋的装修及其设备的义务,对因承租方人为的损坏有赔偿的责任。

(4) 遵守国家有关房产租赁的政策和规定,对违反政策和规定的行为要承担法律责任。

3. 房产出租方的权利

(1) 按期收取租金,对拖欠租金者收取滞纳金。

(2) 对承租方有指导消费、监督检查的权利。

(3) 对承租方的违约行为,有权按照规定解除租赁合同,终止租赁关系,收回房产并依据法规进行处理。

(4) 制止承租方在租赁期内违反国家和地方有关房产的政策和规定的行为。

4. 房产出租方的义务

(1) 保证承租方的合法使用权。

(2) 按合同规定的修缮范围,维修房产,保证承租方安全和正常使用。

(3) 宣传房产管理规定,调解租赁纠纷。

(4)接受承租方对房产经营单位和工作人员的监督,听取意见改进工作。

三、房屋租赁合同

房屋租赁契约又称房屋租赁合同,是出租人与承租人签订的,用于明确双方权利关系的协议。租赁是一种民事法律关系,在租赁关系中出租人与承租人之间所发生的民事关系主要是通过租赁合同确定的。

1. 租赁契约的基本内容

(1)合同标的物——被租赁房产的情况,主要包括房产的坐落、面积、用途、房产的各项装修、各种设备,明确被租赁房产的范围和用途。

(2)按照规定计算的租金金额和起租日期。

(3)租赁双方的权利、义务。

(4)合同的期限,包括合同的起始日期和终止日期。

(5)双方签章。

值得注意的是有下列情况之一的不得签约:第一,违反租赁管理法规而占用的房产;第二,存在着纠纷尚未解决的房产;第三,没有合法的签约依据;第四,无民事能力或限制民事行为能力的人等。

2. 租赁合同的终止

(1)租赁合同的正常终止。由于承租方换户、迁出等原因需要终止租赁关系,或属"代管产"、"委托产",在其原产权归还原产权人时,皆是租赁合同的正常终止。

(2)租赁合同因违约行为的终止。因房产空闲超过合同规定期限或因拖欠租金超过合同规定期、转租、转让使用权等原因解除合同者,应以书面形式通知承租方说明违约情况,按照合同规定终止租赁合同。

四、解决租赁纠纷的方法

尽管房产租赁契约是当事人双方在平等、互利、协商一致的原则下产生的,但由于多种原因,租赁双方有时会产生纠纷,人们在长期实践的基础上一般按以下办法解决纠纷。

(1)协商。当事人就纠纷进行面对面协商、对话,以便取得一致性意见解决纠纷。

(2)调解。当协商不能解决纠纷时,当事人双方在互相信任的第三方的主持下,查明事实,划清责任,进行调解达到互相谅解,消除纠纷。

(3)仲裁。经调解无效,由契约管理机关调查,根据仲裁条例,作出有约束力的裁决。

(4)诉讼。在裁决书送达15日之内,当事人双方若不服裁决可以向人民法院起诉,请求依法处理,由人民法院根据事实进行调解或依法作出判决和裁定。

五、房产租赁策略

在进行房产经租的实务中,要充分认识房产的特点,讲求房产租赁经营的策略。

住宅房产就目前来讲,大部分是采用租赁经营。但是随着房改进一步深入,住宅房产正逐步实行商品化经营,加上职工购买力的不断提高,住宅房产的租赁经营在房产经营业务中的份量将减少。在西方发达国家住宅自有化程度较高,因而住宅房产买卖经营的份量也将加重。

房产中位置较好的写字楼、门面用房因其一般用于商业等获利水平较好的行业,因此从房产经营商的经济效益看,采用经租经营较为合适。还有像仓库、标准厂房由于房产需求方的使用皆是较短期的储存货物和生产使用,因而也一般采用租赁经营。

第二节 房地产租赁代理概述

房地产租赁代理是为房地产租赁活动提供劳务服务的一种经济活动,它是出租人与承租人之间建立租赁关系的重要渠道。

一、房地产租赁代理的含义

（一）代理

代理即代理人在代理权限内,以被代理人的名义实施民事活动的法律行为,代理的经济含义即是指代理人介绍他人之间进行活动的商业行为。这种代理行为也称为中介服务。房地产买卖、租赁、交换、抵押过程中提供信息及其他劳务工作的终结服务都属于代理。在代理行为实施过程中,代理人作为受托人,是代理行为的主体,是委托人意愿的具体实施者,他只能在双方约定的权限内开展活动。被代理人是代理行为的委托人,他对代理人的代理行为承担民事责任。委托人与受托人约定的代理内容,是代理活动实施的客体。代理行为有很强的时效性,代理人必须在双方约定的时期内实现代理的内容,否则代理活动会成为无效劳动。从事代理活动的代理人,可以是个人,也可以是公司、机构等身份,但都必须经政府委托的管理机构进行资质认定,办理合法手续,方可准予承揽业务。

（二）房地产租赁代理

房地产租赁代理是指在房地产租赁市场上,房地产租赁代理人按照与房屋所有权人约定的条件,在物业出租与承租过程中帮助他人依法取得物业使用权所提供的中介服务。

房地产租赁代理活动属于房地产流通中的一种交换方式,但这种交换方式的运作过程又经常与房地产消费过程交织在一起,因此,租赁代理活动与消费过程中的物业管理活动有着密切的联系。但房地产租赁代理与物业管理在工作性质、内容、目标等诸方面又有很大的不同,因此,房地产租赁代理和物业管理在一般情况下往往分属于不同的代理人。然而,由于这两类经济活动的对象物是同一物业,所以有时二者也可能合二为一,即房地产租赁代理人同时又是物业管理代理人。

房地产租赁代理客体的多样性决定了租赁方式的多样性。由于租赁客体如住宅、工业厂房、商贸综合楼、写字楼等,在用途上存在巨大的差异,因而,有时物业租赁采取整栋楼出租的形式;有时是将同一所有权物业的一部分出租;也有时是将物业各部分分别出租给不同的承租人。

房地产租赁代理提供的代理业务内容,应当在与委托人签订的代理协议中载明。代理人应当提供完善的服务,发挥代理的优势,加快租赁成交速度。

二、地产租赁代理的作用

（一）地产租赁代理的一般作用

1. 地产租赁代理活动为物业流通提供了便利

房地产租赁代理活动,根据其业务内容的需要,可能只涉及房地产流通领域,也可能同时涉及房地产流通和消费两个领域。物业租赁代理人本身具备行业的优势,拥有众多具备行业管理经验的管理人才,并且掌握了系统的专业技术知识,熟悉各种用途物业的管理方法,熟悉与行业管理有关的法律法规、政策规章,因此具备了对房地产实行全面管理、综合管理的基础。这样的代理人有可能将单纯的租赁代理与物业管理集于一身,一方面对房地产进行专业化、技术化的管理,使房地产得到充分地使用与维护,另一方面,把委托人从房地产日常管理工作中解脱出来,从而为物业的流通提供了便利。

2. 房地产租赁代理为租赁双方提供了信息交流的渠道

在房地产租赁市场中,租赁代理人专门从事租赁经营。他们首先必须通过行业主管部门的资质审查,具备经营的资格,然后才能办理经营执照。他们一般在临街的门面房办公,办公地点有显著的标志名称。经过长期经营,在公众中已经树立了自己的信誉和形象。而租赁双方对于物业用途、位置、价格等市场信息的了解局限性很大,只有委托这些专业代理人代理。这样,租赁代理人就成为房地产市场信息的汇集者,成为房地产开发商、物业产权人、物业使用人之间沟通的纽带。租赁代理人的出现扩大了租赁双方选择的余地,提高了成交的可能性,最终缩小了物业租赁市场的时空差距,加快了成交速度。

3. 房地产租赁代理提高了租赁活动的专业化、社会化程度

房地产租赁代理的规模化经营和行业联系,使租赁代理得到了充分的发展,并在整个房地产市场中发挥了重要作用。单纯的中介服务工作只需要少量的人员就可以完成,因此,有实力的代理人往往采用连锁经营的方式,同时开办若干个租赁代理连锁店,分布在城市的各个地区。这些连锁店使用相同的信息,提供同样的服务。租赁代理人之间进行横向联系,相互沟通市场情况,共同享有信息,可提高租赁代理的成交率。代理人各自开展自己的业务活动,通过提高服务水平,完善服务质量,进行平等竞争,促进了租赁代理行业合理有序、健康的发展。

(二)房地产租赁代理在不同产权条件下的作用

1. 单一产权房地产租赁代理的作用

整栋楼宇甚至整片住宅同属于一个产权人,即为单一产权。在这种情况下,他可以将其全部房地产委托给同一个租赁代理人来运作,还可以指定、聘请租赁代理人兼做物业管理代理,这样做能够更好地发挥代理的优势。

(1)单一产权条件下,不存在产权人相互间的利益冲突,租赁代理人可以从全部房地产的角度进行统一筹划,设计一套完整的出租方案。租赁代理人长期专门从事租赁业务,熟悉租赁市场的情况,因此他们能够很快地将房地产租赁出去。

(2)单一产权条件下的房地产租赁代理具备了开展有计划、有步骤的广告宣传活动的基础,有利于房地产租赁代理活动的顺利展开。然而,大规模的广告宣传活动所耗费的资金能否通过招租及时地收回,是没有切实的保障的,因此租赁代理人将承担较大的风险。

2. 异产毗连房地产租赁代理的作用

异产毗连房屋系指结构相连或具有共有、共用设备和附属建筑,而为不同所有人所共有的房屋。

我国现阶段城镇房屋所有制具有多种形式,按产权的性质可以分为公产、私产、单位产、外产等。因此,物业租赁代理人所接管的房产可能属于不同的产权单位或产权人。不动产的所有权、使用权与管理权是可以分割的,这就决定了产权人可以将自己的物业交给物业租赁代理人代为管理、经营或出租给他人使用。代理人在承认和保护产权人合法权益的基础上,处理好产权相邻的房屋关系,在法律规定范围内行使管理权,处理好代理人统一管理与产权人合法权益及相邻权益之间的关系,是做好物业管理工作的第一步。在物业租赁代理中,做好房屋产权管理,对于协调理顺各方面关系和避免出现矛盾纠纷有着十分重要的

意义。

对于居住房地产、住宅小区和高层公寓等本身是一个统一的整体的物业,可以按权属对其中用于住宅、商业、文教、卫生等不同用途房屋进行区分;其他如小区院落用地、供水、供电、供暖、供气等公用部位和公用设施,有些在权属上可以适当分割,而有些设施则无法分割,因此,需要代理人作为中间人,在不动产相邻各方之间按照有利生产、方便生活、公平合理原则,处理好用水、排水、通风、采光、公用设施使用及维护等方面的关系。

异产毗连房屋的产权各异,房屋租赁代理人有时是一个,有时不同的房产主按照各自的需要,分别委托不同的中介机构代为办理,这时租赁代理人就是多个。当房屋租赁业务由多家负责时,租赁代理人之间无形中构成了竞争关系,促使租赁代理人充分利用各自优势,做好代理工作。

另外,产权人若自行租赁,就要分头进行市场宣传,既浪费人力,又浪费财力,得不偿失。而众多分散的产权人也难以独立承担昂贵的广告宣传费用。而租赁代理人凭借其对市场的了解,凭借中介信息形成的网络体系,能够更及时地推出租赁业务,有效地节约人力和物力。

三、房地产租赁代理的形式

随着房地产租赁代理的发展,其形式也日趋多样化,以适应房地产业发展的需要。

(一) 单纯中介

单纯中介是指房地产租赁代理人仅仅作为中间介绍人,为承租人和出租人提供信息与服务。

单纯中介实际上是一种信息代理,它出现在早期的换房代理服务中,也被称为换房代理。单纯的租赁信息代理服务是在房地产市场商品房上市后才出现的。一般情况下,租赁双方要求代理人提供的服务也仅是提供信息。

按照房地产租赁代理人与承租人、出租人三方的关系分类,单纯中介可分为四种类型。

1. 开放型中介代理

开放型中介代理是指待出租的房地产同时拥有几个租赁代理人,代理人之间展开竞争,且委托人同时也在寻找该房地产的承租人,只有当租赁代理人首先找到并确定承租人时,才能获得佣金的代理方式。这种代理通常没有期限限制。

2. 独家代理

委托人将房地产出租代理权指定给某个受托人代理。通常要规定代理期限,如果代理人在规定期限内完成了租赁工作,应按约定收取佣金。委托人在此期间也可以自己寻找承租人。

3. 排他性独家代理

这是房地产租赁代理的最高形式。这种方式要求拥有出租房的独家代理权的代理人在规定时间内将房地产出租。委托人不参与租赁活动。

4. 联合代理

联合代理是物业租赁代理人共同组成集团式代理组织进行代理的方式。联合有两种方式,一种是合作型的松散联合,一种是具有行政和经济隶属关系的经济实体联合。这种代理组织发挥了集体和团队的优势,在业务内容上实现了横向联合,拥有共同的信息网络,尤其便于运用现代计算机网络技术进行信息交流。联合代理组织实力雄厚,所占领的市场份额大,社会知名度高,容易得到租赁双方的信赖,因此在市场竞争中具有较强的竞争力。

(二)包租转租

房地产租赁代理人在这种租赁方式下具有双重身份。首先,租赁代理人作为承租人按议定价格承租出租人的全部房地产,这种租赁方式叫做包租。然后,代理人作为出租人独立地行使出租权,将其承租的房地产再以零星租赁的方式转租给其他承租人,即所谓转租。租赁代理人可以获得承包价格与转租价格之间的差价部分。

这种形式实际上相当于商品交易中的批发零售。差价部分是出租人对代理人的让利,以此冲抵租赁代理的代理佣金。对房地产出租人来说,这种做法实际上降低了房地产空置的风险,不论租赁代理人的租赁活动结果如何,出租人均可获得稳定的批租收入。尤其是在房地产市场处于低迷状态时,房地产企业经营的风险更大,通过转租来转嫁风险是一种明智的选择;对于租赁代理人来说,采取这种方式虽然承担了较大的风险,但通过承租、转租所得到的收益,往往比其他租赁代理佣金要高。另外,租赁代理人对于房地产租赁市场情况有着更深刻的了解,在长期的经营活动中积累了丰富的经验,敢于以风险换取获利的机会,因此也更能调动其积极性和主动性。

(三)联合经营

联合经营是由房地产租赁代理人与房地产所有人在房地产租赁经营活动中采取的一种合作经营方式。合作双方优势互补,一方拥有房地产,一方拥有经营的其他条件,如专业人才、资金、经验等。代理人与所有人按照双方达成的协议,分工合作,共同参与房地产的经营管理活动,共同承担经营中的风险,按照各自的份额获取经营利润。

第三节 房地产租赁代理活动

一、招租

物业租赁代理人在接受委托人的委托后,代理人与委托者签订房地产中介合同被称作正式承接。如果委托人是出租者,那么代理人就要通过开展各种市场活动,寻找承租人。看房者来到时,代理人应安排接待,组织参观房屋,与其进行洽谈磋商。如果看房者有意要租,仍需由代理人出面协商确定租金,并签订租赁合同。承租者进住后,代理人代表委托人管理物业。

(一)招租策划

招租策划就是指招租人为保证招租的成功,针对招租的各个阶段而进行计划、部署,并制定一系列策略的过程。招租策划的内容包括制订招租渠道策略、租金定价策略、招租方案等。

选择由代理商代理招租项目,本身就体现了招租渠道的选择,因此,进行招租策划只需要考虑另外两个问题即可。

1. 租金定价策略

房地产租金定价策略是指企业为了在目标市场上实现其经营目标,所规定的定价指导思想和定价原则。租金定价策略的选择应以商品本身的情况、市场总体价格情况、成本情况、消费构成、消费心理等诸多因素作参照来确定,具体包含以下几种策略。

(1)成本导向定价策略。是以产品成本和社会平均利润补偿为基础定价。

（2）需求导向定价策略。以市场需求为基础，确定目标市场消费者可接受的价格并据此定价。

（3）竞争导向定价策略。从市场竞争形式分析，以产品市场定位为基础，为争取有利竞争条件与地位的定价策略。这种定价策略中最直接的方法就是以同类产品现行市场价格为定价依据。

（4）心理导向定价策略。从价格及其变化对消费者心理产生影响的角度考虑定价。消费者存在求廉心理和求荣心理，采用相应的心理价格有助于商品推销。

（5）变动价格策略。这种策略的形式多种多样，其价格不是固定不变的，如一次付款优惠、提前付款优惠、批量购买优惠、季节差价等。

2. 制订招租方案

招租方案是经营者为了使招租工作顺利完成而制订的招租行动实施细则，它包括招租方式、招租程序两部分。

（1）招租方式。房地产租赁代理中可供选择的招租方式有：

① 人员推销。人员推销是指招租人员以交谈的形式向顾客口头宣传介绍，以满足承租者的需求，并出租物业实现企业目标的经营活动。人员推销是租赁代理人广泛采用的促销方式。租赁代理人与委托人、承租人直接面对面交谈，通过介绍、分析、说服等谈判手法进行协商，最容易达到预想的结果，促成交易。

② 广告宣传。广告是通过各种媒体，有计划地向广大消费者传递商品或劳务信息，以达到提高市场占有率目的的一种促销形式。按照广告媒体的不同，目前的广告形式可分为六大类：视听广告、印刷广告、实体广告、户外广告、邮寄广告、文通广告等。不同的广告媒体有不同的特点，它们传递信息的方式不同，效果也不一样。因此，在进行广告宣传之前，一定要周密策划，才能收到事半功倍的效果。

在广告策划中，下列内容是很重要的：广告的目的、广告推出的时机、广告对象及对象区域、广告宣传中心策略、产品定位、产品命名等，对这些方面必须进行精心的策划。广告宣传要根据广告目的选择好媒体，要做好广告预算。

③ 展示会。展示会是为迅速刺激需求和鼓励消费而采取的促销措施。它的作用在于短时间内将顾客吸引到一个集中的地点，并迅速成交。展览会的形式要比较新颖，以保证确实能够吸引潜在的消费者。

④ 公共关系。公共关系是组织或部门利用双向信息交流手段，有计划地加强与公众的联系，以赢得广大公众的信任和支持，并树立自己信誉的活动。公共关系的活动形式主要有市场宣传、新闻宣传报道、提供赞助等。

（2）招租程序。首次招租工作分两个阶段进行，即预备期和招租期。预备期代理人应做的工作有：市场调研分析、确定租赁价格、制订广告发布方案、研究代租方式。另外，还要安排招租接待室，挑选招租人员，制做宣传资料和宣传工具，为下一阶段工作做好准备；招租期应开展多层次全方位的宣传工作，同时进行大规模招租。

首次招租工作完成后，房地产租赁代理转入日常性常规工作，由专门人员长期负责退租、招租等承租人变更的工作。

（二）租赁代理方式下的契约关系

随着租赁市场的发展和完善，租赁市场中的社会化分工必然更加细化。最初的租赁，只是所有人和使用人之间的交易行为,现在发展成使用人、所有人、代理人、管理人四者间的行为。

1. 直接的租赁关系

直接的租赁关系即所有人与使用人之间的租赁关系,所有人称作出租人,使用人称作承租人。双方签订租赁合同,送交房地产管理部门备案。经过签证后,合同即告生效,租赁关系成立。

2. 代理方式下的租赁关系

租赁双方的交易是通过代理人来办理的,因此这种租赁方式下的交易手续要复杂得多。如图10-1所示,所有人和使用人之间仍然要办理租赁合同并验证,确保无差错。所有人要把房地产的日常业务交付给代理人来完成,因此所有人与代理人之间要签订代理合同。代理人代表委托人与承租人订立契约。

图10-1 代理方式下的租赁关系

3. 物业管理方式下的租赁关系

物业管理方式下的租赁关系见图10-2所示。

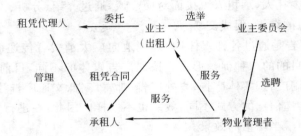

图10-2 物业管理方式下的租赁关系

根据需要,租赁代理公司可与不同的被代理方订立不同种类的协议。这些协议包括:

(1) 单纯物业出租代理协议;

(2) 物业管理委托合同;

(3) 房屋租赁合同。

二、房地产租赁代理的管理

(一) 租赁管理

1. 租赁办理的管理

在办理租赁时,房地产租赁代理人应审核房地产租赁必备的法律文书及证件。代理人在从事代理业务过程中,同时对出租人和承租人双方负有一定的责任和义务,必须依法行事。需要检查的文书及证件有:

(1) 承租人身份证件;

(2) 出租人物业产权证明,相关法律文件;

(3) 双方签订的租赁合同;

(4) 房地产现实状况说明书;

(5) 其他相关文件。

2. 租赁过程中的管理

房地产租赁代理机构应制定各项物业管理制度,以契约形式把承租人和管理、服务人员相互间的责、权关系及各自的行为规范下来,通过经营方式向承租人提供有偿服务。需要以契约形式加以规范的内容有:

(1) 房屋结构的维护;
(2) 房屋损坏的鉴定、赔偿、修复办法;
(3) 租金收缴办法;
(4) 物业管理常规性活动内容。

(二) 财务管理

财务管理是指制定财务收支、管理计划、管理年度财务收支活动。房地产租赁代理机构所提供的财务管理服务包括租金管理、各项税费、佣金管理等内容。

1. 租金管理

租金管理主要是指收租,也包括对特殊情况下会发生的退租欠租行为的管理。代理人应当深入实际了解情况,排除障碍,提高租金收缴率。

(1) 租金标准的确定。由于房屋的产权不同,用途不同,其租金标准也不同。采用包租转租代理形式时,除考虑上述因素外,还应把经营中的房屋空置因素考虑进来,可以市场上同类房屋空置率水平作为参照依据。

(2) 租金收缴方式。租金收缴方式由租赁双方共同协商确定。居民住宅用房采用现金结算,按月收缴。单位部门非住宅用房,适宜通过银行划拨结账或支票结账。

(3) 租金的调整。在房地产租赁过程中,为保证房屋出租人得到合理的回报,消除物价上涨因素带来的影响,适度调整租金价格是租赁代理人的一项重要工作。

调整租金的具体方法有两种:一是定比法,即按租赁双方事先议定的升幅比例,定期调整;二是市场法,即根据市场供求状况和同类房屋租金价格变动情况,不定期调整租金价格。不管采用何种方法,调整后的租金价格必须得到租赁双方的一致认可。如果有争议,则需要重新调查核实,重新协商确定。调整后的租赁价格要在租赁合同上进行登记。

2. 租赁代理的收支管理

租赁代理的资金来源与运用是房地产租赁代理财务管理的重要组成部分。合理确定代理人资金收支项目,正确运用、分配代理资金,是协调处理委托人、代理人、承租人三方面经济利益关系的关键。

(1) 房地产租赁代理的收入项目,其收入项目有:

① 物业租金收入,即代理人向承租人收取的房租;
② 代理费,是委托人支付给代理人的佣金;
③ 管理基金,用于支付物业维修费、保险费,其来源主要有四项,首先是委托人上缴的房屋维护费,一般应按房屋总造价的一定比例提取;其次是水电管理费备用金,它主要用于配套设施,如供电、供水、电梯、消防等重要设备的更新和改造,备用金使用后可如数向委托人分摊,并应及时收取以补充备用金;再次是管理基金的利息收入;最后是特约服务收入,特约服务收入的弹性比较大,要视开展经营活动的具体情况来确定。

除上述三项比较确定的收入项目之外,代理机构还可能获得其他一些收入,如保险公司支付给代理机构的保险赔偿款、承租人违约罚款等。如果租赁代理机构同时又是物业管理机构,那么物业管理费收入将成为其收入项目中最主要的一项。

(2) 房地产租赁代理的支出项目。租赁代理支出的具体用途有很多,按照支出的性质可将其分成三大部分:一是代收代缴费用,主要指租金和各种税费,租金是替委托人收取的,税费是上缴给国家的;二是日常业务支出及设备设施维修养护费;三是人头费和办公费,包括物业管理人员、代理人员的工资和福利等。

3. 委托人基金管理

委托人须交纳一定的费用建立委托人基金,用于支付日常管理中的费用。

委托人需支付的项目如下:

(1) 会计报告书费,会计报告书是代理人为委托人提供的,费用由委托人支付;
(2) 代理人佣金;
(3) 税费开支,属于委托人应付的税费部分。

第四节　房地产租赁代理的财产管理

房地产租赁代理除去单纯从事中介形式的代理外,都不同程度地介入了物业租赁过程中的管理活动,因此,物业的财产管理也成为租赁代理的一项重要工作内容。

房地产的财产按照财产性质分为动产和不动产,财产管理也相应分为动产管理和不动产管理。

一、不动产管理

不动产是指房屋建筑及与其固定在一起的难以拆、改的设施,如建筑物及其供暖、供水、电气等设施。不动产管理是指房屋出租代理人对其直接代理的房屋及其他附着物的出租、接管、修缮、养护,直到结束物业代理关系或房屋报废等全过程的管理。不动产管理主要研究房屋物质运动形态的管理,是物业租赁代理房屋管理中最基础的工作。

不动产管理的内容具体包括:

1. 房地产产权管理

产权管理的核心是权属问题,因此,首先要做好确定权属的工作,明确产权人,然后才能进行房地产产权登记,建立委托代管关系。登记工作完成后,再转向管理系统内部的建账归档工作,根据物业的实际情况建立账、卡、图、表等财产档案,进行账簿记载。

另外,财产记录要反映房地产出租过程中的变动情况,及时变更原始记录,保证账目能够及时准确地反映房地产的实际状况。

2. 房屋建筑及设施管理

对于单一产权楼宇,产权人和出租人联合经营可能涉及到房屋建筑和设备的管理。对于异产毗连楼宇,代理人只负责单元内的建筑及设施管理。

房屋建筑管理主要包括建筑结构、建筑完好程度的管理。上述管理内容的记载,可为房屋维修养护提供重要的依据。在物业租赁代理过程中,应对房屋情况定期检查,如实记录,同时要将主要结构的修缮情况完整记录下来,归档备查。要写明修缮时间、项目及费用、修缮处理方法及用料情况、修缮人员等主要内容。

(1) 建筑结构管理。房屋建筑结构指房屋的承重骨架,包括屋架、楼板、墙身、柱和基础等主要部位。物业租赁代理人应随时掌握房屋结构情况,发现问题要及时处理。

(2) 建筑完好程度管理。房屋建筑完好程度的划分,是组织房屋维修和更新改造的依据,房屋建筑完好程度主要取决于房屋建筑质量、建筑年限及维修养护情况。确定房屋完好程度,主要根据房屋结构情况来判断。按照建设部的评定标准,建筑完好程度划分为五个等级:完好房屋、基本完好房屋、一般损坏房屋、严重损坏房屋和危险房屋。

(3) 大型设备管理。大型设备管理是指对房屋大型设备的操作、保养等进行的管理。在房屋设备使用过程中,对大型、重要设备和设施,如水箱、水泵、配电箱、变压器、电梯、中央空调、锅炉监控中心等,应指定专人专岗负责,定期养护维修,保证设备正常运转。

3. 物业数量管理

物业数量管理就是要掌握物业租赁现状及租出物业与全部物业的确切数字,以便制定租赁代理的对策和计划。为了及时掌握房屋数量变动情况,可以定期填写房屋增减统计表,如表10-1所示。该表通过所设置的指标体系,考核房屋的原有量、增加量、减少量、现存量的变动情况,从而为物业租赁、租金收缴等项工作提供依据。

房屋增减统计表(季报) 表 10-1

代理人(物业公司)

项　　目	住　　宅		写　字　楼		其　　他	
	间数(间)	建筑面积(m²)	间数(间)	建筑面积(m²)	间数(间)	建筑面积(m²)
房屋原有量						
增加房屋量						
减少房层量						
房屋现存量						

4. 物业价值管理

做好物业价值管理,有助于掌握所管辖物业的总规模、总水平,同时,也为实行经济核算提供了依据。房屋价值由于使用和时间推移会发生损耗,由于房屋市场的变化会发生价格的变更,因此物业价值管理的基础工作,就是要做好物业的估价。可以通过房产估价表来记载房产价值的变动情况,如表10-2所示。

房产估价及变动表 表 10-2

项目房屋现状	掌管情况……间/建筑面积	房屋结构	房屋等级	房屋地区级别	房屋健康状况	间	建筑面积	原值或完全价值	房屋现值(净值)	房屋折旧	价值及变动依据	日期
变动情况												
备注												

制表:

5. 物业变动管理

物业变动管理是指对房屋的数量、质量及租金变动的管理工作。房地产租赁代理人应对委托物业的数量变化，以及物业设备变化及时进行增减清点与核查，并根据变化情况及时调整档案资料，保证数据准确、资料完备、账实相符。

6. 不动产档案的建立及管理

不动产档案是房屋及其地基的图、卡、账、单等基础资料的总称，它是不动产管理工作的依据。不动产档案必须资料完整、数字准确、账实相符，租赁代理人须对其实行严格的科学管理。不动产档案的主要内容包括两部分。

(1) 资料和文件，具体有：

① 代理租赁管理协议书和房屋、土地证复印件；

② 房屋结构、设备、设施变更情况记录；

③ 物业管理相关服务的合同及入住合同。

(2) 图表，不动产档案中的图表包括：

① 房屋建筑平面图，可用于查阅房屋的位置和面积；

② 租金评定表，用于记录租金评定的有关内容；

③ 建筑情况表，用于记录建筑及其结构的基本情况，如表10-3所示。

房屋建筑情况表　　　　　　　　　　　　　表10-3

产权人：　　　　　　　　　　　　地址：

幢号	建筑形式	房屋结构	层数	用途	总间数	成套住宅	建筑面积(m²)	占地面积(m²)	基底面积(m²)	建造年份

幢号	建筑构造情况				
	屋顶部分	墙身部分	楼层部分	门窗部分	其他部分
	屋面材料＿＿＿ 屋架形式＿＿＿	砌体材料＿＿＿ 外墙面＿＿＿ 墙厚：外＿内＿	楼板＿＿＿ 楼梯＿＿＿ 外走廊＿＿＿	材料＿＿＿ 槽数＿＿＿ 纱窗＿＿＿	顶棚＿＿＿
	屋面材料＿＿＿ 屋架形式＿＿＿	砌体材料＿＿＿ 外墙面＿＿＿ 墙厚：外＿内＿	楼板＿＿＿ 楼梯＿＿＿ 外走廊＿＿＿	材料＿＿＿ 槽数＿＿＿ 纱窗＿＿＿	顶棚＿＿＿

地下室	用途	间数	面积(m²)	净高(m)	埋深(m)	积水情况	备注

④ 装修设备登记表，记载设备装修变更情况，应逐项登记载明，如表10-4所示。

装修设备登记表　　　　　　　　　　　　　　表10-4

产权人：　　　　　　　　　　　　　　　　地址：

间号	用途	门窗			空调		地面		电器			暖气		卫生				上下水		
		门	窗	玻璃	分体式	集中空调	地板	地毯	电灯	插电门	电表	暖气片	煤气灶	便池	水箱	澡盆	面盆	淋浴	龙头	洗菜池	水表
备注																					

调查制表：

⑤ 房屋现状及维修记录表，如表10-5所示。

房屋现状及维修记录　　　　　　　　　　　　表10-5

产权人：　　　　　　　　　　　　　　　　地址：

房屋现状	屋顶_____ 屋架_____ 墙身_____ 门窗_____ 基础_____ 地面_____ 　　年　月　日（查）		类别 …… 1 2 3 4 5	间号 ……	建筑面积（m²） …………	
维修记录	日期		施工单位	主要维修增改项目	维修间数	维修面积（m²）	投资金额（元）	修后类别
	开工	竣工						
								类　间　m²
								类　间　m²
								类　间　m²
								类　间　m²

调查制表：

二、动产管理

所谓动产是指与不动产相比，对房屋的附着性小，可以轻易搬动、拆迁、修理的部分。搞好动产管理也是租赁代理人职责的一部分。要充分发挥设备的使用功能，提高设备的完好率。

动产管理的内容主要有五项：

（1）建立动产档案以便管理过程中查阅，利用卡片、账册做好接管登记和变更登记；

(2) 定期对动产进行检查、保养与维修,保证设备正常使用;

(3) 指导承租人正确使用设备、设施;

(4) 明确维修责任,妥善做好损坏设备的修复更新工作;

(5) 填写房屋状况报告表,该表必须经双方签字认可,并附在房屋租赁合同上。

三、租赁物业的使用检查

房地产租赁代理人对物业是否正常使用负有责任,为了保证物业的正常使用,租赁代理人应及时了解所代理的物业运行状况,通过常规检查的方法,及时发现并解决问题,代理人每年要向委托人提供物业全面状况的报告。

常规检查的目的是为了对承租人使用物业行为进行监督管理,并给予指导,使承租人严格按建筑设计用途使用房屋。对可能出现的问题应事先明确责任范围,出现问题时及时纠正处理。

常规检查采用日常检查和定期检查相结合的形式。

1. 日常检查

日常检查的特点是随时发现问题,随时给予解决,这样可以减少不必要的损失。日常检查可以每月进行一次。检查情况要如实记录,有关情况填写在日常检查单中,如表10-6所示。

日 常 检 查 单　　　　　　　　　　表 10-6

日常检查单

出租人＿＿＿＿＿＿＿＿＿＿＿＿＿＿＿＿＿＿＿＿＿＿＿＿＿＿＿＿

代理人＿＿＿＿＿＿＿＿＿＿＿＿＿＿＿＿＿＿＿＿＿＿＿＿＿＿＿＿

住宅地址＿＿＿＿＿＿＿＿＿＿＿＿检查者＿＿＿＿＿＿＿＿＿＿

日期

....

维修说明和清扫通知

....

外部设施

房顶:

下水管道:

门、窗、墙:

管道:

电:

车库(停车场):

垃圾区:

地面:

大门(围墙):

公共用地

大厅:

楼梯:……墙/顶棚

　　　　地面

　　　　　门锁

　　　　　窗

门灯:

洗衣房:

日常检查的内容主要是房屋外部设施及公用部位。对使用不当或损坏行为要及时纠正。需要维修的,应按照维修要求作出预算报告,报送出租人。

2. 定期检查

定期检查是租赁代理人对其所管理的房屋内部状况,在固定时期内进行全面的检查。定期检查每年进行一次,一般在年初进行。应根据检查情况填写年检单(见表10-7),作为房屋档案资料,妥善留存。

年 检 单　　　　　　　　　　　　表10-7

年检查单

出租人姓名＿＿＿＿＿＿＿＿＿＿＿＿＿＿＿＿＿＿＿＿＿＿＿＿＿

检查范围＿＿＿＿＿＿＿＿＿＿＿＿＿＿＿＿＿＿＿＿＿＿＿＿＿＿＿

住宅地址＿＿＿＿＿＿＿＿＿＿＿＿检查人＿＿＿＿＿＿＿＿＿＿＿＿

＿＿＿＿＿＿＿＿＿＿＿＿＿＿＿＿日期＿＿＿＿＿＿＿＿＿＿＿＿＿

承租人姓名……………………………………………………………

维修/维护和清洁状况

………………………………………………………………………………

内部状况

卧室1

卧室2

卧室3

阳光室/阳台

＿＿＿＿＿室

客厅

餐厅

厨房

洗澡间

洗衣房

热水供给类型＿＿＿＿＿＿＿＿

其他

概况

有无家具＿＿＿＿＿＿＿＿＿＿＿＿＿＿＿＿＿＿＿

卧室数目＿＿＿＿＿＿＿＿＿＿＿＿＿＿＿＿＿＿＿＿

租金＿＿＿＿＿＿＿＿＿＿＿＿＿＿＿＿＿＿＿＿＿

最后一次租金审核日期

定期检查的特点是间隔期长,因此检查工作一定要全面彻底对带有隐患性的问题彻底解决。

定期检查的内容是使用中的房屋状况。发现有需要维修的部位,应制定相应的维修计划,报送物业出租人。

特别要注意的是现场检查记录,必须经承租人、代理人和出租人三方签字认可并作为底档留存备查。

四、租赁物业的维修管理

房屋维修是保证房屋正常消费的手段,对于采取租赁形式流通的房地产来说,维修也是实现其正常流通的手段。维修管理是租赁代理人财务管理工作的重要组成部分。

(一)修缮工程的种类

房屋维修管理的重点在于维修施工管理。按待修房屋的结构,可将修缮分成承重结构修缮和非承重结构修缮两类。按修缮规模划分,可分成大修、中修、小修和综合维修四种。代理人应根据房屋损坏情况,制定相应的修缮计划,完成修缮工作。

(二)修缮工程的组织

租赁代理人利用自己的施工队伍对管理范围内的房屋进行修缮,称做自营修缮。自营修缮在管理上应重点抓好修缮质量,对工程质量、成本、施工进度进行统筹安排。房屋租赁代理人在自己没有足够的施工力量时,采取工程发包形式,将修缮工程发包给施工队的做法称为发包修缮。发包修缮在管理上应重点做好工程发包合同的订立工作,以明确双方的权利与义务。合同中应对维修部位、材料价格、质量要求、成本、施工期及清洁卫生等方面进行详细注示。

(三)日常维修管理

进行日常维修管理必须建立承租人与修缮人员报修联系办法,一般的报修程序如下:

(1)承租人提出维修申请;

(2)承租人填写登记表,包括修理登记表(如表10-8)和修理要求表(如表10-9);

修理登记表 表10-8

修 理 登 记		
日期:	承租人姓名: 地址 电话(宅) (单位)	出租人: 出租人是否同意: 是( )否( )日期: 联系过程:
修理要求: 检查者:		活动: 施工队: 日期: 登记号: 付款人: 出租人( )承租人( ) 票据: 保险:

| 修 理 要 求 表 | 表 10-9 |

修理要求

日期_____

承租人姓名_____

地址_____

修理要求_____

过程安排_____

以下供办公室使用

把工作交付何人_____

指示_____

付费日期_____ 成本费_____

_____

把工作交付何人_____

指示_____

付费日期_____ 成本费_____

（3）代理人现场勘查鉴定；

（4）订立维修计划，提出预算报告；

（5）组织施工队维修；

（6）委托人审核拨款。

（四）紧急维修管理

不可预见事故突然发生，对房屋的损坏一般均较大，必须及时采取措施抢救，制止事态的扩大。常见的突发事故有水管破裂跑水，下水道堵塞，严重的屋顶漏水，电路故障，烟道堵塞，外力造成的墙体损坏，物业责任范围内因设施故障引发的水、电、煤气、暖气等供应的中断。面对这些突发事故，一定要尽快采取措施，排除故障。故障排除后，代理人应将费用开支情况书面报告给原委托人；

（五）房屋修缮费用管理

房屋修缮费用日常管理由租赁代理人负责。维修费从维修基金项目中列支。维修基金的资金来源有三个方面：

（1）委托人支付的维修基金；

（2）承租人支付的维修基金；

（3）保险公司的赔款。

维修基金的支出项目比较复杂，包括：

（1）非紧急状况下的维修费支付：

① 承租人支付范畴，包括因使用不当造成的损坏、人为的损坏和采访者行为不当造成的损坏等的维修费用支出；

② 出租人支付范畴，包括房屋正常养护维修费、自然力损坏维修费等。

（2）紧急状态下的维修费支付：

由于事件紧急，往往要代理人先垫支，然后根据具体情况，请承租人或出租人补交。

第五节 房地产租赁代理与物业管理的关系

在我国,社会上习惯把从事代替他人进行买卖或租赁活动的中介行为称做代理;而把从事物业使用过程中管理服务活动的人称为物业管理者。也就是说,代理是纯粹意义上的中介活动,属于流通领域的服务;而物业管理是对进入消费领域,或者是流通领域和消费领域的物业进行的管理活动。这种概念划分与国外的习惯不大一致。按照国外习惯,代理本身就包括管理的含义,因此,国外的代理包含了我们所讲的管理和代理两种意义。物业管理实质是专业物业管理人员代替产权人对物业进行的管理,可以被称为物业的管理代理。也就是说,管理代理是代理的一种或一部分,代理包含了管理。按这种划分,也可以把代理称之为管理。

上述两种对管理和代理的界定在现实中都存在一定的问题。

假设某栋楼宇或某片住宅同属一个产权人,且该产权人将其物业全部用于出租,所聘请的租赁代理人就是物业管理者,那么这时的物业管理也可叫做租赁代理。这种情况下,国外的叫法比我们的习惯说法更贴切些。但若以多产权人的异产毗连房屋情况来分析,情况则恰好相反。这种情况下,产权人是多个,居住人既有产权人又有承租人,由于出租人是多个,一般会分别聘请各自的代理人,物业管理人是管委会统一聘请的,因而,物业管理人与租赁代理人不是同一个人。这种情况下,我们的习惯划分较为合理。

考虑到以上问题,本书所用的租赁代理包含两重含义,一种是广义的租赁代理,它的含义与国外的习惯说法一致;另一种是狭义的租赁代理,其含义与我们的习惯说法一致。下文对物业管理与租赁代理的比较中所使用的租赁代理是狭义的租赁代理。

一、租赁代理与物业管理的区别

(一)服务和管理的范围不同

租赁代理是流通领域的中介服务,而物业管理是流通领域和消费领域的服务活动。

(二)服务的目的不同

物业租赁代理的目的是为了帮助他人依法取得使用权,提供中介服务;物业管理服务的目的是为了发挥物业的最大使用功能,使其保值增值,并为物业所有人和使用人创造整洁、文明、安全、舒适的生活和工作环境。

(三)服务的内容不同,

房地产租赁代理的服务内容有:①为租赁双方提供信息;②代办交易手续。

物业管理服务的内容包括:①物业共有部位和公共设施的维护、修缮和管理;②物业的各项专业服务;③经营活动的财务管理。

(四)拥有的权力不同

物业租赁代理人可以以受托人身份与承租人谈判,对产权人物业不承担管理责任。

物业管理者不能以正式代表身份出席产权人及使用人大会;对违约住户有处罚权,并且拥有直接管理物业的权利。

二、租赁代理与物业管理的联系

(一)业务相互衔接

租赁代理为委托人寻找潜在的租户,当承租关系确立后,物业管理人员开始着手工作。

工作程序为：先实现出租，再实现物业管理。

（二）二者相互制约

租赁代理与物业管理之间存在着制约关系。租赁代理如果没有把待出租房产租出去，房地产处于空置状态，则无法开展物业管理；反之，物业管理搞不好，也会影响租赁代理活动的正常进行。

复 习 思 考 题

1. 房地产代理的形式与内容分别是什么？
2. 房地产租赁策划的内容有哪些？
3. 租赁代理与物业管理的含义是什么？试述二者的区别与联系。

参 考 文 献

1　曹振良.房地产经济学导论.北京:北京大学出版社,2003
2　曹振良.现代房地产开发经营.北京:中信出版社,1993
3　王洪卫,简德三,孙明章.房地产经济学.上海:上海财经大学出版社,2000
4　董潘,张奇,王世涛.房地产经济学概论.大连:东北财经大学出版社,2001
5　王春生,王淞.房地产经济学.大连:大连理工学院出版社,1994
6　谢经荣,吕萍,齐志敏.房地产经济学.北京:中国人民大学出版社,2002
7　王全民,王来福,刘秋雁.房地产经济学.大连:东北财经大学出版社,2002
8　中国房地产估价师学会.房地产基本制度与政策.2002
9　李伟.房地产投资分析与综合开发.北京:机械工业出版社,2003
10　罗永泰.防地产营销策划与推广技术.天津:天津社会科学院出版社,2002
11　张宏武.房地产开发经营.北京:高等教育出版社,2003
12　武永祥,王学涵主编.房地产开发.北京:中国建筑工业出版社,1995年9月
13　何伯洲,邹玉平编著.房地产法律制度.北京:中国建筑工业出版社,1995年9月
14　刘洪玉主编.房地产开发经营与管理第二版.北京:中国物价出版社,2002
15　王春生,王淞编著.房地产经济学第三版.大连:大连理工大学出版社,2002
16　沈建忠主编,张小宏副主编.房地产基本制度与政策第二版.北京:中国物价出版社,2003
17　赵国杰.投资项目可行性研究.天津:天津大学出版社,2003
18　高春荣,张宏智.房地产开发.天津:天津社会科学院出版社,1994